普通高等院校通识教育类“十四五”规划教材

写作与沟通

张晓倩　主编

天津大学出版社
TIANJIN UNIVERSITY PRESS

图书在版编目（CIP）数据

写作与沟通 / 张晓倩主编. -- 天津 : 天津大学出版社, 2023.7

普通高等院校通识教育类“十四五”规划教材

ISBN 978-7-5618-7501-8

Ⅰ. ①写… Ⅱ. ①张… Ⅲ. ①汉语－应用文－写作－高等学校－教材②人际关系学－高等学校－教材 Ⅳ. ①H152.3②C912.11

中国国家版本馆CIP数据核字(2023)第102617号

出版发行 天津大学出版社
地　　址 天津市卫津路92号天津大学内：邮编（300072）
电　　话 发行部：022-27403647
网　　址 www.tjupress.com.cn
印　　刷 廊坊市海涛印刷有限公司
经　　销 全国各地新华书店
开　　本 787mm×1092mm　1/16
印　　张 11
字　　数 248千
版　　次 2023年7月第1版
印　　次 2023年7月第1次
定　　价 35.00元

写作能力是一种沟通能力

提起我就职的商洛学院，最容易让大家记住它的方式，就是介绍它位于陕西商洛，距离著名作家贾平凹的故乡——棣花镇，仅有30多公里的路程。大概因为商洛有这位大作家起了引领作用，所以我的同事、学生中爱好写作的人很多，我也勉强算是其中之一。

从教二十余年来，我与写作结下了不解之缘，不仅一直在给学生上各种写作课，从基础写作到秘书写作，再到应用写作、创意写作，而且从一个普通的写作爱好者，到写教案写个人总结，再到写各种综合性总结材料、汇报材料等。我对写作的认识在逐渐深化，但是，有写作的授课经验，有从事写作的实践经验，并不天然等同于老师通过上写作课，就能够有效地提升学生的写作能力。

一、写作课是成果导向的教育

我对写作课的定位，不是单纯地讲写作知识，而是通过写作知识的讲解应用，最终实现学生写作能力的提升，也就是说，课程最终产出的成果是学生学有所得、学有所获。如此，写作课才是有价值和意义的。换言之，写作课应该是成果导向的教育，这种成果的表现之一，就是让学生通过有效的写作训练，提升自己的写作能力。一直以来，我在教学过程中始终去探索的一件事情，就是有没有一种特别有效的方法，能够确保在师生互动的教学过程中，实现我们共同期待的成果。

经过几个轮次的教学过程，我在实践中充分认识到了写作能力的提升受综合因素的影响。当然，首先的影响因素就是老师。老师讲什么？怎么讲？教学过程如何组织？如何开展写作训练？有没有激发起学生的学习兴趣？诸如此类的因素，都会影响最终的教学效果。

课堂最为重要的主体是学生，他们是一切课堂教学活动的中心，是课堂教学有效的最关键要素。对于学生，写作老师一般会有特别高的期望——学生有非常强烈的学习意愿，他们想要提高写作能力，因此会非常积极地配合老师，会主动发问，向老师请教，和老师讨论写作方法、写作技巧，也会自觉寻找各种各样的写作训练机会，去锻炼自己，提升自己的能力。

但非常遗憾的是，课堂最常见的情况是学生从第一节课开始，就在观察老师。如果老师在学生的兴趣点上，课堂组织非常新颖，学生被吸引到了，兴趣被激发起来了，就会参与到整个教学过程中，创造性地完成相应的写作训练任务。如果老师的素养学识、人格魅力不足以站稳讲台，在学生的观察过程中落败了，那么随后的教学任务就很难得到学生的充分理解、接受和主动积极配合，更谈不上收获教学成果。这种情况在教学中很常见，于是就成为写作课程应该予以重点关注并主动应对的一个情况。

二、写作能力的有用性

作为写作课老师，怎么去吸引学生，怎么能够激发学生的小宇宙？每个老师都可以探索并形成一套自己的方法。我就从作家李娟的散文作品集《阿勒泰的角落》（新星出版社，2013 年版）谈起。李娟是来自新疆的作家，高中毕业后曾跟随家人进入阿尔泰深山牧场。书中有这样一篇文章，名为《离春天只有二十公分的雪兔》。文章结尾写道：

无论是沦陷，是被困，还是逃生，或者饥饿、绝境，直到弥留之际，它始终那么平静淡漠。面对生存命运的改变，它会发抖，会挣扎，但并不是因为害怕，而是因为不能明白发生了什么事。但是兔子所知道的又是些什么呢？万物都在我们的想法之外存在着，沟通似乎绝无可能。

作家虽然直言我们与万物的沟通“绝无可能”，实际上通过她的文字，我们却认知到了一个独特的心理世界，这就是写作的魅力。通过写作，我们不仅能向读者呈现与众不同的思维方式和认知方式，还能开拓一个新的世界。无数的读者因为李娟的文字，仿佛亲临新疆大地，遍览新疆的广袤与风情，淳朴与进步，也在其点点滴滴的生活琐事之中体悟人生的哲理。

在我们的真实生活中，也会有诸多时刻，急盼着自己能够文不加点、挥笔成文。比如，被朋友误会而需书面解释的尴尬时刻，应聘某个岗位的笔试，朋友圈需要精彩文案的时候，等等。当然，也有一部分人错误地将写作看成获得世俗意义上的成功的手段，在网络上写下“为什么说不会写作的你正在丧失核心竞争力？”“从被拒 30 次到月入 5 万，迷茫的实习生毕业三个月买房，只因为他掌握了这个技能”……这些吸睛夺目的文章。尽管写出这些文章说明了写作能力非常有用，也非常重要，但往往人们会忽略了写作是一种长期积累、不断练习才能习得的能力。

在互联网快速发展、信息过载的今天，我们需要静下心来阅读和写作，无论是为了解决实际问题去写作，比如写广告文案、策划案、通讯稿等，还是在灵感迸发时抒发自我，如创作诗歌、散文等，都需要诚恳地面对自己，面对他人，去做正确的事情。

三、写作能力是一种沟通能力

写作能力实际上也是一种沟通能力。我们生活在一个社会中，必然要和周围的人产生各种各样的工作联系、生活联系。在这个过程中，写作是我们表达自己的一种非常有效的手段。我们没有时间、精力和每一个人进行面对面的谈话，也就没有办法在任何一个时间、任何一种状况下，让别人看到我们是怎样说话的、怎样做事的。我们要扩大自己的影响力，需要被更多的人看到，其中最好的途径就是写作。

我们可以通过写作向别人展示自己，实现人和人之间的沟通。公众之所以选择关注某个微信公众号，或者热情推荐某位作家的一篇精彩文章，就是因为他们的文字所传达出来的与我们沟通的信息，呈现了非常有影响力的人格魅力，或是展开了一个新的思维视野。他们通过文字里表现出来的智慧、理性及价值观，获得了读者的认同和信任。

在我们普通人的日常工作与生活当中，我们所有的文章，所写的文字，都会呈现自己做事情的态度和方式，呈现我们的综合能力。如果我们能够在自己所传递出去的文字中间，展现出语言非常洗练、逻辑非常清楚、观点非常鲜明的特点，就特别有利于塑造个人的形象。比如，我依据自己撰写的讲稿讲授在线课程，其实就是一种沟通。以前我通过讲台这个传统的平台，实现了跟在校学生之间的互动和沟通；现在通过在线课程，可以实现与更多人的互动和沟通，再通过这样的沟通，扩大我们认知和理解的圈层。沟通过程是我个人的学习过程，也是所有参与写作课程的同人和同学互相交流沟通的过程。

我们需要问自己的是，我是否愿意主动地去观察世界的多样性，是否愿意积极地参与每一次被动或主动得来的写作训练，从而提升自己的写作能力？如果答案是肯定的，那么写作课程、写作训练将能收到一个良好的效果。

目　　录

第一章 绪论

第一节 写作之有趣

很多大学写作老师都会有共同的认识，那就是学生对于写作的感受和体验，还停留在中学时代的应试作文上，他们把写作训练看作一个不得不完成的任务。只有很少一部分学生能够感受到写作的乐趣和由此带来的成就感。真正爱写作、愿意主动写作和训练的人只是少数，因此我想基于自己的感受谈一谈写作的乐趣。

一、写作能展示作者的个性与创造力

写作能让人感受到一种非常强烈的来自文字的魅力。我们可以通过语言文字的组合，就像堆积木一样千变万化，展示出自我的个性与创造力。比如，"悲喜交集"这个词，放在诗的语言里如何去表现？《荷马史诗》的《奥德赛》篇描写了奥德修斯返乡后的情感，是这样翻译的：

他感到一种甜蜜的情感，
想要放声大哭，
他认得出每一个人。

诗歌的语言非常简洁，但我们可以根据这样的诗句，想象他满面沧桑回到故乡的情景，很多人来迎接他，有惊奇他如何生还的，有真心实意欢迎他回家的——他的心情该如何表达才能准确？他尽管心里"甜蜜"，"想要放声大哭"，眼里"认得出每一个人"，心里、眼里互动，情与景自然交融，充分体现出奥德修斯在十年辛苦漂泊之后终于返乡的那种复杂心情。如果仅仅用"悲喜交集"这四个字写其心情，就过于概括了，写不出那种心理活动的细节，也写不出那种游子归来众人迎之的场景感。

另有德国诗人西奥多·斯托姆（Theodor Storm）《十月之歌》里的一句诗，也是我大学毕业时挚友赠我的留言：

朝雾初升，
落叶飘零，
让我们把美酒满斟！

这句诗文字非常简洁，诗歌意象既包括充满希望生机的朝雾、略显萧瑟的落叶，也包括象征着祝愿祈祷的美酒，表现了诗人心中充沛的情感。

二、写作能展示作者观察世界的独特性

写作的乐趣，还体现在作者可以通过语言文字为读者打开一扇看世界的独特的窗户。因为每一个人对世界的认知都是不相同的，通过作者打开的这扇独特窗户，人们可以扩展自己的视野和胸怀。

大家都很熟悉的作家王蒙有一篇文章，题目是《树》。假如我们来写同题文章，会怎么写，能联想到哪些事物，又能对树有哪些独特的认知呢？我们摘取其中一段文字来欣赏：

它把一切暴露在风里、雨里、热里、冷里、鸟里、虫里。即使它受到虫蚁的蛀食，受到雷电的斩劈，受砍伐燃烧，受到恶言恶语，它仍然不动声色，它仍然是它自己。噢，当然，它的根、众多的根长在土里，长在黑暗的地下，痛苦地使着延伸和汲取的力气。然而它无意隐藏自己的根系。它献出来的只能是它能够献出来的最美的部分。你不需要知道它的根的深沉的努力。

这就是作家王蒙笔下的树。没有作家的独特视野和准确的描述，我们很难生出如此深刻的洞见。身边寻常之物如此之多，有了作家之笔才能够唤起我们对他物丰富的思考，细腻的柔情，或是重新审视的兴趣。

再如王小波的杂文《一只特立独行的猪》。在作者笔下，这只猪始终不服从人类对它的安排，并且聪明地躲开了人类的围剿，跑到深山老林里，过上了自由的生活。当然，作者所写的是否在亲历亲闻之上加以后期的想象加工，我们是不可考证的，但从文章来看，作者以非常冷静而幽默的文字，给读者提供了一个新的视角来看待猪的生存状态。或许这会引发部分读者对于整个世界的思考和对于自身的思考。

写作的乐趣，还在于作者可以通过自己观察到的一个或者一些细节，以小见大，展示自己观察的独特性，同时显现出一个时代的特征。

比如，作家阿城的《棋王》，用一个细节生动形象地写出了饥饿年代人们对于粮食的珍惜：主人公在桌子缝里发现了别人吃饭时落下的一粒米，已经干瘪掉了，他用手抠，抠不出来，于是就大力地拍桌子，好让那粒米从缝里跳出来，再捡起来吃掉。又如，金庸的《射雕英雄传》中的一个细节，郭靖横抱着黄蓉在怀里休息，低下头仔细地数黄蓉的眼睫毛有多少根。这个细节非常纯真，也非常令人感动，既塑造了少年郭靖憨厚可爱的形象，也把金庸自身丰富的生命情感体验融入文字中，使得朴素的文字焕发出打动人心的力量。读者或许会由此对照现实中“速食面式”的爱情，而发现金庸文字中的真挚情感。再如，萧红的《呼兰河传》中这样写道：

呼兰河这小城里边，以前住着我的祖父，现在埋着我的祖父。我生的时候祖父已经六十多岁了，我长到四五岁，祖父就七十了。我还没有长到二十岁，祖父就七八十岁了。祖父一过了八十，祖父就死了。

这一段话表面看来非常重复,但是在重复之中,我们可以感受到作者想要表达的一种情感。作者与呼兰河这个小城的联系在哪里呢?就在于这个小城里有她始终牵挂着的祖父,她在儿童时代的成长过程,也伴随着祖父老去的过程。孩子与祖父之间的年龄差距,看似以简单重复的文字表现出来,其中却有"我"对祖父深厚的爱和依恋,有一种"余生也晚"的遗憾和伤心。这段文字和鲁迅先生的"在我的后园,可以看见墙外有两株树,一株是枣树,还有一株也是枣树",有着异曲同工之美。

历数古今中外的很多作品,无论小说、戏剧或是诗歌,都展现出作者对语言文字的极致驾驭。有一些比喻十分新奇,比如作家李娟形容羊道"如胸膛的起伏般律动",大家可以想象,在空寂无人、漫无边际的绿色山野之中,羊道带给人的那种生机和融入自然的力量感。再如米兰·昆德拉的小说《不朽》中,有这样一句话:"为什么要把我们的情感放在理智的煎锅上翻来覆去地煎呢?"这个比喻生动地表达了作者对于理智和情感之间关系的思考。还有一些作品集中展现了想象力的奇特瑰丽,如科幻小说、魔幻小说,还有网络上一度流行的穿越小说、架空小说、玄幻小说等。在应用性文章之中,我们同样可以看到文字的精雕细琢、反复打磨。

三、写作关系到个人的荣辱浮沉

所谓文载道,诗言志,文缘情而发。随着历史的发展,写作的题材领域一直在扩大,体裁样式在增多,表现手法也越来越丰富,以写作为工具,人类创造了灿烂的文化和丰富的文学遗产。写作是自文字出现以后支持社会发展的一个重要工具。我们现在常常接触到的公文写作,是党政部门进行管理的一个重要工具;文学写作,是人们精神文化生活的一个载体;应用文写作,是人们日常交往与处理日常事务工作的文体;学术论文写作,则帮助人们认识自然界及人类社会的若干规律。

只要文字存在,写作总是同步于社会的发展而发展,并且永远是驱动社会发展的一个重要工具。正因为如此,在现在人工智能不断发展的时代,人们重新开始重视写作以及写作能力的培养与提升。对于我们每个人来讲,写作可以说是我们谋生的重要手段,关系到个人的荣辱浮沉。在工作当中,我们需要做计划,做总结;生活当中,我们需要通过写作交流思想,传递信息。对于有些人而言,写作就是他们的一种生存方式。

作为写作者,或者打算提升写作能力的学习者,我们应清楚知道自己在写作过程中可以发挥的主动性和创造性。我们可以利用一个细节去写人物之间的关系,同时表现时代的飞速变化;可以在文字的世界里自由徜徉、充分选择,表达我们的个性化认识和创造;也可以通过文字表达我们的喜怒哀乐,从而与他人以及外部世界进行有效的沟通。

第二节　写作是“战争”

写作不仅是有用的、有趣的,而且是重要的,那么写作的定义是什么？通俗地说,写作就是写文章。在各类写作教材中,对写作有多个定义,以比较理论化的语言进行了表述。我们列举两个来看。

定义 1:写作是用语言符号创造精神产品的思维活动过程。

定义 2:写作是运用书面形式进行的一种创造性的认识和书写实践活动。

这两个概念都包含了思维和语言,并表达了两者之间的关系。语言是外在的,是写作者的无形的思维能够被他人阅读和感知的载体。

一、广义写作与狭义写作

我们在这里谈论的写作,有广义写作与狭义写作之分。

在广义上,一切用书面语言表情达意的,不同文体、不同篇幅写成的文章,都可以称为写作。比如,按照表达方式划分的记叙文、议论文、说明文、应用文、学术专著等,以及人们日常用到的便条、请假条、证明、介绍信、道歉信等文体,都属于写作范畴。

狭义写作就是文学创作。写作只包含散文、小说、诗歌、戏剧等体裁。这个界定会让我们对写作这种活动有仰视的感觉,毕竟从事这类文体写作的人被称为散文家、小说家、诗人、剧作家,与我们的工作、生活距离较远。有的人会对这样的写作退避三舍,以为自己不是那块料。这样认知写作的人有一个常见说法:我不想当作家,我不用学写作,因为它对我的生活没有太多的用处。实际上,学一点狭义写作的相关知识,有利于我们打开认知维度,从更丰富的层面阅读和鉴赏文学作品。

二、写作是思维与语言的“体操”

这本书将要讲述的写作训练方法,是指广义层面的写作及其相关活动。“写作训练方法”短语中的“写作”,是指思维与语言的“体操”。

这样界定“写作”的第一个原因在于,写作的过程是我们运用思维、锻炼思维、提升思维水平的过程。一件事情想清楚了,才能更好地表达。一件工作谋划好了,才能清晰地展现为一份策划方案或者是一份通知。在写作过程中,我们要训练自己的思维方式、思维的敏捷度和思维的创新性,对外界的信息进行收集、分析、分类鉴别、整合处理,然后再把它表达为文字。运用文字表达思维的过程,实质上是自我整理思维的过程。

这样界定“写作”的第二个原因在于,语言文字的表达是没有止境的。中文的表达方式非常奇妙,我们可以用很多种不同方式去进行语言的组合,如俗语所言:话有三说,巧说为妙。我们在主谓宾定状补的组合搭配之中,在字词句段的顺序调整之中,可以让语言呈现不同的面貌。

语言表达没有最完美的标准，也不是一成不变的。即使是非常成功的大作家，他们也需要不断地去寻找属于自己的语言。

海明威说过一句话——“寻找属于自己的句子。”陕西作家陈忠实以此为书名，出版了创作手记。陈忠实认为，作家对社会、对生活的理解是一种独立的声音，是把个性蕴藏在文字里边的能力。而作家之所以能写出打动人心的文学作品，靠的就是独立的体验、独立地发现、独立的文学形式。他说：“遵循寻找—发现—探索的循环途径，从平凡中发现不平凡，挖掘人内心的情感，只有这样的句子，才称得上属于自己的句子。”贾岛写“僧敲月下门”，反复思考用“推”还是用“敲”，因此留下了著名的推敲典故。

可以看出，在写作过程中，无论思维还是语言，都不是轻易得来的，都有一个持续锻炼和提高的过程。所以，我认为，写作是思维与语言的“体操”，必须行动起来，不断去写，才能像体操动作一样变成一种肌肉的记忆，在这个过程中其他人可以帮你指点动作是不是正确，是不是协调，是不是完美，但训练的主导者是写作者本人。因此，我们也可以说，写作能力的提升，是写作者的一场旷日持久的“战争”。

三、写作是“战争”的两个解读

（一）写作者体力劳动层面的“战争”

这场“战争”首先是写作者体力劳动层面的“战争”。身体健康才可以写得更久，写得更好。众所周知，村上春树不仅写作，而且坚持跑步，生活规律，每天的写作有固定时间段和一以贯之的规律。尽管现在大多数人用键盘写作，也可以用高级的语音录入功能，但他们仍然需要付出大量的体力劳动。关于写作的艰苦，有很多具体的例子，比如：

法国作家莫里哀，给后人留下了《伪君子》《丈夫学堂》《无病呻吟》等近三十部喜剧，因为长期的劳累，最终患肺病离世。当时的法国人以进入法兰西学院为荣，莫里哀去世后，法兰西学院这样评价：他的荣誉什么也不缺少，我们的光荣却缺少了他。

陈忠实写《白鹿原》，用了四年的时间，仅仅是写字，也是非常艰苦的劳动。我有幸现场聆听他的讲座。他讲到蛰居四年辛苦劳作，完成《白鹿原》后十分激动兴奋，出门一路走到渭河堤上，兴奋不能抑制，又一路走回家，打开收音机用最大的音量放秦腔听。

写作的艰苦劳动过程，是写作者反复地去经历和训练，思维从混沌到清晰，到有条理，再到把它表达出来，能够让其他人感知到的过程。每个人在这个过程中花费的时间是有差异的。

（二）写作者脑力劳动层面的“战争”

这场写作者一个人的“战争”也是脑力劳动层面的“战争”，可以从以下三个层次来理解。

第一，写作是作者各种知识的综合反映。

所谓“世事洞明皆学问,人情练达即文章”。优秀的作品,作者往往会在作品中呈现自己的综合知识。

《明斋主人总评》评《红楼梦》,说:“作者无所不知,上自诗词文赋、琴理画趣,下至医卜星象、弹棋唱曲、叶戏陆博诸杂技,言来悉中肯綮。想八斗之才,又被曹家独得。”

毛泽东认为:“《红楼梦》不仅要当作小说看,而且要当作历史看。他写的是很细致的、很精细的社会历史。”(《毛泽东文艺论集》,中央文献出版社,2002 年)

鲁迅评《红楼梦》的一段话更为闻名:“经学家看见《易》,道学家看见淫,才子看见缠绵,革命家看见排满,流言家看见宫闱秘事。”

由此可见《红楼梦》的博大精深。学者欧丽娟解读《红楼梦》的课程,甚至成为网络热门课程。人们现在都是快餐式、碎片化阅读,很难形成结构性、框架性认识。如果大家能认真细读几遍《红楼梦》,一定会获益良多。

第二,写作是作者各种智能的综合运用。

写作者收集材料,选择材料,分析材料,从材料中提炼出想要表达的主题,或者在材料带来的灵感之中寻找到主题。从谋篇布局,锤炼语言,到最终修改成文,写作的整个过程就是作者智能的综合运用。

第三,写作是作者多方面的素质和修养的综合表现。

陈忠实在谈《白鹿原》写作体会时说:“长篇是结构的艺术,结构不好就是一串无骨之肉,跨越五十年的小说,很可能写成流水账,因此要调动各种结构方法,使作品读起来协调,不阻碍读者的阅读。”海明威也讲过:“作家应该什么都读,这样他就知道他该超过什么。”

由此可见,写作者要打赢这场一个人的“战争”,一定要反复做思维和语言的“体操”。

四、在一个人的“战争”中主动迎战

大家可以试着做一个小练习:马上讲出一个骇人听闻的故事,或者讲出自己有深刻印象的一个人或一个场景,或者讲自己写作过程中最为成功的一篇文章。

如果这些你能够迅速地讲出来,一定程度上说明你在生活中有丰富的观察和积累,并且你的思维和语言比较敏捷,能想到并用语言呈现它。这个练习既检验我们个人的心理素质——能否去承担突发的必须做的一件事情,同时检验自己的学识与积累、语言表达技能,能否足以呈现我们的思想。

李泽厚讲过:“学习上不要搞狭隘的功利主义。学习,要从提高整个知识结构,整个文化素养去考虑。如果自己的知识面太狭窄,分析、综合、选择、判断各种能力必然受影响、受限制。”

在写作训练的过程中,应以朱光潜《写作练习》为鉴,去除其中谈到的一个误区——

“许多学子对文学写作不肯经过浅近的基本训练，以为将来一动笔就一鸣惊人，那只是妄想，虽天才也未必能做到”，以一种“取法乎上，仅得乎中，虽不能至，心向往之”的坚定意志去反复进行写作训练，有意识地训练自己的思维和语言。

第三节 写作“文件筐”

在写作教学过程中，老师们最初采用的方法一般是孤立的练习方法。先讲解某一类文体的概念、特点、写作方法、写作注意事项等知识，讲完之后，给学生布置练习让他们完成。一学期的课程里，学生完成 5~6 个文体的练习。这种练习方式的不足之处在于，文体之间没有建立起联系，文体练习与实际的学习、工作、生活、未来发展之间也没有建立起特别密切的联系，往往很难吸引学生去认真完成。

一、真实情境写作训练方法

随着教学实践的深入，老师所布置的练习会随着自身对课程性质和学情的掌握而发生改变。2009 年我开始组织文秘教育专业的学生进行真实情境写作训练。比如，练习写通知，主题是举办一场班级联谊活动，学生在撰写过程中要厘清联谊活动相关事宜，以文本形式呈现。然后这个班就要按照通知，组织一场真正的班级联谊活动。这种方法使得学生在抽象的文件写作和具体的工作执行之间建立起了相关性，写文件时有了动力和依据，还可以在执行之后去验证自己的文件写得是否妥当。

二、系统性情境写作训练方法

真实情境写作训练方法实践了两轮次之后，逐渐优化完善成为系统性情境写作训练方法。我不再给学生布置单独的文件写作训练，而是采用一种文件之间有相互联系，最终形成一个系统的方式进行训练。学生在一学期内完成一系列的文件。比如，6~10 名同学组成一个小组，根据兴趣所向成立一个虚拟的文化公司，或者是读书小组、电竞小组等。小组首先制订工作实施计划，在执行计划的过程中，根据组织的活动撰写通知、工作报告、函、简报、协议、读书笔记、述职报告等文体。学期末每个小组将本组过程性的所有材料收集装订，完成总结报告。然后班内举办一次小组工作述职报告会。

这个训练过程中，我会对学生的作业进行评价，小组内部也会互相评价。最终形成的过程性考核成绩，最高分与最低分差距甚至会高达 50 多分，但能充分显示学生在学习过程中付出程度有差异。

系统性情境写作训练方法，引导学生把自己所学习的文体与实际的工作和生活紧密结合起来，有利于加深学生对于整个学习过程的体验，或者说能够让学生拥有一种更深刻的体验。所谓“绝知此事要躬行”，我们在做事的过程中，仅仅是听别人说怎么做，仅仅是看别人怎么做，这种认知往往比较表面化，对于事情进展过程中可能出现的困难的认知是比较简单的，只有自己亲自去做这件事情，才会发现其中有很多的细节，是之前没有预想到的。在克服这些困难的过程中，学生就可以逐渐提升自己对事物的认知水平。

三、"文件筐"训练法

基于以上教学实践，如何做好与教材相关的写作训练呢？借鉴管理咨询领域的"公文筐测试"方法，在此我设计了"文件筐"训练法。

首先介绍什么是公文筐测试。公文筐测试，又叫文件处理测试、篮中训练法（In-basket Training）。它将被评价者置于特定职位或管理岗位的模拟环境中，由评价者提供一批该岗位经常需要处理的文件，要求被评价者在一定的时间和规定的条件下处理完毕，并且还要以书面或口头的方式解释说明这样处理的原则和理由。

公文筐测试是人才测评的实施过程中使用的一种测试方法，也是一种专业的测评工具。这个测试和我以往的写作教学训练方法有共通之处。那么具体到写作课程实践，"文件筐"训练法如何实施？

第一，引导学生为自己设定未来的职业目标。如教师、公务员、项目经理、市场营销、自媒体写作者、专栏作家、诗人等。

第二，指导学生明确该职业需要经常写作的5~10种文体。学生可以采用网络调查、现场调查，或者访问亲戚、熟人、朋友的办法，切合这个职业的实际，去选出经常要用要写的文体。

需要注意的是，老师和学生都要避免理想化倾向。学生不要理想化地、自以为是认为某个职业多么高级。在诗和远方之间，有我们踏踏实实活在人世的肉体，会产生各种各样的情绪，需要先安顿好自己的身心。讲一个真实的例子：一个学生在校时心心念念要去北京光线传媒工作，毕业之后真地如愿以偿了，遗憾的是没过几个月就辞职了，因为想象中的工作情境和实际的工作情境有很大的差异。尽管其他同学都羡慕她能去当初理想中的公司，可她还是义无反顾地辞职了。

第三，帮助学生在训练过程中当好评价者和被评价者。从评价者的角度来讲，学生为未来心仪的职业设定的常用文体应该是客观、真实的，符合实际的，能使他们对未来有更清楚的认知。从被评价者的角度来讲，要帮助学生学会在训练的过程中随时观察自己，是不是真的适合这个职业；帮助学生学会换位思考：如果你是招聘这个岗位职员的人事（Human Resources，HR），你会聘用自己吗？不会换位思考，就很难拉开距离评价自己，那么就要学会和身边的专业人士沟通，请他们给予更准确的评价，提出更科学的建议。

第四，组织学生在训练过程中结成同伴互助小组。我们写作的所有文体都是为了和他人进行沟通。可能有人会说：我写日记永远不给别人看，怎么可能是为了和他人进行沟通？！可是人为什么要写日记？因为写日记是一种和自己进行的沟通，沟通的效果好，我们会越来越了解自己，这就会给我们和他人的沟通奠定更好的心理基础。学生在训练过程中有同伴互助小组的助力，能及时客观地进行相互评价，就能更好地提升训练效果，让写作成为自己的核心竞争力。

本章训练

1. 请根据本章内容绘制一份思维导图。
2. 阅读以下故事，进行回应写作练习，回答你自己五年后想要做什么。

五年后你在干什么？
——李恕权的故事

一九七六年的冬天，当时我十九岁，在休斯敦太空总署的太空梭实验室里工作，同时也在总署旁边的休斯敦大学主修计算机。纵然忙于学校、睡眠与工作之间，这几乎占据了我一天二十四小时的全部时间，但只要有多余的一分钟，我总是会把所有的精力放在我的音乐创作上。

我知道写歌词不是我的专长，所以在这段日子里，我处处寻找一位善写歌词的搭档，与我一起合作创作。我认识了一位朋友，她的名字叫凡内芮。从二十多年前离开得州后，就再也没听过她的消息，但是她却在我事业起步时，给了我最大的鼓励。

仅十九岁的凡内芮在得州的诗词比赛中，不知得过多少奖牌。她的写作总是让我爱不释手，当时我们的确合写了许多很好的作品，一直到今天，我仍然认为这些作品充满了特色与创意。

一个星期六的周末，凡内芮又热情地邀请我至她家的牧场烤肉。她的家族是得州有名的石油大亨，拥有庞大的牧场。她的家庭虽然极为富有，但她的穿着、所开的车，与她谦卑诚恳待人的态度，更让我加倍地打从心底佩服她。

凡内芮知道我对音乐的执着。然而，面对那遥远的音乐界及整个美国陌生的唱片市场，我们一点渠道都没有。此时，我们两个人坐在得州的乡下，我们哪知道下一步该如何走。突然间，她冒出了一句话：Visualize What you are doing in 5 years.（想象你五年后在做什么。）

我愣了一下。她转过身来，手指着我说："嘿！告诉我，你心目中'最希望'五年后的你在做什么，你那个时候的生活是一个什么样子？"

我还来不及回答，她又抢着说："别急，你先仔细想想，完全想好，确定后再说出来。"我沉思了几分钟，开始告诉她："第一，五年后我希望能有一张很受欢迎的唱片在市场上发行，可以得到许多人的肯定。第二，我要住在一个有很多很多音乐的地方，能天天与一些世界一流的乐师一起工作。"

凡内芮说:“你确定了吗?”我慢慢稳稳地回答,而且拉了一个很长的Yessssss!凡内芮接着说:“好,既然你确定了,我们就把这个目标倒算回来。

如果第五年,你要有一张唱片在市场上发行,那么你的第四年一定是要跟一家唱片公司签上合约。

那么你的第三年一定是要有一个完整的作品,可以拿给很多很多的唱片公司听对不对?

那么你的第二年,一定要有很棒的作品开始录音了。

那么你的第一年,就一定要把你所有要准备录音的作品全部编曲,排练就位准备好。

那么你的第六个月,就是要把那些没有完成的作品修饰好,然后让你自己可以逐一筛选。

那么你的第一个月就是要把目前这几首曲子完工。

那么你的第一个礼拜就是要先列出一整个清单,排出哪些曲子需要修改,哪些需要完工。

好了,我们现在不就已经知道你下个星期一要做什么了吗?”凡内芮笑笑地说。

“喔,对了。你还说你五年后,要生活在一个有很多音乐的地方,然后与许多一流乐师一起忙创作,对吗?”她急忙地补充说。

“如果,你的第五年已经在与这些人一起工作,那么你的第四年照道理应该有你自己的一个工作室或录音室。那么你的第三年,可能是先跟这个圈子里的人在一起工作。那么你的第二年,应该不是住在得州,而是已经住在纽约或是洛杉矶了。”

次年,我辞掉了令许多人羡慕的太空总署的工作,离开了休斯敦,搬到洛杉矶。

说也奇怪:不敢说是恰好五年,但大约可说是第六年。一九八三年,我的唱片在亚洲开始畅销起来,我一天二十四小时几乎全都忙着与一些顶尖的音乐高手,日出日落地一起工作。

每当我在最困惑的时候,我会静下来问我自己:恕权,五年后你最希望看到你自己在做什么?

如果,你自己都不知道这个答案的话,你又如何要求别人或上帝为你做选择或开路呢?

别忘了!在生命中,上帝已经把所有“选择”的权力交在我们的手上了。

如果,你对你的生命经常在问“为什么会这样?为什么会那样?……”的时候,你不妨试着问一下自己,你曾否很“清清楚楚”地知道你自己要的是什么?

(载于李恕权《环境与生活》,2013年第11期,第98-99页。)

3. 在班内组建写作训练同伴互助小组,制订小组互助学习计划。

4. 为自己制订一份“文件筐”训练计划。

第二章　写作者的准备

第一节　我就是“王”——自我管理

写作者在写作之前应该做好心理准备和物质准备。

一、培养自我管理的能力

首先写作者应该培养自我管理能力。我们由阿尔法狗（AlphaGo）和阿尔法元（AlphaGo Zero）两者不同的学习方式谈起。一般情况下，人类所得的信息是被告知的，人类从出生起就在接受信息的灌输。AlphaGo 的学习方式类似于人类一般的学习方式，接受信息的灌输，在和人类现有的高手进行对弈的过程中学习。但 AlphaGo Zero 采用的是自我学习、自我对弈的方法，从零开始进行学习。据了解，AlphaGo Zero 之所以学习速度快，不仅仅是因为有海量的数据，更重要的是因为它采用了另外一种算法：在只给定游戏规则的情况下，人工智能（AI）棋手从最初始的随机状态开始，通过不断自我对弈的强化学习，来实现超越以往任何人类棋手和上一代 Alpha 的能力。在这种算法之下，AlphaGo Zero 的学习能力快速增长。

我们也可以借鉴 AlphaGo 和 AlphaGo Zero 思考自己的“算法”是什么。在学习的过程中，我们是接受外部传导给我们的信息，还是主动地去获取信息，从而建构形成自己的知识架构？这就涉及我们的学习过程。

在学习过程中，我们需要管理个人的时间、所学的知识以及学习方法，最终实现想要达成的学习效果，也就是形成一定的知识沉淀。大多数学生在学习的过程中，由于在中小学时期养成的学习习惯，一直处在灌输式学习状态中，因此得到了非常多的显性知识。这些显性知识是指独立于个人的，可以格式化的、可以传递的知识，需要我们去阅读大量的教材和资料。但是当今已处在信息高速发展、互联互通的时代，这些知识完全可以通过上网搜索去查到，对于不了解的信息，在搜索引擎上问一问，就会有人给予回答，我们需要做的就是收集到这些信息。

但是，与 AlphaGo Zero 相对应的主动学习方法，它所学习到的是一种隐性知识，或者说它采用的算法是一种自我对弈、自我学习，最终形成的是自己的学习能力。这种隐性知识实际上就是高度个人化的认识，是不能够被其他的信息轻易取代的，也不是什么技术手段可以取代的。如果能够形成高度个人化的认识，那就意味着个人、个体在这个领域建立起了自己的核心竞争力。

大家在学习写作的过程中,应该调整自己的算法,也就是把原有的、被动地接受知识的传导,转换为自我对弈,去打造个人的核心竞争力。这里的自我对弈和前面介绍的“文件筐”训练法两相对照、互为表里。

我们要不断地转换角色,从评价者和被评价者两个方面来看待自己的学习。换言之,学习应该是评价者和被评价者之间的自我对弈。而这个评价者和被评价者不是别人,正是我们自己。

此外,在学习写作与沟通的过程中,一定要做自我管理的学习者。不同的学习方式,产生不同的情感体验;不同的情感体验,产生不同的学习效果。学习方式有很多种,如观望式学习、沉浸式学习和创新式学习等。其中有什么区别呢?举个例子,一个朋友告诉我,她的女儿失恋了。我问她:“你的女儿是不是很痛苦?”她很高兴地回答说:“痛苦是必然要经历的,只有失恋了才可以让她更快地成熟。”这个生活中的小故事说明了,仅仅是以观望的方式去了解别人的经历,不会对我们有直接的助益;而当我们沉浸情感,就学到更多深入心灵的经验与教训。如果在这个过程中进行创新式的思考,可能会获取更多的知识。好比谈恋爱是一种经历,在写作的时候,选择任何一种文体,其实都是一种非常宝贵的学习经历。

在这个经历中,师生的互动,同伴的互动,个人的学习过程,都会对每一种文体的写作产生多方位多角度的影响。每个人的学习过程会因为有不同因素的加入,而产生个体的最终差异。

二、自我管理的四个要求

第一,明确学习动机。进入大学之后,学生常会去问老师:“老师,我学这门课有什么用呢?”这个问题与当今时代所特有的普遍焦虑是有相关性的。家长非常关注学生学习哪个专业更有利于未来的就业,学生似乎是为了找到一份工作才来到大学里学习,但是,学习不仅仅是为了找到一份工作,学习的最终目标是自我的成长和发展。在学习上,情感、行动投入的多少,最终会影响到学习的效果。所以,具有正确的学习动机十分重要。

第二,选择合适的学习方式。有些学生自我约束能力非常强,也有非常强烈的求知愿望,会主动去询问老师相关的问题,自然而然推动师生之间的互动。还有一些学生非常擅长与周围的人沟通,会和同宿舍的人沟通,相互之间修改作业、修改文章,还会跟自己的同学进行互动,也会有意识地去汲取别人的优点。每一个人适合的方式是不一样的,我们需要去了解自己,选择适合自己的一种学习方式。

第三,合理安排学习时间。比如,学习《写作与沟通》,你选择什么时间段去读这本书?读完之后你有什么样的想法?你打算每天写多少字?你预计要完成的基于某一个职业的5~10个常用文体,将会在一学期的哪个时间节点完成?这些问题要在时间管理过程中去回答。

第四，正确评价学习结果。对于想要从事的职业的认知，通过我们的学习过程会显得更加具体。很多人对职业进行了理想化的思考，而且受到影视剧的片面影响和社会成见的影响，会一厢情愿、自以为是地设定律师、教师的工作日常。很多人认为大学老师挺清闲的，但如果他真的成了一名大学老师，真正经历了大学老师从周一到周末所有的工作过程，就会对这个职业的认知更加明确具体。在学习的过程中，要学会正确地评价自己的学习结果，我们最初设定的职业目标以及要完成的相应文体，通常情况下都会使我们加深对未来的认知，提高我们的语言表达能力，明确未来发展方向以及自我价值实现的形式。

以上四个方面，最终反映出来的是写作学习者自我管理的自主性。如果写作学习者很好地做到以上几点，并且回答其中的问题，其对于学习的理解就比较到位了。这呈现的是写作学习者的学习观，也就是写作学习者对“学习是什么”的理解。这种理解会影响其对学习策略的选择。

如果一个写作学习者学会了自我评价，自我评价能力越强，学习效果就会越好。

第二节　善解“人”意——思维准备

一、人的四种思维类型

了解写作者该如何做思维准备，首先要了解人的思维类型。人的思维类型有以下几种。

第一，形象思维，是指借助于形象的语言表象进行联想和想象的思维。

第二，抽象思维，是指利用概念进行判断，利用判断进行推理，利用推理进行论证的思维，是通过概念、命题或人工符号语言进行的思维。

第三，直觉思维，也称为灵感思维，是指不经过分析、推理认识过程，直接迅速领悟认识对象的思维。一个人在写作的时候，如果进展非常缓慢，有人问起时，我们经常会听到他说这么一句话：“我真的没有灵感，我在等待灵感的到来。”

第四，创造性思维，这是人脑最高层次的技能，是产生创造力的一种特殊思维。创造性成果是人类成就的巅峰。当然，要拥有创造性思维，一个人需要有创造力，而创造力用理论的方式来解释，就是指根据一定的目的和任务，运用一切已知信息，开展能动思维活动，产生出某种独特、新颖、有社会或个人价值的产品的智力品质。这里所指的产品，是以某种形式存在的思维成果，它既可以是一种新观念、新设想、新理论，也可以是一项新技术、新工艺、新产品。用很通俗的方式来说，就是有没有新的想法或者点子。互联网、微信、小米之家等，最初的起根发苗就是从一个小小的点子开始的。

二、内语言与外语言的关系

（一）思维与语言之间的关系

有研究者把思维称为内语言，因为人在思维的时候实际上在使用语言。使用英语、汉语方言，或是使用普通话进行思维时，都会产生不同的思维成果，但是这种思维是不为人所看见的，是一种内语言。而语言则是一种外语言，无论它是通过书面的形式，还是通过口头的形式表达出来，都是可以看到、听到、感知到的。

（二）思维的独特性体现为语言

一个人的思维可以体现为语言。思维的奇特性能体现为语言的新奇性，思维的创新性能体现为语言的陌生化。“陌生化”是一个专门的文论术语，陌生化的语言能够唤起我们对司空见惯的现象的重新关注。第一章提及的米兰·昆德拉在《不朽》中的一句话：“为什么要把我们的情感放在理智的煎锅上翻来覆去地煎呢?”这句话暗示了理智与情感之间的一种关系，一般人们都认为理智是正确的，要听从理智指引，所以要把情感放在理智的煎锅上翻来覆去地煎，要用理智去拷问情感。但米兰·昆德拉用形象的语言提出了一个疑问：为什么要去质疑情感？为什么要把它放在理智的煎锅上翻来覆去地煎呢？这句话表现了米兰·昆德拉的独特思考。

另外，还有贾平凹在《带灯》里写：“我就像被艰难摇上井的辘轳，咯噔咯噔搅出心头的悲伤。”这句话非常独特地使用了形象思维的方式，把无形的悲伤用有形的“艰难摇上井的辘轳”表达出来。其与李清照的“只恐双溪舴艋舟，载不动许多愁”具有相同的表达效果，也是把抽象的“愁”转化为有重量的事物。

再看一首儿童诗。一位七岁的小朋友写了一首诗，名字叫作《灯》，只有一句话：灯把黑夜烫了一个洞。其中的思维新颖别致，又令读者回味悠长。在人的思维过程中，思维能否很好地体现为语言，一定跟个人思维的品质是相关的。这个小朋友的思维没有受到所学知识的限制，完全表现出了一种纯真的心态，她对世界的认知显得非常新颖，也使得我们对于灯有了重新的认识，这就是语言陌生化的具体表现。

人的思维体现为语言，还可以从作家王小波在文中所讲的一段话看出。这段话是这样写的：

> 我呀，坚信每一个人看到的世界都不该是眼前的世界。眼前的世界无非是些吃喝拉撒睡，难道这就够了吗？还有，我看见有人在制造一些侮辱人们智慧的粗糙的东西就愤怒，看见人们在鼓吹动物性的狂欢就要发狂。我总以为，有过雨果的博爱，萧伯纳的智慧，罗曼·罗兰又把什么是美说得那么清楚，人无论如何也不该再是愚昧的了，肉麻的东西无论如何也不该被赞美了。人们没有一点深沉的智慧无论如何也不成了。

这一段话把作者对于智慧的理解，对于有趣的理解，对于美的理解表现了出来，实际上也给每天在浑浑噩噩地生活的人们提了个醒。

三、培养三种思维方式

在对思维类型、思维与语言的关系进行分析、了解的基础上，要培养自己以下的思维方式。

第一，模式化思维，也可以称为框架化思维。它是指在进行写作训练的过程中，要掌握各类文体约定俗成的结构要求和结构模式，以此指导写作过程中安排结构的具体方式。各类文体在其历史沿革与发展中，基于解决不同时代的实际问题，同时符合当时人们的阅读习惯和审美风格，逐渐形成了约定俗成的体式。当我们自认为写了一首诗，读的人却都认为这不是诗，这就说明我们没有遵守诗歌的一些基本规则。

第二，对象化思维。简单而言，就是根据具体事由的不同，以发文目的为主导来遣词造句。之前提到的"文件筐"训练法就是运用了对象化的思维，以未来可能要从事的职业为对象，根据这个职业需要完成的具体写作任务，给自己的学习设定写作任务。"文件筐"训练的过程，实际上也是了解未来职业的过程，这就是对象化思维的具体应用。

第三，越位思维。这一思维方式要求我们以开阔的视野去面对要完成的写作训练。如果是写公文，就要站在发文机关的立场或者发文者的立场去规范语句，修改完善全文。如果是写一份讲话稿，就要考虑讲话者的岗位、职责和讲话风格等因素。有的人喜欢引用古诗词，有的人喜欢有逻辑地讲述事物，那所写的讲话稿就应适应这位讲话者的基本风格。如果是进行文学创作，可以在遵守基本规律的情况下放飞思维。《文心雕龙》有言："文之思也，其神远矣。故寂然凝虑，思接千载。"我们的思维世界、思维空间能够"思接千载"，可见其自由与磅礴。

卡夫卡的《变形记》也运用了越位思维，写人变成了一只甲虫。其中有这样一个片段：

一天早晨，格里高尔·萨姆沙从不安的睡梦中醒来，发现自己躺在床上变成了一只巨大的甲虫。他仰卧着，那坚硬的像铁甲一般的背贴着床，他稍微抬了抬头，便看见自己那穹顶似的棕色肚子分成了好多块弧形的硬片，被子几乎盖不住肚子尖，都快滑下来了。比起偌大的身躯来，他那许多只腿真是细得可怜，都在他眼前无可奈何地舞动着。"我出了什么事啦？"他想。这可不是梦。

在这一段中，作者的视角由一个人换位到一只甲虫，自己审视自己身体的变化。这段描写有非常多的细节，可以看出作家非常了解甲虫是什么样子的，同时也代入了变成甲虫的这个人的身体里，去看待自己的变化。通过这样一种越位思维，我们看到了一个想象力非常奇特的作品，所以《变形记》能够成为一部经典的作品。我们解释一些文学作品的汪洋恣肆，一般说作者的想象力丰富而强大，但从本质上来讲，作者在写作过程中，把自己想象成一朵花、一个事物，或者说想象成某一个人，这都是写作中很常用的一种越位思维方式。

在写作的过程中,要根据我们所选的文体,选择与这一文体中人物的身份、角色相对应的话语范围,在他的职权范围内去进行思考、发言和表态。同时我们也要掌握这种身份角色定位之后的相应的话语表达技巧。最终,对于思维类型、思维与语言的关系、思维方式的学习和理解,都要转化为思维能力。只有转化为能力,才能够在写作过程中真正地去应用,并由此提升个人的写作技能。

第三节 “千里眼顺风耳”——信息收集与处理

我国古代神话传说中有“千里眼”“顺风耳”的神话形象。“千里眼”能看见千里之外的事物,“顺风耳”能听见千里之外的声音。这些神话形象地反映了人类希望拓展自身的能力,以及更有力地征服自然界的美好愿望。

在写作过程中,写作者对信息的收集处理的要求与千里眼、顺风耳的特异功能相似。这里的信息既指写作所用的材料,也包括外部对于写作者的各种刺激,可以用“输入”“输出”四个字表示。信息的“输入”和“输出”对于写作者而言十分重要。

比如,电视节目《最强大脑》中有一个人叫王昱珩,网络上称其为“水哥”。2016 年 6 月 30 日,蚂蚁金服的人工智能“蚂可”(Mark)与具有超强观察能力的人类选手王昱珩进行了一场识别网红脸的比赛,最终王昱珩两平一胜,险胜了机器人“蚂可”。王昱珩在最强大脑中因为“微观辨水”“洞若观火”两期节目被观众热捧,他的观察能力可以称为明察秋毫了。

千里眼、顺风耳的神话形象在《西游记》中出现过。电影《X 战警》系列中有一位教授可以说兼具了千里眼、顺风耳的神奇功能。著名的动画片《金刚葫芦娃》中的二娃也具有千里眼、顺风耳的特征。这些神话形象、影视形象的信息收集、处理水平,让我们这些普通人望尘莫及。

在信息收集与处理方面,电影《白宫管家》中主人公盖恩斯应聘白宫管家的片段,为我们作了很好的示范。

盖恩斯刚开始面试时非常放松,后来却变得非常严肃。放松源于他走进这个办公室时,看到了招聘他的那位先生也是一位黑人,他有一种遇到同类人的轻松感。但他发现对方的身体态势语中表现出对于他来应聘这一件事的不以为意后,马上调整了策略,变得严肃庄重起来了。

这个片段中有三句台词,特别值得关注。第一句台词是“如果让你觉得不舒服,我宁愿不要被雇用”。这体现了盖恩斯以退为进的策略。第二句台词是“您想要亲自挑选像您那样的人,满足您对白宫员工的愿景”。这句话可称为表扬他人的语言艺术最高级别了。虽然他不了解这位先生到底有什么样的能力,但能够在白宫工作,能力肯定是强于一般人的。因此,他在以退为进之后,又进一步向对方表达了自己的赞美。第三句台词是

“这是……路易斯 13 吗？这是雅纳克战场找到的金属瓶的复制品，没错吧？”紧接着盖恩斯又谈了他对意大利人、爱尔兰人、法国人对酒的品鉴的认识。

以上这三句话是盖恩斯最终能够成功应聘的关键。他不断观察对方，观察对方周围的背景陈设，结合现场看到的信息，巧妙找出能展示自身优点的话题。当然，电影必然有艺术加工的成分，我们需要回答的是，普通人在没有“千里眼”“顺风耳”的情况下，如何进行信息的收集与处理？

第一，有意观察，沉淀信息。正如盖恩斯一样，当他特别放松的时候，对于周围信息的关注度就降低了，但他很快进行了调整。在发现对方不是非常乐意招聘他时，他的有意观察帮助他找到了有效的信息，识别到了对方的状态，及时作出了应对。

第二，越位思维，善解人意。盖恩斯夸奖对方的那句话，当然也是一句拍马屁的话。在日常生活中，“拍马屁”被人们认为是非常不耻的，如果一个人特别喜欢拍马屁，大家会认为他是在阿谀奉承。但是，在日常的沟通中又有一个很关键的点——学会赞美别人。大家要注意区别拍马屁与赞美，这两者有着截然不同的差异。拍马屁的人，往往是以丧失自尊为代价的，而赞美是真诚而坦率的，在人与人沟通的过程中非常重要。

盖恩斯换位到对方的角度，非常迅速地想到了对方不愿意招聘他的原因。美国歧视黑人的这种现象一直到现在仍然是存在的，尽管白宫里面的这位管家与盖恩斯都是黑人，但是看到来应聘的是个黑人，他仍然有轻视的意思。因此，盖恩斯马上换到对方的位置来进行思考，之后才会有那一句台词“您想要亲自挑选像您那样的人，满足您对白宫员工的愿景”。这体现了盖恩斯收集信息的过程中，首先充分收集到信息，然后迅速地进行了处理，并且及时应用在自己的语言表达与人际沟通的情境中。

第三，学习积累，具备过硬的专业知识。在面试过程中，盖恩斯展示了他对桌子上一个酒瓶的认识，其中包含了非常多的专业知识。生活中有很多司空见惯的现象，都可以用非常专业的知识来表示或者解读。如果一个人仅仅是看到了事物的表面，却不知道事物之间的联系，不了解事物的历史文化层面的深意，那么，他就很难被别人认可。

以上引用的电影片段，反映了前面所提到的四个字，“输入”“输出”。其中输入就是要通过观察、阅读、感受，有意识地去收集尽可能多的信息，这一点对于写作者而言非常重要。写作者无法预期他将要去写的文章、将要提炼的主题，因此，需要尽可能多地通过观察、感受等手段获取更多的信息。

我国心理学家张耀翔曾经写过这么一段话：

在长途舟车中我从未感到无聊。同行者之一举一动都足唤起我特殊注意，尤其是三等客人的举动。连他们在某一时间内喝茶、吸烟、吐痰、购零食、打瞌睡的次数，我都几度郑重统计过。婴儿的哭啼是一般人最讨厌的声音，但仔细听去，其音调急缓，每因致哭的原因而不同，闻哭声试猜其含义，则哭声顿变为语言为音乐，耐我寻味了。尝遇村妪骂街，除注意其口才外，我还爱看其姿势及面部表情，这是实验室不能有的材料。

通过这一段话可以看出，张耀翔对于在生活中收集资料是非常重视的。对于我们而言，在乘坐汽车、火车、飞机途中，能够遇到的人、观察到的现象非常多。如果我们可以做到有意识地观察，有意识地注意这些材料，并且把它们收为已用，那么，在未来“输出”的时候可能就会用到，而且能够迅速从自己的资料仓库中调取出来可以使用的材料。

接下来，我们要谈谈输出。关于信息的输出，要记住这样一句话：要有意识地输出正确、恰当的信息，实现语言表达的根本目的——实现与他人的沟通。信息的输出能否被他人注意到，也在于我们是否从输入的信息中发掘了自己发现的具有独特性的东西。

正如作家丁玲所说：“在生活中，即使是在极平凡的生活中，作家一定要看见旁人能看见的东西，还要看见旁人看不见的东西。”恩格斯也说过：“鹰的眼睛比人的眼睛看得远得多，人却比鹰看到的东西多得多。”以上两位的观点说明，作为写作者一定要在信息输入的过程中进行处理，最终输出有价值的、有意义的独特的信息。唯有如此，写作者的写作行为才是有价值、有意义的，他的写作才是运用了自身思维的，最终产生了自己能够贡献给社会的成果。

第四节　“火眼金睛”——文章修改

一个严格进行自我管理的学习者，将是一个写作责任心很强的人，自然就会对作品完稿的标准严加限制，对一篇稿子进行一次、两次甚至多次修改，直至趋近完美。写作没有秘诀，唯有多写、多练、多修改。鲁迅曾经说过：“作文好像偏偏并无秘诀，假使有，每个作家一定是传给子孙的，然而祖传的作家很少见。”这表明写作没有什么规律可循。

那么，写作有没有方法可求呢？任何事物都有它的内在联系，也就是规律性。不论是物质产品或是精神产品的制作，都有其特有的方法和技巧，写作也不例外，学习写作与沟通的相关知识，能使我们在以后的实践中避免盲目性，增强自觉性。

列夫·托尔斯泰曾经说过：“写作而不加修改，这种想法应该永远摒弃。三遍、四遍——那还是不够的。”这句话给我们的启示是，从自我管理的角度来讲，一定要认识到修改对于写作者十分重要。

以我自己的写作实践为例。现在我们使用电脑写作，在日常工作当中，撰写单位的一些材料时，一边写一边改，这是常有的事情。往往写完了自己要先进行修改，改完了再请同事去改，同事之间相互批改，最终能够让文稿出错率降到最低。

多一次修改，多一次体验，也会让我们有新的收获。改文章不但要自己改，而且要虚心听取别人的意见，在这方面，有一件事情令我印象深刻。有一次，我写了一个材料，自己觉得写得还不错，因为要提交到陕西省教育厅，必须请领导进行审核。领导看完以后表示，该写的工作都写进去了，但是没有写明要做这些工作的原因，而且每次只是写工作内容，并没有说清楚工作思路，以及各分项工作之间的联系。这个材料我已经写了好几天了,绞尽脑汁,脑细胞死伤很多,听到这样的反馈,其实我的内心有点崩溃,但领导能指出这些问题,一定是有道理的。于是,我把稿子拿回来重新审读,并且接受了领导的建议,认真学习了相关工作文件,从头到尾对稿子再进行修改。重新再看这份材料时,又对其中的思路进行了梳理、提炼和修改,对材料进行了重新分类。最终我提交的稿件被领导认可,得到的评价是:这一次工作思路比之前清晰多了。

我国古代也有很多这样的故事,之前提到过的"推敲"这个典故,就是贾岛听取韩愈的建议,使用了"敲"字。韩愈认为,月夜空寂,"敲"有声响,且有回声,比无声的"推"字好。"一字之师"也是一个非常著名的典故,诗僧齐己向郑谷求教《早梅》这首诗。郑谷仔细阅读以后指出,"前村深雪里,昨夜数枝开"的"数"应该改为"一",因为"一"突出了主题,营造了早梅一枝独秀、绽放枝头的意境。从此,齐己就尊郑谷为"一字之师"。

修改对于文章的质量非常重要。第一,要养成自觉修改的习惯。写作者在这一方面要进行严格的自我管理,在修改的时候务求尽善尽美。"尽善尽美"这个词语来自孔子的文艺思想,形容事物完美到没有一点缺点,出自《论语·八佾》。原文这样写道:"子谓《韶》,尽美矣,又尽善也。谓《武》,尽美矣,未尽善也。"这句话中的《韶》和《武》分别是舜帝和武王的舞乐名。舜帝以圣德受禅,因此是尽善的。武王以征伐取天下,所以是未尽善的。"尽善尽美"中的"美"是指音乐美于听,善是指音乐之情使人归于善。从这一句话可以看出来,孔子既是一个审美主义者,又是一个和平主义者。

第二,学会灵活使用各类修改方法。第一种方法是搁置修改法。通俗来讲就是,文章写完了,如果不急于提交,那就放上几天,再来重新阅读。通过搁置,可以让我们冷静下来,有利于破除思维定式、扫清思维盲点。第二种方法是观省修改法,也就是不断揣摩,反复修改。欧阳修在修改文章方面对后世产生了非常大的影响,《春渚纪闻》(卷七)记载,"欧阳文忠公作文既毕,贴之墙壁,坐卧观之,改正尽善,方出以示人",意思是欧阳修写完文章之后,会把它贴在墙壁上,坐在那里、躺在那里都在看,看出问题了,就会进行改正,直到尽善尽美的程度才拿出去给别人看。欧阳修尚且如此,我们普通人当然更要如此了。第三种方法是阅读修改法。一是默读,也就是边读边思考,看有没有错误的字或者标点,若有就把它们改正过来。二是朗读。我们每个人对于朗读都很熟悉,因为我们的传统就是每天早上起来朗读,电视上经常可以看到一些小孩子在摇头晃脑地读课文。每个人在从小接受的教育中已经养成了朗读的习惯,并且在朗读过程中形成了一定的语感。当我们用朗读的方法来进行修改时,就可以根据语感对文字进行判断。要更好地提升朗读带来的修改效果,朗读须有声有色,带感情地读,边读边听,判断是不是顺口顺耳,如果觉得拗口不顺,就要把它改得更为顺口。三是对读。对读就是把自己的文章读给别人听,请别人提意见。有时候自己读文章不一定能把毛病找出来,让别人听一下,毛病就比较容易发现了。还是以欧阳修为例,宋代陈师道在《后山诗话》中记载:"永叔谓为文有三多,看多、做多、商量多也。"其中的"商量",就是跟别人进行讨论、交流、沟通,达到修改文章的目的。

第三，学会识别、使用修改符号。这是在修改过程中，以物理的手段帮助我们认识到自己文章的问题，以及哪里需要改正的一种方式。常见的十种修改符号包括改正号、删除号、增补号、对调位置、接排、另起一段、转移位置、左右移动、保留、空格等。作为一个能够自我管理的学习者，或者说作为希望自己进行严格自我管理的写作者，一定要熟练掌握这些修改符号，以便帮助自己在文章写作中不断提升写作的水平。

第五节　认识你自己——写作素养自评

在教学实践中，我经常会提醒学生思考和回答一个问题——上大学是为了找工作，还是为了发展自我，从而实现自我的成长？

这个问题在自我管理一节中提到过。学生入学之后，经过一段时间的学习和阅读，对于自身的认识会发生转变，或者说原先入学时模糊的想法，随着知识的增加逐渐变得更加清晰，学习目标也更加明确坚定。学生所给出的这个问题的答案，与学习动机、自我觉醒的程度直接相关，也与每个学生对人生使命的认知相关。

一、三条箴言的启示

希腊德尔斐神庙上有三条箴言，其中第一条也是最著名的一句——认识你自己，意思是“认识自己”是人生的重要课题。在中国传统文化中，人们到了知天命之年，大概才可能算是真正认识了自己。有一次上课时我对学生说：“你们最大的问题是什么？你们最大的问题不是不爱学习，而是太年轻了。”尽管我们都在歌颂青春，但是我却认为我的学生最大的问题是太年轻了。从个人角度而言，结合个人成长的过程，我认为年龄真的是个好东西。随着年龄的增长，意味着经过了大量的历练、具有丰富的经验，经历了很多年轻时候不能经历的事情。在这些经历过程中，人逐渐地在认识自己，认识到人类的有限性，认识到人的行为的不可控性，同时也认识到了自我约束、自我管理的重要性。

第二条箴言——任何事情都不可过分，也就是“过犹不及”。即使向同一个方向再多前进一小步，真理也可能会变成谬误。这意味着在做任何事情的时候，都要掌握一个适度的原则。

第三条箴言——承诺带来痛苦。在生活中，每个人对这句话都会有切身感知。我有一位同学，她是一个特别善良的女孩，最大的缺点是不擅长拒绝别人。每当同学请她帮忙时，她都会同意，但她的精力是有限的，自己就会为此承受痛苦。这当然只是生活中的小事，可是在生活中也会面临很多的大事，这时就要清楚地认知到承诺未来的能力是有限的。人没有承诺未来的能力。如果妄想自己可以对未来给出承诺，必将带来痛苦。想要获得一定的成绩，做好现在才是最重要的。

网上有各种关于性格的、心理的、前途的测试，我曾见过通过选择图片中不同样式的房子的方式，来预测你将经历几次婚姻，你的心有多累，你未来的人生是否顺利。当然，这种测试貌似从心理学角度给了测试者一鳞半爪的解释，不可取信，也不能真正影响一个人的未来。一诺千金，诚信才是为人的根本之道，真正影响一个人未来的是谨慎承诺。

希腊德尔斐神庙上的这三句话，以“认识你自己”为开端，启示人们思考为人处世的一些最基本的原则。

二、充分认识自己的优劣之处

那么，我们到底怎么来认识自己呢？网上有一段表演视频，向大家演示两种不同性格的小孩想要某个事物的表现。这两个小孩，一个是想尽办法达到目的，还有一个是从来不向父母提要求。这段视频虽然主要是在研究小孩的心理，可是从心理学角度来分析，每个人内心都有一个小孩的影子，受到来自原生家庭的幸福的、痛苦的相关因素的影响。如果人们不能批判地接受来自原生家庭的影响，在成年之后就可能会复制原生家庭的模式。现实中有很多这样的例子，网上也有很多这方面的真实故事。有一个男人讲述他小时候看到爸爸打妈妈，非常恨爸爸，但是他无力改变当时的现实，毕竟他只是一个小孩，等到他成年之后，却发现自己不自觉地也有暴力倾向了，因此去寻求心理咨询。

这些是从心理学的角度去解释人的行为，回到写作学习中来，对于自我管理、思维类型的认识，实际上都是让写作者充分地认识自己。认识自己内心的小孩，是要认识自己的性格是什么，要根据自己的思维类型、思维方式，分析自己是属于理智型、情感型、中间型中的哪一种。分析自己是擅长写记叙文、议论文等重视逻辑结构的文体，还是更擅长写散文、诗歌等抒情意味浓、感情因素丰富的文体。

当我们充分地认识自己时，就会对自己的优劣之处有更清楚的认知，也有利于未来职业的选择，使我们在人生的道路上少走弯路。

三、自我认识，自我成就

我国著名经济学家周其仁有一篇文章，题目是《到以色列游学，让我深受刺激》。文章里谈到，他在以色列听一个诺贝尔化学奖得主作报告，会议没有让这位诺贝尔奖得主讲技术，而是讲成长历程。这位诺贝尔奖得主的发言很感人，他说小时候妈妈讲过，走进一条河流可以顺水走，也可以逆水走，顺水好走，逆水难走，妈妈说要永远逆水走。这成就了他一生的性格。不管做什么事情，取得一点成就后，他就从头再来，读了好几个专业，是以色列的学霸，后来到美国去，同时读两个专业，当上终身教授后觉得也没有意思，又回到了以色列。这位诺贝尔奖得主永远都是选择逆水走。无论是周其仁还是这位诺贝尔奖得主，他们都信奉的是“天下难做的事容易做成”。为什么这样说呢？难做的事往往选择去做的人少，当然，竞争对手也少了，如果你能够坚持下去，那么一定能够成功。

网上有一篇文章,题目是《人生的基本命运就是自我成就》。选择其中一段来分享:

事实上生活有一个简单的道理,就是如果你愿意的话,你将会取得惊人的成就。这句话之所以存在,就是因为我们发现所有成就的获得都来源于你自己的一种意愿。人的一生能具有什么样的价值,取得什么样的成就,完全取决于你是不是愿意。只要你愿意,就肯定可以取得惊人的成就。所以如果真想要整个人生变得非常有意义,首先就要问自己:"我是不是愿意?"

那么我们该如何认识自己,如何自我成就?我们擅长写什么风格的文字?是否愿意让写作成为自己的核心竞争力?是否愿意严格地自我管理,认真地设计好自己的写作训练,选择5~10个与自己未来职业相关的文种进行练习?以上这些工作都取决于"你是不是愿意"。

这篇文章还写道:"每一个希望实现自己人生价值的人,都不能不考虑'我应当成为什么人'的问题,而每一个希望最大限度实现自己人生价值的人,都必须设法充分发挥自己的天赋才能。正是出于此种考虑,你'能成就什么,就必须成就什么',你要'把自己的条件禀赋一一发挥尽致',成为当代美国人本主义心理学家马斯洛著名的自我实现理论的两条要义。"

写作者能否做好自我管理、思维准备、信息收集与处理、文章修改、写作素养自评,根本动力取决于写作者是否愿意去做这件事情,以及在写作这个层面为自己设定未来的目标。

本章训练

1. 请根据本章内容绘制一份思维导图。

2. 请在本章中选取你感兴趣的内容,准备一节翻转课。流程及要求如下:

(1)制作翻转课PPT,其中需插入与内容相关的短视频,时长不超过1分钟;

(2)PPT版式、图文与内容和谐一致,相得益彰;

(3)翻转课需包含导入语、讲解、发现问题、提出问题、解决问题、与听众互动、结束语等环节,讲授时间不超过10分钟;

(4)在学习小组或宿舍成员中试讲;

(5)在班内讲公开课;

(6)邀请班内同学指出你的翻转课存在的不足。

3. 修改你的"文件筐"训练计划,次数不少于3次,并保留每次修改的版本。

4. 撰写一份写作能力自我评价报告。

第三章　写作基础知识

第一节　文章要有灵魂——主题

一、主题不是绝对主观的

写作的基础知识主要包括主题、材料、结构、语言等，是在写作实践过程中必须掌握和熟练运用的，是前人总结出来的各种文体都要遵循的共同规律，如主题的表现形式、材料择弃的原则、创作思路对文章表现的影响等。

主题虽然是写作者从材料中提炼出来的，是写作者要表达的内容，但是在跟读者沟通的过程中，写作的主题只有得到了读者的回应，写作者的文章被认可，才能够更好地实现沟通功能。

古人通常说“诗文美者，命意必善”。这里的“命意”指的就是主题。有一句我们都很熟悉的话，“诗歌是戴着镣铐的舞蹈”，把这句话扩展到写作中，也可以说“写作是戴着镣铐来跳舞”。

比如，我们在具体的写作任务中，可能会遇到的情况是领导要到某个地方参加活动，在现场讲话的时间是5分钟，领导的日程安排得很满，需要我们为他准备讲话稿。那么，我们就要综合考虑现场人员、时间等因素，从讲话稿的主题出发，结合领导的风格，思考如何写好这篇讲话稿。我们不能在写作过程中随心所欲。

前面讲“文件筐”训练法时，要求大家为自己未来将要从事的职业选择一些常用的文体来进行练习。大家会发现每一篇文章、每一个文体在练习的过程中都会受到多种因素的限制，而且，文章越短越难写。我们要深入思考的问题是——如何在这个过程中确定主题？

（一）什么是主题

主题是指作者通过文章的内容所表达的明确的意图或者中心思想。在古代文论中，主题被称为命意、主旨、旨、理、义、主意等。虽然提法不同，但核心的意思是一致的。在现实生活中有很多纷繁复杂的现象，任何人所接触的事物都有相似之处，也有不同之处。作者经过自己对现实的观察、体验分析研究，选择一定的材料，以语言为载体去反映自己对客观事物的主观认识、理解和评价，这种主观的认识、理解和评价，就是作者所写文章的主题思想。

主题会因文体的不同，被称为中心思想、基本论点、中心论点、论题等。写作者在进行

5~10 篇的文体练习时，要清楚自己想表达的观点。不能想写什么就写什么，想表达什么就表达什么。我们经常会在文章署名下看到文责自负的声明，意思是写作者要为自身所发表的观点、所写的文字负责。因此，主题尽管是作者主观的意图、评价、认识，但它不是绝对主观的，作者并不拥有绝对的自由。

（二）主题是文章的统帅，是文章的灵魂和生命

所谓“文以意为主”，一篇文章的材料怎么取舍、结构怎么安排、语言如何遣用、表现手法如何选择、标题如何制定，都要根据主题表现的需要加以酌定。清代王夫之有这样一句话，“无论诗歌与长行文字，俱以意为主。意犹帅也，无帅之兵，谓之乌合”。主题的这种统率作用，决定了写作时应当“意在笔先”。在没有挥笔行文之前，要先确定主题，文章的优劣与所确定的主题直接相关。假如写作者确定了违背主流价值观的，过于偏颇、偏激的主题，文章就会受到很多人的批评。清代刘熙载也讲过，“凡作一篇文，其用意俱要可以一言蔽之，扩之则为千万言，约之则为一言，所谓主脑者是也”。这强调了一篇文章，无论字数多少，最终都可以归纳为一个主题。

（三）主题是贯穿全文的一根红线

文章的主题具有时代性和阶级性，是客观事物和人的主观意识的结合，是人的感性和理性的统一。感性是人作为自然人对事物的感受方式，我们会感受到温暖、寒冷，这些温暖和寒冷的感觉就会影响到写作者在写作过程中对事物的具体感知和表达。而理性是人作为社会人对事物的感知方式。每一个写作者既是自然人，同时又是社会人，不可能脱离自身的阶级性和时代性。那么，他的创作必然会受到自己所处的圈层的限制，以及所处时代的影响。

近几年热播的一些电视剧，如《创业时代》《欢乐颂》等，都表达了编剧对于时代的一种认识。因为主题的差异，有很多人批评《创业时代》剧情太假了，一个创业者不可能像剧中的男女主角那样有很多时间来谈恋爱；并且对于企业战略的确定，不可能像电视中所描写的那样决断。而很多人对于《欢乐颂》这部电视剧是称扬的，或者说他们认可剧中人物的塑造，尤其是樊胜美这个形象，她受到自己家庭的影响，因为家庭对她的种种限制和要求，受尽了苦难，激发人们去思考女性在原生家庭中应该有的地位。

以上说明，主题并不是绝对主观的。写作者确定主题的时候，要考虑到它所传递的价值观导向，以及与周围人沟通时所能达到的效果。我们在一些文章中看到传递焦虑感的文字时，就会觉得不适。那么，在现实生活中遇到很多令人焦虑的事情时，在文字中是否要去表达这些东西，表达的方式是不是可以直抒胸臆，这些都是可以商榷的。如果写作者希望自己的文章能够获得更多人的认同，能够在更大的圈层内产生良好的影响，就必须考虑到自己所处的圈层、时代，对于个人正面和负面的影响，要学习发扬正面的东西，摒弃负面的影响。写作者应充分考虑到主题的以上要求，为自己的文章确立一个正确的主题。

二、主题不是从天上掉下来的

主题是从哪里来的？毛泽东有一篇文章这样写道："人的正确思想是从哪里来的？是从天上掉下来的吗？不是。"他的观点是，人的正确思想来源于社会实践。同样地，文章的主题，也不是从天上掉下来的。

（一）主题的形成

了解主题从哪里来，首先要了解主题的形成和提炼。主题的形成可以用八个字来概括，就是周恩来曾经说过的一句话："长期积累，偶然得之。"这八个字是主题形成的普遍的规律。其具体情况分为两种。

第一种情况是逐渐形成。作者通过对生活的观察体验、研究、分析，从而对生活中的某些问题，有所感触、发现、领悟，逐步形成对生活的某种见解、主张和写作的强烈愿望。这个时候主题就形成了。达尔文写《物种起源》，经过了 23 年的钻研，最终形成了一个主题——自然界的生物进化是以存优汰劣的自然选择为基础的，得出了物种起源的基本认识。这个过程既漫长而又非常宝贵。

第二种情况是灵感触发。作者平时虽然积累了一定的材料，但是没有形成明确的主题，到底写什么，怎样写，想通过自己的文章表达什么样的思想感情，表达什么样的情绪，收到什么样的效果等，一时之间难以说清。但是作者偶然会受到外物的启迪，思路豁然开朗，记忆中的一切才可能真正拥有了一个明确、独特的主题。冰心在《漂了十五年的木屐》中写道："这只木屐一夜又一夜的，从我的乱石嶙峋的思路上踏过，一声一声、一步一步的替我踏出了一条坚实平坦的大道，把我从黑夜送到黎明。"这段话说明作者想要写作的意愿在很早时候就有了，但是主题并不明确。经过偶然的触发，她的主题豁然明朗。

主题还可以通过到第一线采集，在提炼中形成。这种情况往往是因为写作者有非常具体的写作任务，比如，写调查报告，写作者要划定调查的范围、明确调查的对象、选定调查的方式方法，可以通过发放调查问卷，也可以通过现场调查去收集相关的材料。通过这样的过程，可能会采集到大量的非常生动感人的材料。基于大量的材料基础，写作者开始思考如何把这些材料表现出来，需要经过一个由感性认知上升到理性表达的过程。

（二）主题的提炼

关于主题的提炼，需要先了解提炼主题应该具备的条件。主题能够反映作者的思想观念和爱憎褒贬，要提炼出有积极意义的主题，就要有正确的世界观、价值观为指导，要有实事求是的精神，还要有广博的学识。

第一，作者所要表达的主题要具有客观性，必须以丰富的材料为基础。一篇文章的主题应该从全部的材料出发，因为材料对于主题有相对的制约性，虽然这种情况因为不同的文体、不同的写作任务而有小小的差异，但总的原则是一致的。

我曾接到一个写作任务，要按照商洛市的要求，写一篇歌颂商洛好人的诗歌。其时，商洛好人的表彰分成六大类，包括敬业奉献、见义勇为、孝老爱亲、助人为乐、诚实守信、自强励志。我接到写作任务的同时，也收到了很多电子材料，都是典型人物的事迹材料。动笔写这首诗歌之前，我要去阅读这些材料，要把所有的材料全部看完，对他们总体的事迹有一个认知，然后才开始构思这首诗歌。当然，这首诗歌的主题必须是基于材料的，换言之，主题受到了材料的限制。这首诗歌的主题，就是要歌颂典型人物，引导公众学习他们的优秀品质。写作过程中，我反复翻看材料，最终确定了这首诗歌的写作主线，拟定标题为"商山颂歌"，通过六类人物的事迹来颂扬整个群体的事迹。

第二，主题具有主观性。主题的主观性建立在写作者具备正确的思想观点基础之上，它具有主观性，但不是绝对主观的。比如，有人写文章评价列夫·托尔斯泰名作《安娜·卡列尼娜》，认为这部小说写了一个背叛家庭的女人最终凄惨收场的故事。这样的看法完全忽略了安娜·卡列尼娜在家庭中作为人的完整个性被压制的事实，也忽略了其对于真诚的渴盼和对虚伪的厌恶。一部经历过时间检验、留名文学史的厚重作品被如此简化看待，显然与历来中外文学评论家对该作的褒扬是背道而驰的。因此，尽管文章的主题具有一定的主观性，写作者可以发表自己对世界、对他人、对事物的看法，但仍然要以正确的思想观点为指导。

第三，文章的主题应从分析事物的矛盾入手，抓住事物的本质来提炼主题。以撰写《封神演义》评论文章为例，有学生认为纣王应该为妲己的残暴行为负总责，有学生认为女娲娘娘应该为商朝覆灭负总责，但也有学生看到，无论纣王、女娲还是妲己，共同的一点是不为自己的行为选择负责，不反思不自责，反而将责任归于"天数""天命"或者他人。显然，第三个学生的看法更加贴近事物的本质，呈现比较深刻的思考，对人物角色的分析更能体现其本质特征。

第四，要把握时代的脉搏来提炼主题。写作文章要有现实的针对性，要关注当前形势下随时发生的新问题、新情况，以此为基点来写作自己的文章。比如，我们经常会对热点话题进行议论，关注科学家远远不如关注明星多，而明星给社会创造的价值通常小于科学家，我们应该理性看待娱乐文化、明星文化。很多人时刻关注明星的一举一动，对于科学家却并不怎么关注，原因在于这些人大概忽略了科学家所代表的国家精神。因此，在一些媒体上，尤其是一些主流媒体上，发表一些科学家题材的文章来引导公众的关注点，对于营造积极向上的、正面的社会氛围有极大的好处。

三、主题不是无组织无纪律的

关于主题的要求，用一句话来概括，主题不是无组织无纪律的。用五个词来概括，分别是正确、鲜明、深刻、新颖和集中。

主题的正确，是指主题应该符合客观规律以及世界运行的基本规律。主题的鲜明，是指文章的观点、论点要旗帜鲜明，表达赞成、反对、批评、鞭挞的对象和内容。主题的深刻,指的是主题应该是发人深省的,应该是揭示事物本质的。主题的新颖,是指主题应该有吸引人的一面,能够让读者感觉到别开生面。主题的集中主要是指一篇文章应集中表达一个意图。

通过两首诗的对比,我们来认识一下主题的正确、鲜明、集中、深刻、新颖。第一首是郑板桥的《竹石》:

咬定青山不放松,立根原在破岩中。

千磨万击还坚劲,任尔东西南北风。

另外一首诗是科学家丁文江的《嘲竹》:

竹似伪君子,外坚中却空。

成群能蔽日,独立不禁风。

根细善钻穴,腰柔惯鞠躬。

文人多爱此,生气息相同。

这两首诗都是以竹子来写人的某种品质。竹子属于客观事物,外形修长,枝叶青翠。在中国画中,竹子作为梅兰竹菊中的四君子之一,一般都用来象征人的正直、坚强、百折不挠等优秀品质。但科学家丁文江在《嘲竹》中却呈现对竹子的另外一种认识,并且他所写的竹跟竹子本身的物质形态非常一致。开篇第一句"竹似伪君子",就给这首诗定下了基调。他认为竹子好像伪君子一样,外表看起来很坚硬,中间却是空的,成群结队时能够遮蔽日光,单独审视时却不能经受风雨的吹打。它的根在地下,会结成一团,它的腰很软,习惯于鞠躬。最后丁文江指出,文人都爱竹子,恐怕二者之间是有一致性的。

这两首诗都是以"竹"为客观对象,表达了诗人对于客观世界的主观认识、理解和评价。两位诗作者表达的主题也都是正确的。他们的正确表现在不仅仅是在写竹子,而是在以竹写人所具有的某种特征,并且旗帜鲜明地表达了自己对竹子所反映出的品质的认同或批判。当然,丁文江的这首诗从新颖性上来讲,可能会更胜一筹。在大家都普遍认为竹子可以作为君子的象征时,他却反其道而行之,认为"竹似伪君子"。郑板桥和丁文江并没有直接去赞美或批判某种人,而是通过竹子表现了人的某种特征,深刻地揭示了人处在社会的圈层当中,为人处世、做事态度给他人留下的印象。

通过比较这两首诗可以发现,主题的正确、鲜明、深刻、新颖这四点往往会融汇在一起。如果一篇文章的主题是正确的,往往在态度上、观点上也是非常鲜明、新颖的,在认识事物、认识社会、认识人方面也能够深刻地揭示本质。

关于主题的集中这一要求很值得讨论,以前通常会认为写散文应"形散神不散",后来又有了新的看法,认为散文"形散神也散"。在不同的文体当中,对于集中的要求是不太相同的。比如,在公文当中严格要求一文一事,一篇公文只能写一件事情,但是在散文、小说、诗歌、戏剧之中,它的主题往往会引起读者不同的思考和理解。对于这种情况,我们不能认为这些作品的主题是不集中的,而是要认识到,一部好的作品会引发多重的解读,这就是所谓“有一千个读者就会有一千个哈姆莱特”。比如，关于张桂梅校长的报道非常多，都各有其角度，其中一篇名为《“燃灯校长”送1600多名女孩出深山》的报道，获得了第三十一届中国新闻奖一等奖。当其他作品在大量报道张桂梅校长的奉献精神，或者报道她将毕生精力献给了贫困、辍学或落榜的女学生，或者挖掘出她为筹款建校的生动事实时，这篇获奖作品的高超之处在于从宏观着眼，以六个新闻事实作为小标题，并配以关键句，串联起了张桂梅校长平凡又伟大的生活与人生选择中的大量高光时刻和闪光思想。这六个标题和关键句分别是：

1.“活着吧，我要还这座小城的人情债”

那一年，得知她生病后，学生们去山上给她采野核桃，剥了满满一大盆核桃仁，两手黑乎乎的。还有学生家长去山上采野灵芝，磨成粉，让她拌在饭里吃

2.“女学生读着读着就不见了”

“我们经常说，要让每一个孩子拥有公平的起跑线，可这些女孩却连站上起跑线的机会都没有”

3. 穿破洞牛仔裤的党代表

一天早晨，她急急忙忙往会场里赶，一位女记者突然把她拉了过去，悄悄对她说：“你摸摸你的裤子”

4.“周扒皮”校长

跑步去晨读，跑步去吃饭，跑步去睡觉……在华坪女高，学生们几乎做什么事情都是跑着的

5. 万里家访路

每次跟着张老师家访，就像一路在跳“脱衣舞”。走在大山里，一看到老乡没衣服穿，她都会把外套脱下来，披在老乡身上，有时甚至还要扒下随行老师的衣服

6.“能不能把丧葬费预支给我?”

“我对她们的期望不是一定要考上名牌大学。我希望她们变得更强，然后把心中的‘我’去掉80%吧，有能力去帮助那些需要帮助的人”

窥一斑而知全豹，以上引用内容就可看出这篇新闻主题的正确、鲜明、深刻、新颖、集中之特征。

一篇文章的主题是否正确、鲜明、深刻、新颖、集中，会影响到文章的价值。作为写作者，需要更多地去阅读和思考，从而在认识现实生活的过程中提炼出属于自己的观点。唯有如此，我们才能够成为一个在写作过程中准确表达自己观点的成功写作者。

第二节　文章要血肉丰满——材料

一、材料的含义及其重要性

我们先来设想几个情境。第一个情境：新年快到了，你所在学校的书记、校长要在学校官方网站上发表新年贺词。假如你有幸是新年贺词撰写工作的一名参与者，你准备从哪些方面准备这份贺词的材料？第二个情境：新年快到了，你们学院的院长接受你所在专业的邀请，准备在元旦联欢会上讲话。假如你是院长，你准备讲些什么呢？如果是你本人要在本班级的联欢会上发言，你又将讲些什么呢？以上情境，大家真正处理起来可能会觉得很疑惑，不知道稿子具体应该怎样写。下面通过学习材料及其相关概念，帮助大家对以上几个情境的处理建立一个基本思路。

章学诚对于材料的看法是"夫立言之要，在于有物"，意思是说材料是写一篇文章最主要的要素之一。另外，文论家刘大櫆认为："譬如大匠操斤，无土木材料，纵有成风尽垩手段，何处设施？"这句话的意思是，写文章就好比有一个工匠拿着工具，但是没有土木和材料，就算他手段很厉害，工作的效率非常高，他的本领也没有用武之地。以上都指出了材料对于写文章的重要性。

关于材料，与之意思相近的还有两个概念：素材和题材。写入文章用于表达主题的事实和事理，是为材料。题材是指经过作者加工、选择，从素材中写入作品的材料。素材则是指零碎的、未梳理的、缺乏内在联系的原始材料，也可以指作者从现实生活中收集到的、未经整理加工的、感性的、分散的原始材料。

素材的分类有很多种，比如新闻素材，是指记者在采访中获得的原始材料，是记者提炼新闻事实、新闻题材、报道主题和写作新闻报道的基础。还有多媒体素材，是指多媒体课件以及多媒体相关工程设计中所用到的各种听觉和视觉工具，材料包括文本、图形、图像、动画、视频、音频等。随着时代的发展，现在还有与时代密切相关的几种素材，如淘宝素材、空间素材、婚庆素材、口碑素材等。这些概念听起来或许会觉得很新鲜，其实和新工种"主播"的出现一样，都是信息技术发展的产物。其中，淘宝素材就是为初学网上开店铺、装修、建店的人，提供完全免费的教程、图片等资料。空间素材则是用于空间装扮的图片，这是从 QQ 空间开始流行起来的时候使用的。而婚庆素材则是因为人们物质生活水平提高了以后，对于婚礼有很多的要求，所以婚庆素材的收集，最容易的办法就是观看别人的婚礼。还有口碑素材，是指品牌信息中具备口碑传播条件的内容，表现形式有故事、题材、新闻、消息、传说、评论、描述等。此外还有意境素材、小说素材、教学素材等。

以上的素材分类只是一个简单的划分。通过以上素材的介绍，可以发现，随着社会的发展，素材的内涵和外延都在变化。

材料有很多不同的提法，根据用途的不同，需要对它进行分类标识。在实际写作的过程中，需要用到不同类别的材料有很多，按照两个概念对比的方式，给大家列举材料的相关类别。第一类，事实材料与理论材料；第二类，真实性材料和艺术性材料；第三类，中心材料和背景材料。举个例子，陕西省举办课堂教学创新大赛，如果某个学校要去报道本校教师参加大赛的获奖情况，可以报道经过认真备战，本校教师最终在课堂教学创新大赛上获得了一、二、三等奖共几项。这属于他们学校参与此次比赛的中心材料。但是作为一篇参赛报道，还应该再介绍一些背景材料，以便让其他人了解这个赛事的基本情况。比如，陕西省总共有多少所院校、多少名教师参加了这次课堂教学创新比赛，又有多少名教师被评为一等奖、二等奖或者是三等奖。通过背景材料的陪衬，可以使中心材料显得更为突出。

此外还有正面材料和反面材料。写文章仅仅用正面材料，说服力往往不会特别强。如果再适当采用一些反面材料，与正面材料形成对比，对主题的表达将更有好处。

材料还有现实材料与历史材料、具体材料和概括材料等之分。在这里，仅对数字材料与文字材料做特别说明。文字材料大家都司空见惯了，但初学写作者大多没有使用数字材料的习惯。这里引用一段运用数字材料的文字。

天道酬勤，日新月异。2017 年我们召开了中国共产党第十九次全国代表大会，开启了全面建设社会主义现代化国家新征程。我国国内生产总值迈上 80 万亿元人民币的台阶，城乡新增就业 1300 多万人，社会养老保险已经覆盖 9 亿多人，基本医疗保险已经覆盖 13.5 亿人，又有 1000 多万农村贫困人口实现脱贫，“安得广厦千万间，大庇天下寒士俱欢颜”！340 万贫困人口实现异地扶贫搬迁，有了温暖的新家，各类棚户区改造开工数提前完成 600 万套目标任务。①

在以上文字当中，出现了一组数据，这组数据是国家主席习近平在 2018 年新年贺词中提到的。大家在学习完本节内容后，可以自行阅读这一份新年贺词，找出其中的材料，分析讨论所选材料的类别。

材料的类别繁多，应该如何去认识材料的重要性呢？我们从以下几个层面展开。

第一个层面，材料和主题的关系。材料是形成主题的基础和依据，主题要靠材料来表现，主题支配着材料的选择和安排。

第二个层面，材料和认识的关系。在掌握材料、了解情况的基础上，经过反复的酝酿、思索或讨论，是认识逐步深化的过程。写作主体也就是写作者的认识与客观实际（写作客体）相互渗透、相互作用，达成统一，最终形成要表达的主题。

第三个层面，材料与写作实践的关系。第一，大量的材料是引起思考的因由。当我们看到许多材料时，思维会随着材料引发更多的思考。可能从一个材料想到历史上相关的材料，或者想到西方国家与之相近的材料。总之，通过材料可以引起更广泛、更深入的

① 资料来源：人民日报上发表的国家主席习近平发表二〇一八年新年贺词。

思考。

第二，材料是支撑思想的依据。当我们去表达某个观点、某个成果的时候，有材料作为依据，别人就会更容易信服。如果仅仅是一个观点，即使你无数次地重复，也难有很强的说服力。

第三，材料是形成观点的基础。一是观点要在材料中提炼，二是正确的观点是作者对材料正确分析、规律性认识的结晶。

了解了材料的相关知识后，我们需要牢记八个字：博采、精鉴、严选、活用，亦即，更广博地采集材料，更精心地鉴别材料，更严格地选择材料，更灵活地使用材料。

二、材料的收集

前文提及让大家阅读国家主席习近平 2018 年新年贺词，找出其中所用的材料，并分析讨论材料类别。在这里我们一起来看都有哪些类别的材料。

在民生方面，有七个重要的数字材料。在科技创新方面，有十个大事件，包括慧眼卫星遨游太空、C919 大型客机飞上蓝天、量子计算机研制成功、海水稻进行测产、首艘国产航母下水、海翼号深海滑翔机完成深海观测、首次海域可燃冰试采成功、洋山四期自动化码头正式开港、港珠澳大桥主体工程全线贯通、复兴号奔驰在祖国广袤的大地上。

有四个重要的纪念活动，包括中国人民解放军建军 90 周年、香港回归祖国 20 周年、全民族抗战爆发 80 周年、南京大屠杀死难者国家公祭仪式。

提到了六个重要的会议，包括首届“一带一路”国际合作高峰论坛、金砖国家领导人厦门会晤、中国共产党与世界政党高层对话会、达沃斯世界经济论坛年会、二十国集团领导人峰会、亚太经合组织领导人非正式会议。

提到了四封重要来信，包括西藏隆子县玉麦乡的乡亲们、内蒙古苏尼特右旗乌兰牧骑的队员们、西安交大西迁的老教授和南开大学新入伍的大学生。

以上这些材料覆盖了 2017 年我国方方面面的情况，都可以从我国的各个网站和主流媒体上发布的新闻中获取。而且按照写材料的基本规律，这份贺词是无法一挥而就的，它的成稿一定历经了从大量材料，到筛选比较，最终浓缩到了近 2000 字篇幅的过程。这遵循了材料收集的一个原则——博采。

材料如同原料，没有材料的写作就好比无米之炊。充分获得材料是写作者顺利完成写作的基础。阅读本书的各位同学，将来如果要写好自己职业所需的各类文件，就必须在收集材料方面下功夫。观察、体验、调查、采访、阅读勤记和网上搜索是获得材料的几个主要途径。

如何才能有效获得写作材料？首先，可以通过观察，从生活中获取。丰富多彩的生活为写作者提供了取之不竭的写作材料，但生活本身没法写成文章。生活是我们思维的对象，要写文章还得将思维梳理得井然有序，可以诉诸文字。其次，开拓思路。开拓思路是观察、采访、阅读、上网搜索等材料收集途径的前提。如果思路闭塞，文路就会不通，而见识则是开拓思路的基础。

如何开拓思路呢？第一，需要增长见识，不仅要有广泛的知识和丰富的阅历，还需要情感的交融。情感非常重要，如果有情感的融入，写作者对材料的理解就会更为深刻，从而引发写作者灵感迸发、文思泉涌，并且能够在这一过程中长期积累而形成良好的结果。第二，善于联想。联想是从一个事物想到更多事物，并产生联系的思维活动，是开拓思路的手段。没有联想的方法，无从获得更多的材料，文章也就很难写作。第三，善于想象。想象是对原有事物进行加工改造，重新确立新形象的思维过程。通过想象可以增强文章的吸引力，是开拓思路获得写作材料的另一种手段。

再谈一谈观察、体验。观察的方法是带着问题观察。当我们走进某一个社区，你对这个社区最关注的是什么？这个社区最为人所熟知的一些信息是什么？带着问题走进去，获得的信息就会更多。还可以尝试用多角度的观察，通过多方位、纵横比较、连续观察，从而获得某一个方面的更丰富的材料。观察的过程中还应该注意细节、抓住特征，并且要学会运用全部的感官去听、去看、去感知，投入心灵去思考，这样对社会事物的认知才会更加广泛深入。

另外，还可以采用调查、采访的方式来收集资料，这就涉及与沟通相关的技巧了。进行调查采访就是面对面地沟通。我们可以进行个别的采访，也可以普遍调查。准备采访别人的时候，要先思考对方是否愿意告知我们想要知道的信息。如果语言内容不恰当，问话方式对方不喜欢，对方就有可能不会告知我们想要的信息。

调查的方法包括口头调查、书面调查、现场考察。不管采用何种调查方法，都需要用良好的方式去跟他人沟通，并且还要选好调查的范围、对象。最好的调查方式就是能够上下结合，由不同层次的人来参与调查，也可以选择典型的人和事进行调查，还可以覆盖更广阔的面来进行调查。除此之外，正反面结合也是调查中经常被采用的一种方式。对于调查所收集到的材料，需要加强分析、及时整理，将材料进行分类，做价值的判断，最终留下有价值的那一部分。

近几年非虚构写作赢得了很多人的关注，这种非虚构写作特别需要写作者掌握调查采访这一方法。比如，2015 年诺贝尔文学奖获得者斯维特兰娜·阿列克谢耶维奇，她曾是一名记者，用与当事人访谈的方式写作非虚构文学，其作品《我不知道该说什么，关于死亡还是爱情：来自切尔诺贝利的声音》就是通过采访切尔诺贝利事件的当事人或亲属等，整合了大量资料，最终完成了非虚构的文学创作。

为了更广泛地收集材料，要更注重阅读勤记，学习和运用文献资料，这是一种间接获取材料的方法。通过阅读可以使我们收集材料的范围更广泛，但是又不能单纯地追求广泛。我们进入某一个单位工作，就必须以本单位工作为中心，收集到的材料应该具有内在的关联性，在这个前提条件下多多益善。本单位的工作动态，上级的新精神、新要求，基层的新情况、新问题，横向单位的新做法、新经验等，都要给予密切的关注，并能做到准确地掌握这些材料。还要重点阅读年度工作总结、报告，重要会议领导讲话稿，典型经验介绍等有关材料。这些材料有的回顾历史、展望未来，有的分析形势、部署任务、明确方向，有的谈认识、讲措施、提要求，有的梳理历史事件脉络，剖析现实存在的问题，提出具体的对策建议。如果充分阅读这些材料，它们所具有的综合性强、信息量大、阐述分析比较深入等特点，不仅能够帮助我们掌握各方面的情况，而且可以培养思维能力，这正是写作者提高写作能力的关键。在收集材料的过程中，有以下两个注意事项。

第一，注重系统性。在收集材料的过程中，不能东一榔头西一棒子，几份互相关联的材料一定要放在一起相互印证，避免单独的材料对我们造成的误导，这样就能很快勾勒出一个细分领域的面貌。要做到材料系统化，就需要顺藤摸瓜，发现一份资料很重要，就去搜寻其引用或者推荐的相关内容。

比如，学生学习小组围绕一个课题完成课程论文时，就需要围绕这个课题查找资料。当然，查阅文献并不是一件很容易的工作，需要掌握一定的技能，这一技能是随着大家不断查阅而积累起来的，必须亲自去尝试才能得到，任何人都不能替代自己。在查阅文献时，不仅需要耐心细致，还需要经过慎重的考虑，并按照一定的程式去做，而不是到图书馆东抄一段西抄一段。

查阅文献的途径大致是，首先要对课题提出一系列的疑问，然后分析这些疑问与课题之间的关系，确定想要查询的信息或问题是某一数据、某一概念还是某一观念，然后根据这些问题和信息的性质去选择检索工具，也就是确定通过百科全书这样的参考性工具书，还是通过报刊索引等检索性工具书或者电子资料库进行查找。其次就是确定检索的途径，如学校的图书室、本地区的图书室，也可以向老师或有关专家咨询。选定了检索方法后，就从最近出版的书籍和期刊开始往前查，可以为自己划定一个范围，只查某几年的书籍和期刊等。利用这些检索工具书所提供的查找线索进行查找，一旦查到了所需要的文献，就可以索取并阅读文献，从而得到我们需要的信息。

第二，要以平时收集为主，临时收集为辅。“台上一分钟，台下十年功”，不仅指演员、戏剧表演者需要在日常生活中勤加练习，收集材料也必须依靠平时积累。机关文稿的写作和收集材料也是一分钟和十年功的关系，材料以平时收集为主，可以减少临时收集的忙乱和压力。临时收集材料是对写作的有益的补充，即使是临时接受任务，要求我们去做某个工作，去收集某一方面的材料，只要平时注意积累，就一定会提高办事效率。假如真地到了最后一刻动笔的时候才去收集材料，那就为时已晚了。

如果把写作过程中大量的基础性准备工作分散到平时去完成，一旦接受写作任务，大脑就可以立刻进入思考状态。材料在脑子里都是现成的，写作自然是水到渠成、信手拈来、倚马可待。总之，在收集材料的过程中，一定要牢记“博采”二字，做生活的有心人，善于发现细节，养成积累材料的习惯。

三、材料的鉴别

材料鉴别的核心——精鉴，对于写作材料没有正确的鉴别，就不可能有正确的取舍。“着意原资妙选材”，鉴别是选用材料的基础，只有通过细心的比较、鉴别，才能认清材料的性质，判断材料的真伪，估价材料的意义，发挥材料的作用，这种鉴别也是写作者胆识才学情的反映。对于同一个材料，不同写作者的估价取舍和派用场的轻重不同，关键就在于作者对材料的鉴别能力有差异。所以，我们一定要善于独立思考，认真分析研究。

当我们从一百朵花和五朵花中选取一朵花时，结果是大不一样的。选择材料的标准贵在一个“严”字，对于材料要博采、精选，要做到博收而约取。

鲁迅先生说过：“选材要严，开掘要深。”平时积累的材料难免芜杂，其中必然有主次深浅、轻重大小的区别，不能捡到筐里就是菜。要根据制作文章的具体要求，对材料进行严格挑选，用最精当的材料把文章写好，力求“选取有纳宝之喜，舍弃无遗珠之憾”的境界。

现在回到“材料的含义及其重要性”这一节所设定的几个工作情境：第一，参与撰写学校书记、校长新年贺词；第二，越位到院长身份，准备元旦联欢会上的讲话；第三，你自己在本班级联欢会上发言。对于以上的情境，假如你搜集到了足够多的材料，就需要对材料进行鉴别，选择最适合这个情境的材料去表达你的思考。

在写作学校书记、校长的新年贺词之前，首先要了解这一年学校发生了哪些大事，在这些大事中，必须鉴别和选择出最重要的、最能代表学校进步发展和师生心中关切的事项作为贺词的主要内容。撰写院长在元旦联欢会上的讲话，则要考虑到院长对过去一年里重要工作成绩的择取，对学生相关工作的评价，以及学院的学风导向。而你自己的发言，最关键的就是你掌握了哪些信息，你希望传递哪些信息等。

鉴别材料的要求，首先是信源第一。收集材料贵在精，而不是多，如果想要报纸、资料质量过关，一定要花精力研究信息的来源。比如，同样是外国媒体，哪些是大报，哪些是小报？同样是学者，哪些是专家，哪些是“砖”家？同样是网站，哪些是以讹传讹，哪些粉碎了谣言？在这个信息爆炸的时代，评估信源的能力决定了你对世界的看法。如果要剔除假材料，去掉过时的、重复的材料，对有价值的材料进行研究，就需要使用一些物理手段，如写批语、做记号、写提要、做札记、写综述等，帮助我们对材料的价值进行评价。

所谓写批语，就是在摘录资料的空白处写上自己的见解、解释或者质疑。做记号是对重点、难点、精彩之处或自己感兴趣的内容画上各种标记。可以使用不同颜色的标记笔，用来标记我们想要关注的内容。写提要则是写作者对包含各种信息的研究文献进行总结，即把原文的基本内容、主题思想、观点独到之处或者其他数据，用自己的话加以概括。做札记就是在笔记本上随时记下自己读书时的心得体会和各种想法。札记不求形式，可以随时随地、随心随意地记下阅读时引发的思考，它的好处在于能够更好地帮助我们记忆和思考。写综述是汇总所查找的某一类别的所有资料，然后进行加工处理，把它内化为自己的结构体系，最终写成一份报告。每一份综述实际上就是一篇研究报告，它能为自己或别人的研究提供有价值的东西。

关于信源这一部分，举一个例子。2018 年 10 月 28 日 10 点 08 分，重庆市万州区长江二桥发生了重大的交通事故，一辆大巴在行驶中突然越过中心实线，撞上了一辆正常行驶的红色小轿车后，坠入江中。这就是引发全国广泛关注的重庆公交坠江事件。一开始舆论的矛头指向了红色小轿车上的女司机。交通事故中通常女司机会首先被列为谴责对象，其中含有比较明显的性别刻板印象。

据了解，发生事故的万州区长江二桥道路全宽 20 米，双向四车道，设有道路中心实线，而那位最初遭到谴责的驾驶红色小轿车的女司机，后来被证实在这起事故中并无责任。相关人员走访了在事发前两站下车的四名乘客，他们均证实，当时车内有一名中等身材，身着浅蓝色牛仔衣的女乘客，因错过了下车地点与驾驶员发生了争吵，女乘客和驾驶员的争吵以及女乘客对驾驶员的攻击，才是引发这起事故的首要原因。

从这个事件中可以看出，最先出现的信息，不一定就是正确的信息，也不一定就是事情的真正缘由。这启发我们对材料信息一定要保持批判性的态度，不要轻易相信网上传播的一些信息，有时传播的可能只是最早的情绪化判断。如果让这些信息再“飞”一会儿，就会发现这些信息与事实并不相符。

其次，要研究工作，善于鉴别。收集材料的途径非常多，可以读书、看报、阅读文件资料、去图书馆档案馆查找，还可以在互联网上，利用搜索引擎通过关键词进行搜索。面对大量的材料，我们需要从中鉴别出重点的、有用的、精华的部分。这种鉴别材料的能力只能从我们的实际工作中锻炼得来。

大家在十几年学习生涯中，很难有对实际工作的切身体验，如果能充分利用好“文件筐”训练法，练习为未来职业所设定的文体，那么你对未来要从事的职业，从现在就已经开始了解和熟悉了。如果在此基础之上继续进行深入研究，那么你既能了解这一职业所属领域的发展历史，也能够熟悉其所处的现状，还可以预测这个职业的未来发展方向。

我曾经看到过一篇文章，文中提到一个人能够取得更大成就的原因在于“选对行业，跟对人”。选对行业，就是要选对一个符合自己兴趣，符合自己未来发展设定的行业。跟对人，就是要跟对老板，或者跟对上级，抑或是跟对同伴。其实不管是上级、同伴，或者是你的合作者，最关键的是双方的价值观有相契合的地方。我们国家的小米公司前几年之所以能够迅猛发展，有一个很重要的原因，就是雷军聚集了一批跟他价值观一致的人，为了同一个目标共同努力。

我们对于未来职业的研究，大多是从网络获取资料，或者是通过别人讲述来获得相关信息。通过对这些信息的研究，要形成自己的一把标尺、一种眼光、一项能力，对收集到的材料去伪存真、去粗取精，从而发现真正有用的好东西。

材料一定要精练，只有这样，所选用的材料才能为文章增色，才能进一步提升文章的沟通效果和最终的影响范围。

四、材料的选择与使用

材料的选择与使用是写作的准备工作之一，要使文章中使用的材料能够以一当十、以少胜多，就必须从大量的材料中选取最好的、最合适的。写作者需要从实际出发，进行同类比较，具体问题具体分析，选取最动人、最能说明问题的材料，舍弃那些相对逊色的材料。如果材料不经严格选择，就无法体现文章的主题思想，无法给人以教育、知识和启示。白居易在《与元九书》中写道："凡人为文，私于自是，不忍于割截，或失于繁多……"意思是，一般情况下人们写文章，都会以自己的判断为标准，不忍心去删减某些东西，就有可能导致文章显得非常烦琐。

选择材料应该遵循以下原则，在进行"文件筐"训练法的过程中，我们要有意识去运用这些原则。

第一，围绕主题选取必需的材料。主题是文章的灵魂，材料是文章的血肉，材料要受到主题的支配，并且为主题服务。凡是能够有力地表现、说明、烘托、突出主题的材料就要选用。

第二，选取真实可靠的材料。文章的生命在于真实，写作要正视历史、面对现实、实事求是、坚持真理。不同文体的文章对真实性的含义和要求也不尽相同。说明文、科技报告需要对事物的性质、特点、成因、效能、用途等，做客观准确的叙说，遇到的有关数据要确切无误，不能有丝毫的差错。一般的常用文体，对文中的人物、事件、时间、地点、原因、结果等，都要真实呈现，要有据可查。抒情散文要求的则是情真意切。

分享一个小故事。宋代有个人叫李廷彦，一心追求功名，但是他的天赋有限，考试总是考不中，于是就想试一试求人举荐的捷径。他拼凑了一首《百韵诗》献上，其中两句写道："舍弟江南殁，家兄塞北亡。"达官听了，对他动了恻隐之心，说："不意君家凶祸重并如此。"对他们家发生这样的事情表示同情。而李廷彦的回答令人瞠目：诗句中的"舍弟江南殁"确有其事，而"家兄塞北亡"只是为了让这首诗更押韵而拼凑的，这位达官听了为之愕然。李廷彦为了押韵而勉强编造，违背了材料的真实性原则，达不到追求功名的目的，反而给世人留下了一个"反面教材"。

第三，选择典型的材料。典型的材料有三个特征：一是能够深刻地揭示事物本质，二是具有广泛的代表性，三是有强大的说服力。典型材料包括典型的人、事、场景、故事、语言、动作等。如《大众日报》2007年发布的报道《跟城里人一样享受政府公共服务 诸城农民迈进3公里社区服务圈》（第十八届中国新闻奖一等奖作品），其中用到一个实例：

舜王街道金鸡埠村的董福兰老人切身感受到社区化服务带来的便利。今年80岁的她6年前患了胆囊炎，打针输液要到13公里外的舜王医院，一住院就是一周多。7月底，松园社区建成，社区卫生室离家不到2公里，儿子用三轮车推着董福兰去，输完液就回家，啥事都不耽误。

这就是一个十分典型的材料，它有力地论证了社区服务带给农村高龄老人的便利，展示了诸城面向农村的公共服务改革新做法。

所以，选取材料时要注意选取能揭示事物本质的材料。同样，在写作的过程中，既要选取揭示事物本质的大材料，也要选取能够小中见大的反映事物本质的小材料。

比如，国家主席习近平在2018年新年贺词里，既包括了慧眼卫星遨游太空、C919大型客机飞上蓝天等大事件，也有一些打动人心的来信和让主席深受感动的具体事务。将引人注目的大事件和朴实平易的表述相结合，就形成了一份值得我们反复阅读和研究的佳作。

第四，选择新颖的材料。新颖的材料是指新颖活泼、生动有趣，具有时代精神和特色的材料。所谓“文章最忌百家衣”，在现在的网络时代，大家尤其要谨记这句话。很多学生在做作业的时候，只是从网上把某些段落扒下来，放在自己的文章里，这样的行为必须坚决纠正。

新颖的材料，包含了三个含义：一是新发现、新发生、别人从没有写过的材料；二是有新的认识与感受的材料；三是写出了事物的新发展，老材料也可以从新角度来写。比如，我国有很多名山大川，大家去了之后的体验，就是自己的新感受。只要你能够用准确深刻优美的语言表述出来，就可能成就一篇佳作。再如，从新角度解读灰姑娘与王子的童话故事，可以重点分析挖掘灰姑娘能够与王子相遇的原因——灰姑娘身处任何困境都没有放弃自己，而是始终在想方设法努力寻找改变命运的可能性。

第五，选择自己最熟悉的材料。凡是我们了解的最清楚、感受最深刻的材料，就是我们自己最熟悉的材料。大约在2003年，我的一个学生在作业里写了一句话：好朋友就是你患了重感冒，他仍然愿意和你同桌吃饭的人。这句话给我留下了深刻的印象，因为这句话是学生自己体验到的独一无二的经历和感受。

基于以上原则，我们选到了自己想用的材料后，在使用时要记住两个字——活用，即灵活地运用材料。

首先，要善于比较，要对材料进行纵向比较和横向比较、内部比较和外部比较。通过比较，能够发现材料的深层意义。比如，某单位在本年度完成了15个项目，与去年相比减少了5个项目。可能在进行总结的时候，这个数据直观上反映的是业绩下降了，但实际上今年的这15个数据可能是总指标进行了压缩后的结果。这个时候就不能简单地纵向比较了，更应该进行横向的比较，在同等条件下，与别的部门单位的项目数量作比较。这体现了材料要进行多向比较的要求。

其次，善于选择角度。以黄仁宇先生的《万历十五年》所选的角度为例。普通人了解历史知识，除了从各类历史教材中学习历史事实，从电影电视中获取演员演绎的某个历史片段以外，还会从网络获知一些历史上的名人逸事。我们了解的都是表层的历史知识，一般不会去寻求其内在的联系，不需要选择角度，更不需要将之放置在更广阔的视野下进行分析。但作为学者来研究历史，当然不能停留在表层，而是要在确凿的历史事实基础之上选择研究和切入的角度，从而给后来人提供更开阔更深入的历史视野。《万历十五年》选择 1587 年作为切入点，这一年是“明万历十五年”，也是“西班牙舰队全部出动征英的前一年”。

当年，在我国的朝廷上发生了若干为历史学家所易于忽视的事件。这些事件，表面看来虽似末端小节，但实质上却是以前发生大事的症结，也是将在以后掀起波澜的机缘。其间关系因果，恰为历史的重点。

从这一小段话就可以看出，历史上诸多事实将会以这一年为线索相互连接起来。中国古代皇帝臣子的工作生活状态怎样，一个庞大的帝国如何正常运转，其间有什么样的历史事实值得后人镜鉴，都由研究者所选择的这个角度徐徐展开。

最后，善于融会贯通，推陈出新。收集材料的目的在于运用，运用材料的方式有直接引用、间接引用和化用等。直接引用别人的思想观点，必须注明出处，在文中加上双引号显示。一篇文章里直接引用的材料总是有限的，间接引用他人的思想观点，如果不加双引号也不注明出处，引用过多，就会有抄袭的嫌疑。化用则是他为我用、推陈出新的一种处理方法，是运用材料的最高境界。我们平常要大量阅读别人的文章材料，认真消化吸收其精华部分，联系自己的实际工作，经过融会贯通，并加以提炼概括，最终形成自己的新思想、新观点，从而实现思想认识的创新、提高和超越。

第三节　文章要身材匀称——结构

一、谋篇布局

学习了主题、材料的相关知识，还要重视掌握结构的相关知识。如果给你零散的材料，比如，我国民生方面的重要数字材料，科技创新重大工程的十个大事件、四个重要纪念的活动、六个重要会议等，让你把它们组合在一起，你会怎么组合？你将以什么样的顺序来排列这些材料呢？为了回答这个问题，我们需要了解如下知识。

（一）结构的含义

所谓结构，就是文章内部的组织构造及文章组织安排内容的具体方式，通常称为谋篇布局。具体而言，结构指的是文章中整体与部分、部分与部分之间的关系，是组“局部”为“整体”的构造艺术。实质上就是组织材料的问题，要求写作者对字、词、句、段、层次都作出恰当的安排，让零散的材料组织成一个有机的统一体，成为一篇完整的文章。文章结构的安排，是作者观察事物、分析问题的思想活动的条理性在文章中的具体体现。《茅盾论创作》中，这样写道：

结构是全篇的架子。既然是架子，总得前、后、上、下都是匀称的，而且是有机性的。匀称指架子的局部美和整体美，换言之，即架子整体和局部应当动静交错、疏密相间，看上去既浑然一气，而又有曲折。平衡指架子各部分各有其独立性而不相妨碍，非但不相妨碍而且互相呼应，相得益彰。有机性指整个架子中的任何部分，不论大小都是不可缺少的，少了任何一个，便损伤了整体美，好比自然界中的有机体，砍掉它的任何小部分，便使这有机体成为畸形的怪物。

这段话中有三个词要特别关注，一是匀称，二是平衡，三是有机性。这段话清楚地讲了结构的内涵及功用，结构用以保证文章的有序性、匀称平衡性，用于体现作者思想的条理性。古人讲“文无定法”，文章的结构不可能按统一的模式去做。科技文、应用文的写作在实践中形成了某些约定俗成的格式，但也只是一个大的框架。对整篇文章来说，仍然存在着谋篇布局的问题。因此，每篇文章写作之前，都要根据特定的写作目的和具体内容，精心构思，合理安排，让文章的结构形式灵活多样。文章结构如同人体的骨骼，血肉要依附其上，灵魂寄托于此。如果没有恰当完整的结构形式，就无法按照主题的要求，将凌乱芜杂的材料组成一个和谐统一的整体，使作者的意图得以充分地展现。

在古代文论中提出文章要“有物有序”，“物”是指真切实在的内容；“序”是有条理，文章结构清晰严谨，言之有序。清代著名的戏曲理论家兼学者李渔，认为写作“不必卒急拈毫，袖手于前，始能疾书于后”，这句话说的就是谋篇布局。“袖手于前”是指写作者在落笔之前要认真读准题目或是工作任务要求，深入挖掘，审题立意，厘清逻辑，巧妙构思。只有准确地把握题意和旨意，拟写出写作提纲，才能“疾书于后”，迅速成文。

（二）文章的结构原则和要求

安排文章的篇章结构并没有什么固定的格式，应因文而异。因为内容不同，作者观察分析事物的方法和角度也不同，文章的结构形式也会多种多样。但安排篇章结构却不是随心所欲而为，而应遵循一定的规律和要求。

首先，准确反映客观事物的发展规律及其内部联系。文章是客观事物的反映，因此安排材料要有逻辑性，要能揭示出客观事物的本质，使人感到真实可信。比如说，记叙文写人状物，就要搞清事情的发生、发展、高潮和结局，以时空顺序或者是人的思想感情的发展变化为线索来安排结构。议论文、应用文应该按照事物的认识规律，提出问题，再分析问题，最后解决问题。根据论点和论据之间的内在联系来确定结构的方式，使文章顺理成章，准确反映出客观事物的本来面貌。

其次，服从并服务于表达主题的需要。主题是文章的灵魂、统帅，安排结构的目的就在于更有效率地表现主题。文章的内容，材料的先后次序、主宾位置、详略，以及文章层次段落、开头结尾的安排，都要服从并服务于主题的需要。刘勰《文心雕龙》里提到，“凡大体文章，类多支派，整派者依源，理枝者循干”，意思是大多数的文章都有很多枝节的材料,要把这些材料整理得非常严谨周密,就要依据它的源头、主干去进行梳理。这里的“依源”“循干”,就是指遵循主题的需要,即使文章的内容、格局再复杂,也必须以纲统目,尊卑有序,紧紧围绕中心思想来安排结构。

例如,国家主席习近平2018年新年贺词里,首先是谈民生,因为这是人民最关注的,也是党和国家着力去提升的,写贺词先要回答公众最为关注的问题。接下来讲我国的科技创新和重大工程的成果,这部分是国家科技实力的具体展现,之所以把它排在第二位,是因为这份贺词一旦发表,就相当于在全世界公开发布,全世界人民都会看到,需要明确展示出中国科技的发展进步。

(三)结构要适应不同体裁的特点和要求

不同体裁的作品,具有不同的篇章形式。比如,诗歌的标志就是分行分节,戏剧就是要分幕分场,一般的文章则是分段分节。之所以如此,是因为不同文章写作目的不同,记叙文是记事写人的,通常按照事物发展的自然顺序和空间方位的转换来安排结构;而议论文主要是说理,要阐述论点,那就要用概念判断推理,从而讲清楚论点,使之逻辑严密,井然有序;说明文的目的是解说、阐明事物,那么就按照客观事物、事理的性质特征功能来谋划全篇;新闻则要按照导语、主体、背景、结尾去组成大的框架;写一份总结报告,就要写清楚工作的基本情况,具体的做法,取得的经验,及结语等。

具体到安排文章结构的要求上,可以归纳概括为严谨、自然、完整、统一、富于变化。

严谨是指篇章结构紧密,无懈可击,表现出思想的周密,没有挂一漏万、顾此失彼的现象;表现出组织的严密,没有颠三倒四、破绽百出的现象。自然是指整篇文章要顺理成章,行止自如,没有牵强拼凑和雕琢的痕迹。完整则是指整篇文章匀称饱满,首尾圆合。统一是指形式统一和谐,通篇一贯。富于变化,则是要求结构符合客观事物的特点。

大千世界变化无穷,千姿百态,林林总总,文章反映的客观事物也应该是多姿多彩、变化万千的。正如李渔所言,“才人所撰诗、赋、古文,与佳人所制锦绣花样,无不随时变更。变则新,不变则腐,变则活,不变则板”。一切都要有变化,在变化当中才能够更好地引起他人的关注。因此,每篇文章的结构样式都有自己的特点,有曲折,有变化,有创造,才能够有个性。

二、文似看山不喜平

清代袁枚曾言:“文似看山不喜平,若如井田方石,有何可观?惟壑谷幽深,峰峦起伏,乃令游者赏心悦目。或绝崖飞瀑,动魄惊心。山水既然,文章正尔。”写文章要像山峦一样起起伏伏,不要平淡无味,要写出点波澜,有曲折起伏,才能够吸引人。

(一)层次和段落

写作者可以通过合理安排层次、段落、开头、结尾、伏笔和照应,来达到文章曲折起伏的效果。

首先来看层次与段落,层次是指文章内容表达的次序,体现作者思想开展的步骤。人们常把文章的层次叫作意义段、结构段,或者称为部分。段落则是指作者行文时的最小的意义单位。以换行空格为标志,是文章思想内容在表达时由于转折、强调、间歇等情况所造成的文字的停顿,我们称为自然段。然而,并不是有换行标志的就是段落,如对话的分行、引用语的分行、着重句的分行、过渡句的分行等,仅仅是分行,方便读者阅读而已。

层次与段落的关系表现为,层次着眼于文章思想内容的划分,段落侧重于文章文字表达的需要。一般来说,层次大于段落,可以分几个段落表达一个层次的意思。有时候段落等于层次,段落的划分恰好与层次一致。层次和段落的划分是文章结构的重要环节,不同文体的文章,安排层次的方式不同。

1. 层次的安排方式

记叙类文章层次的安排方式有六类。第一,以时间为序来安排层次。按照事件发生发展的自然进程和时间的先后顺序,以及人物的成长历程来组合材料、安排层次。这是记叙类文章最常见的一种结构形式,又称为纵式结构。

第二,以空间为序来安排层次。按照事物空间方位的上下左右、前后远近的次序来组合材料,安排层次。这种以空间地点的变化为顺序的写法被称为横式结构。在日常生活中,我们看到的写景状物、巡礼记游类文章多采用这种方法。使用这种方法时,写作者首先要确定一个观察点,再根据这个观察点去锚定和观察周围的事物,从而展开空间顺序的结构框架,再填充具体的内容。

第三,以时空交错为序来安排层次。将同一时间内不同地点发生的事件,巧妙地连缀在一起,称为纵横交叉式的结构,也可以称为复式结构,适用于呈现复杂的事件和场面的需要。2018 年有一部电影《无问西东》,讲述了四代清华人在各自的年代里做着相同的事情——做最真实的自己。这部电影采用了纵横交叉式的结构,四个单独的故事交叉讲述,最后形成了相互的联系。国外有一部科幻电影,名字叫作《无姓之人》,也采用了纵横交叉式的结构,展现了在 2092 年的未来,火星已经成为地球人热衷的度假胜地, 118 岁高龄的尼莫是最后一位仍未死亡的自然人。记忆混乱的他在一次次的催眠和采访之中,不断地回忆起自己的童年,却在每个人生分岔点都衍生出完全不同的人生。这两部电影均采用的是较为典型的复式结构。

第四,以材料的性质不同来安排层次。写作者撰写容量大、事件多的文章时,就是按照材料性质的不同来进行划分的。按照各种材料的内在逻辑关系,分条列项来写,我们也可以称为逻辑结构。

第五,以作者的认识为序来安排层次,亦称为情感结构。比如,站在作者的视角,以第一人称“我”的感受为主线的情感跳跃式结构方式。以“我”对客观事物的主观感受、认识发展、情感变化为中心线索来组合材料。

第六,以人物的意识流动为序来安排层次,亦称为心理结构。在这类文章中,往往是以人物的内心独白、自由联想等为线索组合材料。普鲁斯特《追忆似水年华》和伍尔夫《到灯塔去》是意识流写作经典作品。

论说类的文章，主要有以下几种结构方式，最常用的是纵贯式结构，即按照提出问题、分析问题、解决问题的顺序来安排层次，也就是我们常说的三段式结构，由引论、本论、结论组成，或者说由开头、主体和结尾组成。如果论说类文章采用并列式结构，根据论点或主题所包含的若干侧面划分为若干层次，各层次之间呈平行并列关系，这就是并列分论结构。

递进式结构的论说类文章，在阐明中心论点时，要使得各层次之间形成层层递进的关系，内容上表现为环环相扣，步步深入，层层剥笋，由浅入深，最后推出结论。这类结构方式符合从现象到本质，从原因到结果，从一般到特殊，从部分到整体的逻辑关系。

此外还有正反对比式结构。文章的正文各部分、各层次之间是正反对比的关系。当然，论述类文章最常见的结构方式是总分式或者分总式，也就是采用分别论述和总结论述相结合的一种结构方式。

总体而言，无论哪一类文章，划分层次的方式都不是一成不变的，并不限于以上几种。具体使用时可以单独使用其中一种，也可以两种结合起来使用。只要写作者认为有需要，或者说写作者的思路已经很顺畅了，就可以按照写作者的思路进行层次安排。

2. 段落的划分

段落的划分能够使文章脉络清楚，眉目清晰，易于理解，便于阅读，同时能够显示出层次，强调出文章的重点，传达出作者的某种感情色彩。一般来说，一段文字要集中表达一个意思，一个段落要完整地表达一个意思，段落的长短必须适度。如果太长会让读者眼花缭乱，不容易被人理解。如果太短，一个独立的意思被分成若干个小段，不便于读者把握一个段落的要旨。

记叙类文章内容富于变化，长短交错，短段落多，长段落较少。而论说类文章需要有力的论证，长段落就相对较多一些。在处理段落时，我们需要注意处理好段旨，即一个段落的中心意思。每一个段落要表示一个明确的意思，可以用一个句子表达出来，这个句子就是中心句。中心句可以出现在一个段落的开头，也可以出现在一个段落的结尾，当然也可以渗透到全段。渗透到全段的段旨，称为暗旨，表示这一段落的中心意思隐藏在段落之中。

（二）过渡和照应

过渡和照应是使文章篇章严密、中心突出的重要环节。

1. 过渡的形式

过渡是指上下文之间的连接与持续，主要的过渡形式有三种，第一种是过渡段，是指要在文中单独列出一段，在结构上起承上启下的过渡作用。第二种是过渡句，是用段落中的某一句话进行过渡。第三种是过渡词语，用词语表示段落间各种关系的转换。比如，使用关联词“因为”，表示因果关系的过渡；使用“一般来说”“个别来看”，表示一般和特殊关系的过渡；如果使用“值得注意的是”，则表示递进关系的过渡。过渡能使全文贯通，浑然一体。

过渡的形式除了过渡段、过渡句、过渡词语，还有内容转换过渡、表现方法过渡、表达方式转换过渡等形式。在具体行文时，是否用语言形式过渡，要根据表达的实际情况来定。段落之间有严密的内在联系，不同语言形式的过渡同样可以使结构衔接紧凑。

2. 照应的方法

照应指的是前后文的彼此配合与呼应。前文中写的内容在后文中要有着落，后文中写的内容在前文中早已埋下伏笔，这好比古代兵法中的长蛇阵，“击首则尾应，击尾则首应，攻其腹则首尾俱应”。兵阵就好比是一条长蛇，击打它的头部，尾部要有呼应；击打它的尾部，则首部也要呼应；如果击打它的腹部，则首尾都来呼应。在具体的行文过程中，就是指行文内容的瞻前顾后，首尾圆合，含蓄不露。这里的“瞻前顾后”，和我们平常所理解的词语意思是不相同的。平常我们把它作为一个贬义词，在这里则作为一个中性词，主要是说写文章的时候，一定要考虑到前文写的内容和后面写的内容相呼应。

关于伏笔，清代文学家林纾曾在《春觉斋论文》里这样解读：“伏笔苟使人知，亦不称妙。”若能让人“无意阅过，当是闲笔，后经点明，才知是有用者”。林纾对伏笔的描述，可以作为评价一般伏笔是否精妙的一个标准。常见的照应方法有以下三种。

一是题文照应，是指文章的正文与题目之间形成照应。

二是首尾照应，是文章的开头和结尾之间形成的照应。叶圣陶的散文《藕与莼菜》，开头写道“与朋友喝酒，嚼着薄片的雪藕，忽而怀念起故乡来了”。结尾时写道“所恋在那里，那里就是我们的故乡了”。这篇文章很明显地形成了开头和结尾的首尾呼应。刘勰《文心雕龙》中用六个字表述首尾呼应，即“总文理，统首尾”。

三是前后照应，是指文章当中前后内容之间形成照应。这种照应通常把它称为伏笔和呼应。前面的叫作伏笔，也就是埋伏的文笔，即对要说的人、事、物，在前文中只作不引人注目的提示。在后面的称为呼应，也就是对前文的伏笔进行呼应。《项羽本纪》中有一个非常经典的例子：

沛公旦日从百余骑来见项王，至鸿门，谢曰：“臣与将军勠力而攻秦，将军战河北，臣战河南。然不自意能先入关破秦，得复见将军于此。今者，有小人之言，令将军与臣有郤。”项王曰：“此沛公左司马曹无伤言之，不然籍何以至此？”

这段话充分展现了刘邦高超的沟通能力。他被项王召见，来到了鸿门，马上对项王说，我和将军约定好了，兄弟二人一起攻打秦，将军在河北作战，我在河南作战，没有想到我能够先打到咸阳去，今天跟将军在这儿相见了。现在有小人从中挑拨，让将军与我有了嫌隙。结果项羽马上回答说，这是你的左司马曹无伤说的，不然我怎么会叫你来呢！在行文之中随便提及的曹无伤，读者可能会在文章开头以为是闲笔。后来在鸿门宴上，刘邦尿遁之后，作者一笔点睛，“沛公至军，立诛杀曹无伤”。刘邦回到军中，立刻杀掉了曹无伤。以短短的一句话作为呼应，可以说是惊人之笔，极其自然地把刘邦和项羽的性格活脱脱地勾勒了出来。

（三）开头和结尾

开头和结尾在篇章结构中位置醒目，是一篇文章不可缺少的有机组成部分，它们的好坏直接关系到文章结构的整体形态，关系到文章内容的表达效果。

1. 开头的写法

文章的开头要注意开得漂亮一点。古人就很重视开头的写法，有很多种表述，写作者可以根据写作的实际需要来借鉴。刘勰认为“首唱荣华”；陶宗仪提到“起要美丽”；谢榛表示“起句当如爆竹，骤响易彻”；李渔则说“开卷之初，当以奇句夺目，使人一见而惊，不敢弃去”。

以上四种观点都在表明开头一定要能够吸引人。《白鹿原》中的第一句话：白嘉轩后来引以为豪的是一生里娶过七房女人。这句话可能会引起大多数读者的好奇：白嘉轩为什么娶了七个女人呢？为下文故事的展开作了铺垫，展示了白嘉轩的早期形象。

研究文章的开头，可以从两方面来考虑。一是写作本身要达到兴顺势足，开头文字在精彩的同时，又要便于展开；也可以从读者接受效果来考虑，形成先声夺人、引人入胜的效果。开头的方法多种多样，对于写作者来讲，一定要善于继承已经有的、别人用过的开头方法。二要勇于创新，独辟蹊径，创造出更多的令人赞赏的新开头。尤其是在自媒体时代，每个人都可以是信息的传播者，通过微信、QQ、豆瓣、知乎等，都可以传递自己对世界的理解和认识。

在文章的开头部分，也有很多可以借鉴的方法。比如，开门见山式，起笔直接入题；曲径通幽式，在开头不直言要写的事情，而是先写环境、背景、引用历史典故等，然后再进入正题。

2. 结尾的方法

一篇文章有什么样的开头，就要有与之相和谐一致的结尾。结尾贵在自然，犹如百川入海，顺势而成，应该给人深刻的印象。“恰似临去秋波那一转也”，好比美人回眸一笑，收到含蓄隽永、耐人回味的效果。文章的结尾方法也有很多，常见的结尾方法有总结全文、点明题旨——画龙点睛；还有自然收束，含而不露；最常见的是展望未来，对读者提出希望，发出号召。

所谓编筐编篓，重在收口，描龙画凤，难在点睛，即“头难起，尾难结”。结尾是一篇文章的落脚点，是文章给人留下的最后印象。无论多么天才的写作者，都会有写文章时纠结于开头和结尾的经验感受。我们在写作的实践中，感受到开头难、结尾难，要解决这个问题，就要有意识地应用现在所学的开头和结尾的方法。如果这里提到的相关知识还不够用，大家可以到网上去进一步搜索，也可以寻找一些经典的作品来学习。

"文似看山不喜平。"无论是层次、段落、过渡、照应,或是开头、结尾,写作者在写作中有意识地去选择一定的方法,就是为了形成错综变化的结构。

文章的结构安排应该有曲折生姿的效果。安排文章时,如果死守章法就会显得刻板单调。教学实践过程中,有一些学生表现出这样的一些特点,虽然仅仅是一小部分,但还是值得我们引以为戒。当我们学习某个文体的时候,一定不要死守章法。了解文体的大致框架,知道它的基本结构模式,就可以去表达自己的一些思考,表达自己对工作的研究、认识。当然,要把文章写得灵活而具有创新性,是需要付出很多心力的。

(四)断续与曲直

文章的章法变化表现在多个方面,如整篇的变化,段与段之间的变化,句子与句子之间的变化、语言节奏的变化等。

文章也讲究断续与曲直。先说断续,是指形式上的断续。刘熙载在《艺概·文概》里面谈道:"章法不难于续,而难于断。先秦之文善断,所以高不可攀。然'抛针掷线',全靠眼光;'注坡蓦涧',全靠缰辔在手。明断,正取暗续也。"文章的结构要一线贯穿,章法的难点不在于把它续上,而在于把它断开,形成曲折起伏之妙。先秦的文章比较善于断文,是很多文人效仿的对象。但不管是"抛针掷线",还是"注坡蓦涧",都是为了使文章达到起伏生姿的效果。

文章结构一线贯穿,气势流畅,就能够顺着人、事、物一条线写下去,中间没有阻隔和间断,语言转化也可以有明显的过渡连接。这是一种明连的方法,如果太直接明显,就会使文章显得刻板。还有一种方法是暗连,表面上看起来是阻隔中断的,但实际上仍然是连续的,表现为描写某一情节或某些事情后,就把它们搁置一旁,拾起另外的话头往下写,之后又在某处突然接上原来的断头,继续往下写,古人将这种方法称为"横山断云法"。好比地下水系统,在有些地方,地下水变成了地上河,看似突兀,但实际上它们与地下的水资源仍然是相互连通的。

再说曲直。文章要有曲有直,曲直互补,直中求曲,曲中求变。我们要善于利用写作的对象,也就是万事万物本身的曲折性、复杂性,通过文字表现它们的这种特征。人有美丑善恶,事有大小好坏,道理有是非正反,情感有喜怒哀乐。景物分为动静荣枯,事物则有长短方圆,这种矛盾变化无法穷尽。写作者要抓住矛盾的发展变化,或者重视情节,或者重视场景,或者重视心态,能够把纷繁复杂的现象归结于一篇文字之中。

我们还要善于运用直中求曲的方法,写作对象本身有曲折变化,如果在写作上不善于反映,不会处事应变,文章的阅读效果就不会好。所以,写作者要注重掌握一些制造波澜产生变化的方法。姜夔在《白石道人诗说》中提到,"波澜开阖,如在江湖之中,一波未平,一波已作。如兵家之阵,方以为正,又复是奇;方以为奇,忽复是正。出入变化,不可纪极,而法度不可乱"。在写作过程中,要实现波澜起伏的章法变化,可以采用设问、渲染、欲擒故纵等方法,使得结构显得曲折多变、摇曳生姿。

三、"胸有成竹"方作文

这部分的内容先从解题开始。"胸有成竹"源于《郑板桥集江馆清秋》:

江馆清秋,晨起看竹,烟光日影露气,皆浮动于疏枝密叶之间。胸中勃勃遂有画意。其实胸中之竹,并不是眼中之竹也。因而磨墨展纸,落笔倏作变相,手中之竹又不是胸中之竹也。总之,意在笔先者,定则也;趣在法外者,化机也。独画云乎哉?

这段话的意思是说,秋天在江馆时,早起欣赏竹子,清晨的烟火之色、旭日之影、晶莹露气等,都浮动在疏落的竹枝和茂密的竹叶当中。如此美景,不由得使人情致勃动,产生想要作画的意念。其实心中映现出的竹子,并不是眼前所看到的竹子。所以,磨好墨、展开纸,下笔去画的时候,画出来的竹子总会有所改变,跟想象好的竹子并不相同,因为画出来的竹子已经不是原本心里映现的竹子。总而言之,意念产生在落笔之前,这是不变的法则;但情趣流溢在法则之外,则全凭个人的运化之功了。难道仅仅作画是这样吗?

(一)思路的重要性

所谓"胸有成竹",其实是画家落下画笔之前的绘画思路。不只画家,从事创造性工作的人们都需要在动手开展工作之前,先有清晰的思路。文章结构的安排与写作者的思路相关,而思路则是指写作思维过程的路线,是作者观察认识事物,掌握其规律性,一直到获取材料后精心构思、编排组织、写成文章的全过程的思想线索和踪迹。文章对客观事物具有能动的反映,与作者的主观认识、理解、感受密切相关。不同的作者由于思想观念、生活经历、文化素养、才情禀赋的不同,思考问题的习惯方法和路线也不同,这反映在文章中就呈现了不同的思想脉络。

我国语言学家张志公说:"作者的思路是他对客观事物怎样观察、理解、认识的反映,思路不是凭空产生的,而是以客观事物为基础的。客观事物反映在作者头脑里,经过观察、理解、认识的过程,形成了他对这件事物的印象、方法、态度和感情。把这些印象、看法、态度和感情理出一个头绪来,就是所谓的思路。按照这个思路写成文章,就是所谓的组织结构。"这段话既说明了思路具有指向性、层次性、联想性、条理性的特点,也指出了思路与文章结构的关系,安排结构不单纯是一个写作技巧,更重要的是厘清思路。

文章的结构实质上就是作者的思想认识在文章构造上的反映,是作者思路的具体体现。在议论文、说明文、科技论文和科研报告中,结构较直接地反映和体现了思路。记叙文、科普创作和文艺作品的结构安排,是对思路间接的、艺术的反映和体现。思路是结构的基础。如果一个人不能把自己的意思正确通顺地表达出来,说明他的思路是杂乱无章的。只有思路清晰严密,文章才能表达清楚,结构才能严谨。反过来说,如果表达清楚明白,结构严谨完整,就可以说明作者思路清晰严密,对所描述的客观事物的本质及其内在联系已经有了深刻的认识,因而才能把客观事物有逻辑地、顺理成章地表现出来。

安排文章的结构,不能单纯看成一个方法技巧。写作要有明确的目的,特别是思路,这是关乎文章结构的最根本的东西。如果文理不通，逻辑混乱，把一个意思重复变换成不同的说法，前后缺乏必要的衔接和照应，结构杂乱无章，其中有方法的问题，但更重要的是作者的思路不清晰。

（二）思路的基本要求

朱光潜说："寻思是写作者的第一步重要工作。作文运思犹如抽丝，在一团乱丝中拣取一个丝头，要把它从错杂纠纷中抽出来。"人们认识事物也是如此，总是由浅入深、由此及彼、由表及里，这个认识过程就是人们认识客观事物条理性、规律性的具体体现。马克思写《资本论》，构思了十数年，几次修改提纲。写作者的写作过程能否顺利进行，结构安排得是否得当，必须向思路要结果。

提高结构能力最根本的途径是认真锻炼思维，加强思维逻辑性、条理性的训练。写作者必须认真锻炼思路，才能提高写作能力。锻炼思路的基本要求是清晰、连贯、正确、周密。

清晰是指思路要有顺序，有层次，分清先后次序，有条不紊地表达思想。连贯是指思想的表达不仅要有次序，而且各内容之间要有正确的连接关系，要合乎逻辑，合乎人们的思维方式，使文章流畅贯通。正确是指需要对思路进行辨析和区分，相同的意思要加以归纳集中，不要分离；相近的意思要辨析准确，不要混淆；相反的意思要加以区别，另立门户。周密是指思路严密，无缝隙疏漏，运用辩证法，全面历史地看问题，防止片面性，以免顾此失彼，不能自圆其说。

（三）锻炼思路的方法

第一，养成认真观察事物、分析问题的良好习惯。观察可以帮助我们获得第一手材料，也可以开阔思路，促进认识的深化。我们可以开展定向观察、随机观察、公开观察等，从而得到全面的、细致的、丰富的材料。

第二，通过阅读优秀文章来开拓思路，立意选材。可以通过阅读来扩大视野，增长智慧，博览事物，开阔胸怀。

第三，拟定写作提纲，把头脑中想好的文章格局用文字固定下来，作为写作的一幅蓝图。拟定提纲可以使作者的思维条理化、系统化。提纲可以写得细致，也可以写得简要，还可以画思维导图，帮助自己捋清思路。

回顾一下从主题、材料到结构的所有内容，写作者的写作过程，首先，要明确立意，确定主题，让主题来统领全局，在动笔之前必须把这一点想清楚。所谓"约之则为一言，所谓主脑者是也"。一篇文章，简要提炼出来就仅仅有一句话。所以，无论写哪种文体，都要思考一下文章的主题是否能用一句话来概括，如果不能，那就要继续深入思考，因为主题不明确，即使我们动手写，也很难写出特别清楚的文字。

其次，要收集素材，紧紧围绕文章的主题，来调用我们长期积累的资源，整合取舍。通过知识储备收集出适合行文的相关素材，包括自然的、人文的、历史的、现代的、正面的、反面的、中国的、古代的、外国的等。同时要对收集到的素材进行鉴别和选择，以更好地为主题服务。

最后，要厘清思路，立定格局。思路是思想前进的脉络、轨道，是行文结构的内在依据。写作者在动笔之前就要想清楚怎样提出问题、分析问题、解决问题，采用何种行文结构，要做到胸有成竹。所谓格局就是全文的间架、大纲、轮廓，在动笔之前先要把它想好、立定。如全文分几个部分，各有哪些层次；先讲什么，再讲什么；哪里该详细讲述，哪里该粗略勾勒，从头至尾都应该有一个大致的设想。

鲁迅曾说过，“静默观察，烂熟于心，凝神结想，一挥而就”。做好了充分的准备，文章写起来就会很快。有的人不重视写作前的准备，忽视写作提纲的拟定，在写作过程中“边施工边设计”，弄得次序颠倒，手忙脚乱。

俗话讲，“磨刀不误砍柴工”。列提纲的过程就是审题、立意、谋篇布局的过程，也是酝酿语言、孕育思想的过程。提纲列好之后，再进行语言组织和行文书写，这时候写作就会变得容易许多。

第四节　语言是思想的外衣

一、语言与写作的关系

关于语言与写作的关系，我们引用钱锺书先生的文章《论快乐》作一说明。这篇文章里，先生对“永远快乐”作了这样的分析：

“永远快乐”这句话，不但渺茫得不能实现，并且荒谬得不能成立。快乐的决不会永久；我们说永远快乐，正好像说四方的圆形，静止的动作同样地自相矛盾。在高兴的时候，我们空对瞬息即逝的时间喊着说：“逗留一会儿罢！你太美了！”那有什么用？你要永久，你该向痛苦里去找。不讲别的，只要一个失眠的晚上，或者有约不来的下午，或者一课沉闷的听讲——这许多，比一切宗教信仰更有效力，能使你尝到什么叫做“永生”的滋味。人生的刺，就在这里，留恋着不肯快走的，偏是你所不留恋的东西。

钱锺书先生通过多层次多角度比较，清晰地解说了永远快乐的矛盾性。回到我们自身，在给别人送祝福时，我们经常会讲“祝你永远快乐”，这句话用得太频繁，就变成了一种自动化的表达，被祝福的人已经不能很好地感知到它最初吸引人的意义了，对于这个词语的反应也就变得麻木了。或许我们也意识到了这一点，但是要将这个“意念”——生动的表达——落在纸上，却是一件难事。

（一）语言、思想、文章之间的关系

在日常生活中常会有一些人、事物，让我们感动、兴奋，或者生气、看不惯，或者是让我们沉思良久，这时想要把内心的想法写成文章，才发现自己并不能准确地表达出来。原因在于我们没有掌握足够的语言能力和表现方法，没有在自己的思想、语言之间建立起协调的关系。在这方面我们要向钱锺书先生这样的大家学习。

那么，语言、思想、文章之间有着什么样的关系呢？思想是内语言，是语言的基础；语言是思想的表现形式；而文章是思想通过语言的形式固化之后形成的作品。也可以说，思维之前，要表达的思想感情是气态的；思维之后，思想感情是液态的；而通过文字表达，思想感情就变成固态的了，可以为他人所阅读和感知。

朱光潜在《艺文杂谈》里写道："在运用思想时就要运用语言，在运用语言时也要运用思想。用一个比喻来讲，就是语言是思维的外衣。"下面分三个层次来看这三者之间的关系。

第一层，思想和语言的相互作用贯穿于整个写作过程之中。好的文章，主题要深刻新颖；材料要紧扣主题，真实可靠，典型生动；结构要严谨自然，组织严密，思路要清晰连贯，所有这些最终都要依靠语言来表现。高尔基说："文学的第一要素是语言，语言是文学的主要工具。"其中的"文学"可以扩展理解为一切文章。

第二层，语言是文章最基本的建筑材料，是文章表达思想的工具。思想是一种语言，而且是一种内语言。这种语言是一种不定态的语言，既开阔生动，又流动朦胧。大家一定对此深有体会，我们经常会在上课或者在做某件事的时候开小差，这时候我们的思维也许已经到了很遥远的地方，神游四海八荒，纵横千里之外。这种思维如此开阔生动，但很难捕捉到它，所以是不定态的语言。相对于内语言，外语言可以为他人所感知，也称为定态语言，它是顺序的、明晰的，又是间接的、对应的。外语言有两种形式，即口头语言和书面语言。

第三层，文章语言是作者的内语言向外语言转化的结果。在转化的过程中，内语言制约外语言，外语言是内语言的存在形式。如果思想模糊，语言不清晰，没有真知灼见，语言表述也不会坚定有力，外语言的贫乏和单调会直接影响到内语言的丰富和多样。笔者与学生交流的时候，经常会说一句话，"我们都是思想的巨人，语言的矮子"。我们写不出心中所想，到底是因为思想混乱无序，还是因为语言单调贫乏，表达能力有限？这是写作者进一步认识自己的又一个启发点。

（二）积累内语言和外语言

文章语言是内外语言既统一又矛盾的产物，两者达到高度统一，词意相符，这是作者追求的最终目标。如果两者普遍矛盾，词不达意，作者就遭遇了语言的障碍。语言障碍是干扰写作者顺利完成写作任务的阻力之一，所谓祸兮福之所倚，坏事也能变成好事，语言障碍能够促使作者改变自己的思维定式，从而对语言做出新的选择。

文章语言是以口头语言为基础，经过选择加工而成的书面符号系统，由字词句组成，因字生句，积句成章，积章而成篇。字词句是思想存在的物质形式，是作者思想表达的工具。许多传世之作都以精湛的语言著称，如果在写作过程常常找不到恰当生动的语言来表达思想感情，这说明写作者驾驭语言的能力还不成熟。"工欲善其事，必先利其器"，写作者要提高语言素养，就要注意积累语言。

一是要积累内语言，达到气盛言宜、句善体物的高度。写作者要提高理论水平，陶冶情操，增长生活中的各类知识。所谓"气盛言宜"，是指对理论有深入理解，才能正确地理解和评价现实生活。用语片面、偏激，就是由于写作者对事物的一知半解造成的。现在互联网上很多网友仅凭一时的情绪就去作判断、选择，而不能够正确、全面、冷静地认识和评价现实生活。"句善体物"的前提是了解和熟悉各类事物的知识，作者写社会各个方面，包括人和人之间的关系、人与大自然的关系，就需要对这些事物进行深入全面的了解，这样才不会无话可说，语言才有可能生动形象。

二是要积累外语言。韩愈认为"辞不足不可以为成文"，即写文章要注重词汇积累，只有掌握大量的词汇，才能把事物的不同方面和角度，以及事物间的细微差别准确逼真地再现出来，同时还能给写作者建立语言仓库。

李芷和写《雾瀑观虹》，用词非常优美："我像走入南派山水画大师的画卷中去了。我想起了庐山的瀑布，它秀丽而峭拔；四川省的九寨沟瀑布，它绚丽而多姿；台湾省的天祥瀑布，它刚健而坦荡；长白山的天池瀑布，它飘逸而高峻；雁荡山的大龙湫瀑布，它劲挺而矫健……而黄果树瀑布，它以豪迈而粗犷，雄浑而瑰丽著称于世界，真算得上瀑布中的伟丈夫。"这一段文字内外语言相得益彰，文章读起来朗朗上口，文辞优美。

二、锤炼语言的四个基本要求

宋代苏轼的《饮湖上初晴后雨》写道："水光潋滟晴方好，山色空蒙雨亦奇。欲把西湖比西子，淡妆浓抹总相宜。"苏轼把西湖比作一个美女，无论淡妆也好，浓抹也好，总是美丽的。对于语言来讲，也要淡妆浓抹应相宜。这里的相宜不仅仅是语言表面的相宜，还包括语言与思想之间的相宜。

语言是思想的表现形式，思想与语言的关系是内容与形式的关系。锤炼语言就是对语言进行精心的选择和提炼，目的是准确生动地反映客观事物和表达思想感情。锤炼语言有四个基本要求，分别是准确、简明、朴实、生动。为了使语言准确、简明、朴实、生动，就必须锤炼字句，而锤炼字句必须有正确的指导思想——对语言的锤炼、加工是为了更好地表情达意，所以不能脱离内容的需要，孤立地雕琢文辞，追求华丽。

（一）语言的准确

语言的准确是指语言要达到准确，外语言和内语言做到最大限度的对应，真实地再现事物，贴切地表达思想，内外一致，达到词意相符。法国作家福楼拜对莫泊桑说："不论一个作家所要描写的东西是什么，只有一个词可供他使用，用一个动词要使对象生动，一个形容词要使对象的性质鲜明，因此就得去寻找，直到找到了这个词。这个动词和形容词，而绝不要满足于差不多，绝不要利用蒙混手法，即使是高明的蒙混手法。"这就是国外著名的“一词说”，与中国的“一字师”其实是一个意思，两者都表明了写作者要精选最准确的词语来叙事状物，表情达意。

写作者要实现用词的准确，在下笔之前，就要对所反映的事物进行细致深入的观察，准确把握事物的基本特征。并且写作者要有丰富的词汇基础，下笔时要从自己的语库中，用心挑选出最恰当的词语来表现所要描述的事物，才能反映出事物的真实面貌。

要做到内语言与外语言相一致，从而表达人物的思想感情和行动选择，不是一件容易的事。因为人的思想感情丰富而复杂，变化微妙而灵敏，要使词语准确地表达出思想的细致入微及其触发的人物行动，就要善于把握人和事的特征，环境与人物的关系，以及人与人之间的关系。

关于用词的准确，有一个小故事。北宋有一个人特别喜欢购买旧书，偶然间淘到了杜甫的诗集。因为年代太久远，文字模糊了。其中，有一首《送蔡希鲁都尉》缺失了一个字，变成了“身轻一鸟□”，这个人在缺失的地方分别填了急、落、下、起、度，觉得似乎都不是很合适。最后他从别的地方获得了这首诗的原文，原来写的是“身轻一鸟过，枪疾万人呼”。这个“过”字描写出了蔡希鲁都尉的勇猛和武艺高强，比之前所用的急、落、下、起、度都要好。由此可见，在做到语言准确时，用词一定要注意推敲，要辨析清楚词义及词的感情色彩，掌握词的语体特点，而且句子还要合乎语法，文章整体内容也要合乎逻辑。

（二）语言的简明

语言的简明是指用最少的文字表达最丰富的内容，做到言简而意明。郦道元的《三峡》中有这样一段：“春冬之时，则素湍绿潭，回清倒影。绝巘多生怪柏，悬泉瀑布，飞漱其间，清荣峻茂，良多趣味。”这里面的“清荣峻茂”，仅仅四个字，就把三峡的水清、木荣、山峻、草茂无比简明地表达了出来。

对用语的简明起决定性作用的是内语言的明确性，只有对事物认识得很深刻，才能抓住问题的要领。好比漫画家去画人物，抓住了人物最有特征的一笔，让人一看就觉得惟妙惟肖。虽然仔细看来可能会觉得，某一部分不是很像，整体也不是很像，但最核心的特征非常像，我们就会识别出这个人物。在钱锺书的《围城》里面，女主人公孙柔嘉形容汪太太是“一张红嘴唇，十个红指甲”。这句话虽然显得孙柔嘉有点刻薄，但是把汪太太的鲜明特征描述出来了。

对于写作者而言，还要强调一点——必须端正文风。有的作者喜欢堆砌形容词，脱离内容，片面地追求形式，这是要坚决摒弃的一种坏习惯。尤其是一部分人养成了不良习惯，写作时往往只追求文字的优美，使用了非常多的形容词表达自己的情感，以至于我们读完文字，不知道写作者想要表达的具体情感是什么。

老舍也曾说过，“少用那些乱七八糟的修辞，要知道不用任何形容，只是清清楚楚写下来的文章，而且写得好，就是最大的本事，真正的功夫”。用语简明，当然也要讲究技巧，要提炼富有表现力的语言，以少写多，给读者留下可供回味的艺术空白。

要做到语言简明，须注意外语言的训练，注意思维的训练，要提炼最精练的语言，要提炼含蓄的词语，并且尝试在适当的文体、适当的语句中加入当代社会依然适用的文言词语。比如，在公文写作中就常用到文言词语，批复这个文体，写到收文的时候会写明收文单位对哪一份文件收悉。“收悉”相较于“收到了”“知道了”更为简明正式。

（三）语言的朴实

所谓语言的朴实，是指用语要朴素自然、通俗易懂。朴实的语言是真切的，也更容易让大家理解，不仅具有外语言的自然美质，而且具有内语言的丰富内涵，虽然普通，却非常感人。

宋代惠洪在《冷斋夜话》中写道：“白乐天每作诗，问曰解否？妪曰解，则录之；不解，则易之。”可见，大诗人白居易对诗的语言要求是朴实到老大妈能看懂，这首诗才可以拿出去示人。我们写文章给别人看，也是要让别人能看懂，这就涉及了沟通。如果我们写的文章别人看不懂，就说明文章语言不准确、不简明。如果我们所写的文字，别人看的时候，我们还需要在旁边进行解释，说明这篇文章是失败的。

在教学实践过程中，有一些同学写的文章我在批改时没有看懂，反馈作业情况的时候，他就会跟我解释，他实际想要表达的想法，以及想这样表达的原因。通常遇到这种情况，我都会告诉学生，文章一旦写成，就是一个独立于作者之外的存在，完全交由阅读的人去进行理解了。我们不可能随时跟着这篇文章，去向所有看到它的人解释。

因此，不管是讲深奥的道理，还是讲简单的道理，都应该用最平常的词语深入浅出地说明问题。有人认为朴实的语言缺乏艺术性，其实不然，并不是辞藻丰富、优美的文章就具有艺术性。艺术性不是单一维度的认知，艺术本身就是形式丰富的，是可以进行多重解读的，是代入艺术家强烈主观意识和思想感情的表现形式。国家主席习近平历年新年贺词中使用的语言都很朴实，但却不缺乏艺术性。只要是写过材料，或是有过写这类稿子经验的人，就会知道写出这样的稿子难度非常之大。在简短的篇幅之内，不仅要容纳非常丰富的内容，还要表现出语言朴素、平易近人的风度，可以说是难上加难。

事实上，文学的语言、大师们的文字，往往都是非常朴素的。苏轼的《与侄书》中有这样一句话：“凡文字，少小时，须令气象峥嵘，彩色绚烂。渐老渐熟，乃造平淡。其实不是平淡，是绚烂之极也。”宋代李涂在《文章精义》中写道：“文章不难于巧，难于拙，不难于曲，而难于直。不难于细，而难于粗，不难于华，而难于质。”语言达到拙中见巧、直中见曲、粗中见细、平中见奇的境界，才是本色的语言，去粉饰，去雕琢，有真意，发真情。这一段话中的“质”与文质彬彬中的“质”意思相同。孔子认为：“质胜文则野，文胜质则史，文质彬彬，然后君子。”君子的内在品质和外在仪表应该“彬彬”，也就是相得益彰，相互陪衬。后人将“文”和“质”解释为文学作品形式和内容的关系，内容胜过形式，显得粗野；形式胜过内容，则显得浮华，形式和内容互为辅助，才是一篇很好的文章。

清华才子梁植在《超级演说家》致敬邓稼先的演讲稿中这样写道：

难以想象，一次实验事故，邓稼先一个人冲进实验区，捡起那枚摔碎的核弹，命令所有人都在场外待命。

难以想象，核辐射的后果是止疼用的杜冷丁，从一天一针变成一个小时一针。

难以想象，邓稼先躺在病床上说得最多的一句话是，你们快去工作吧！别让那些国家把我们中国落得太远了。

梁植的这三个句子使用了排比的修辞手法，叙事层层推进，情感表达逐层加深，与致敬邓稼先的主题相得益彰，达到了文质彬彬的效果。

（四）语言的生动

语言的准确、简明、朴实这三点，强调的是语言要恰当地反映客观实际，而生动则强调语言的表达效果。换言之，就是语言运用还要富于文采。

所谓言以文远，又所谓文乏异彩，昏睡耳目。作家李娟的散文《落叶的街道》中有一段关于落叶的描写：

我狂奔着跑在童年里，却怎么也穿不过那条街道。落叶无边飞舞，是我一生中见过最奇异的景象。那落叶并不是南方的春天里才会有的那种。南方的落叶，虽然也是金黄的、灿烂的，但那种金黄灿烂是经历了生命的完全燃烧后的遗容，它们是枯叶。它们煎熬忍耐过整个冬天，在黄梅雨季的泥泞中被蹂躏碾轧。而这些叶子不是，它们分明是娇嫩滋润的，它们是有分量、有生命的。它们飘落的时候似乎还在生长。拾一枚在手中仍感觉到水分在指间流动，顺着叶脉的河床向四面八方奔淌。把它从中间撕开，似乎能感觉到它因疼痛而战栗。用指甲在上面掐出一道道弯月的痕迹，指尖便触到了血液才有的潮湿。这落叶厚实而有弹性，是一块多么健康的肌肤！

这段文字既是对落叶的描写，也是以落叶作为生命的象征。其中拟人化的手法，给落叶平添了沉甸甸的分量，引发读者阅读时的陌生化感受和关于生命历程的深思，生动的笔触刷新了我们对于落叶的一般认知。

语言生动，要求材料新鲜、见解独到，生动的语言与新颖的思想内容是相一致的。语言的创新就是内容的创新，要做到语言的新颖，就要注意多用具体形象的语言，绘形、绘声、绘色地去描述事物，多用新鲜的词语，将无形的东西有形化。比如鲁迅在《秋夜》中这样写花：

我记得有一种开过极细小的粉红花，现在还开着，但是更极细小了，她在冷的夜气中，瑟缩地做梦，梦见春的到来，梦见秋的到来，梦见瘦的诗人将眼泪擦在她最末的花瓣上，告诉她秋虽然来，冬虽然来，而此后接着还是春，蝴蝶乱飞，蜜蜂都唱起春词来了。她于是一笑，虽然颜色冻得红惨惨地，仍然瑟缩着。

虽是写花，但声色形俱有，又以拟人的手法将无形之物有形化，勾勒出花之“梦”和春天之后的情景。

要使语言生动，可以适当使用修辞手法，使句式富于变化，通过句子的语气、长短、整散句，以及声音的变化，收到语句优美的效果。还可以使用恰当的语言技巧，通过语句的调整，通过语句的弹性变化，收到语言表达的良好效果。

三、语体特征君须记

语体是语言在不同题材的文章中长期形成的气质特征。作者在不同题材中，根据不同的表达需要来选择语体。语体与语言有联系，也有区别，它遵循一般语言的语法规则和逻辑规律，运用相同的修辞手段，但在遣词造句的方式方面，不同的文章体裁会有明显的不同。

（一）语体的类型

按照不同的标准，可以把语体分为不同的类型。

按照语言的来源来划分，可以分为口头语体和书面语体。口头语体具有通俗性、生动性、灵活性的特点，虽然不够严谨周密，却是书面语言的基础。书面语言是在口头语言的基础上，经过加工而形成的视觉语言，具有系统性、严密性、稳定性的特点。书面语体可以分为新闻语体、文艺语体、政论语体、科技语体等。在这里列出几类，逐一举例说明。

第一类，文艺语体。

用他自己的话说，他是知识分子工农化。他有很多爱好，写字，画画，养鱼，养鸽子，写文章样样精通。在走之前两个晚上，他断断续续地给我们写下了许多东西，一样是写在纸上的人生省悟……因为我早就听老婆说他的字写得好。

在这个语体中，大家可以感受到长句、短句交相错落，整个文章的节奏感非常鲜明。

第二类，政论语体。

党的根基在人民、血脉在人民、力量在人民，人民是党执政兴国的最大底气。民心是最大的政治，正义是最强的力量。党的最大政治优势是密切联系群众，党执政后的最大危险是脱离群众。（《中共中央关于党的百年奋斗重大成就和历史经验的决议》）

这段话句式比较整齐，句子长短比较均匀，而且听起来是比较严肃的表达方式。

第三类，新闻传播语体。

中国商务部统计显示，今年1—9月，日本对华直接投资较上一年同期减少30%，为32亿7000万美元。

这段话中用了数据、用了比较，是比较典型的新闻语体。

第四类，广告语体。

我们选了法国航空公司的广告——“晴空万里，创写意天地”。这句广告词非常简洁，表达了该公司的文化追求。

按语言的文学性来划分，可以分为实用语体和文学语体。实用语体具有指向性的特点，语言与其所指称的对象基本吻合，一看就能了解到作者所说的是什么人、什么景、什么事、什么物体。而文学语体具有一种审美性的特点，与特定的人、作者特定的意念情思结合在一起,构成一个虚构的艺术作品,并引起人们的感情共鸣。

举个简单的例子比较一下。“请把门关上”这句话,属于一般文章的实用语体。而如果给这句话加上一些修饰性的词语,改为“请把微风轻轻吹开的门轻轻地关上”,就会发现这两个句子能够让听众感受到不同的意味。“请把门关上”作为实用语体,它是外指性的,指向了请把门关上这件事。而“请把微风轻轻吹开的门轻轻地关上”是内指性的。当你听到这样一句话,不会马上反应到去关门,你可能会认为这是一首诗,作者想表达的也许是其他意思。

所以,实用语体和文学语体相比,一个是外指性、工具性的,一个是内指性、目的性的。实用语体是透明的,采用消极修辞的方法直接指向某件事;而文学语体则是非透明的语言,重视修辞,将读者引向语言本身。当然,从文字数量和内容指向来看,实用语体和文学语体是一个简单,一个复杂。

(二)语体的特点

按照语言的表达方式,各类语体的特点都不相同。

第一类是叙述性语体。这类语体的特点是文从字顺、通达质朴,是各类文章所使用的最基本的语体,主要运用的是陈述句,不注重修饰,不讲究句式的变化,很少采取调整语言的修饰手段。

第二类是描写性语体,具有形象性、生动性的特点。这类语体大量使用描绘性词语,特别注重使用具有动态感、情态感的动词和具有色彩感、立体感的形容词。采用具体的、灵活的句式,运用多种修辞手法,充分调动读者的视觉、听觉、触觉、嗅觉和想象。采用活泼新鲜的形式,采用活泼的群众口语,追求语言的形象化,追求语言的饱含情感,以情动人。

第三类是议论性语体。这类语体具有规范性的特点,主要运用概念、判断、推理的方式来表达观点。语词具有单一性,句式多用陈述句和判断句,常用术语准确严密,逻辑性强,往往论辩的色彩比较浓厚。

第四类是说明性语体,具有科学性的特点,常用陈述句和判断句,再结合图表、符号、数字、解释、概念等,说明事物的状况、性质、成因、作用、原理等。这类语体注重客观实际,排除主观情感,呈现朴实晓畅的面貌。

第五类是实用性语体,具有简洁性、模式性的特点,要求句子是完整的,不用疑问句和感叹句,极少有描述性的词语,遵守消极修辞的原则,而且有专门的一些习惯用语,主要是要讲究实效。

(三)语体的选择

各类语体具有不同的特点,作者在运用时,要根据不同的需要去选择性地使用。各类型的特点不是绝对的,更不是互相排斥的,它们都以准确为前提,以表意为目的。语体间的相互渗透是写作者撰写文章时常会出现的现象。

关于语体的选择,也就是在具体作文时究竟采用哪种语体,从以下三个方面来考虑。

首先,从文章的具体内容出发,由内容来决定形式,让人、事、物抒情。写人状物的时候,可以用叙述性和描写性的语体。

其次,发挥个人的专长。根据写作者对自己的了解,充分考虑自身的特长,明确自己擅长的语体类型。

最后,灵活选用语体。这不是因为读者的不同而要随之变化,主要考虑的是写作者所写的文章能否为读者所接受和理解。在一篇文章之中,语体的运用也要灵活,可以以一种语体为基础,在确保全文和谐统一的情况下,兼用其他语体。

本章训练

1. 请根据本章内容绘制一份思维导图。

2. 阅读下面这篇文章,运用本章写作知识分析其主题、材料、结构、语言的优劣。

“燃灯校长”送 1600 多名女孩出深山

2020 年高考落下帷幕。云南丽江华坪女子高级中学 63 岁的校长张桂梅,又顺利送走了一届毕业生。

这所大山里的免费女子高中,是当地的教育奇迹——它的历史很短,招收的大多是贫困、辍学或落榜的女学生,全校高考上线率、升学率却连年高达百分之百,本科上线率稳居丽江市前列。自 2008 年建校以来,已有 1600 多名大山里的女孩从这里考入大学。

不过,刚刚过去的这个学年,对张桂梅来说却异常艰难。

去年 12 月的一份诊断书上,医生密密麻麻地给她列出了骨瘤、血管瘤、肺气肿、小脑萎缩等 17 种疾病。她数次病危入院抢救,体重从 130 多斤掉到 90 斤,饱满的圆脸瘦成了干瘪的尖脸,甚至连从椅子上站起来都需要人搀扶……

即使如此,只要一出院,她总会第一时间出现在熟悉的校园。

已经无力站上讲台上课的她,十几年来坚持着一项颇具仪式感的“日常工作”——每天 5 点 15 分,她都会准时从女生宿舍的铁架床上爬起,忍着全身的疼痛,乘坐宿管员的电摩托来到教学楼,颤巍巍地从一楼爬到四楼,把每一层楼道的电灯点亮。

“女孩子胆小,把灯提前打开,她们来晨读会感觉更安全、更踏实。”张桂梅如此解释自己的执拗坚守。

楼道里,她瘦弱的身影,犹如一盏明灯,照亮了一届又一届大山女孩们的追梦之路。

“活着吧,我要还这座小城的人情债”

那一年,得知她生病后,学生们去山上给她采野核桃,剥了满满一大盆核桃仁,两手黑乎乎的。还有学生家长去山上采野灵芝,磨成粉,让她拌在饭里吃

在张桂梅的前半生,她从未有过创办一所中学这样的梦想。

出生在黑龙江省的一个工人家庭,张桂梅是家里6个孩子中的老幺。母亲生她时已是48岁高龄,正因如此,她从小就是全家最受宠的那个。

17岁那年,她跟随姐姐到云南支边,随后考入丽江师范学校。毕业后,她随丈夫回到老家大理,成为一名老师。

"那是我最幸福的时光,每天只管教书,家里不用我做饭,看中什么衣服他马上就给我买。"回忆起和丈夫在一起的日子,张桂梅至今仍觉得十分甜蜜。

这样顺风顺水的日子,在她36岁那年戛然而止。1993年底,丈夫被查出胃癌晚期,花光了家里的积蓄。一年多后,丈夫还是离她而去。

爱人去世,又没有孩子,张桂梅感觉内心一下子被抽空了。"当时我就想找个远远的地方躲起来,了此余生。"于是,她四处申请调动。1996年,她如愿从大理调到了偏远的丽江市华坪县。

调到华坪县中心学校后,张桂梅主动申请承担了4个毕业班的政治课。正当她想把所有的精力都倾注到教学上时,厄运再次降临。

1997年4月,她的脸色一天比一天差,肚子也越来越大,摸上去就像里面有块石头。在同事劝说下,她去县医院做了B超。做完后,医生面色凝重地告诉她:"快去昆明做手术吧,你子宫里的肿瘤有5个月孩子那么大。"

为丈夫看病早已让她一贫如洗,手术费用又十分高昂,拿着诊断报告,张桂梅哭了一整晚后决定,这病不治了。

第二天,她像往常一样,给学生们上课。直到几个月后中考结束,她才把患病的事情告诉学校,在县里帮助下去昆明做了手术。

张桂梅没想到,得知她生病后,学生们去山上给她采野核桃,剥了满满一大盆核桃仁,两手黑乎乎的。还有学生家长去山上采野灵芝,磨成粉,让她拌在饭里吃。"他们说,吃这些能治病。"

更让她意外的是,华坪县妇联发动全县为她捐款。在捐款现场,一位老乡把仅有的5元路费捐给她,宁愿自己走几小时山路回家;还有一位来赶集的村民,把原本给孩子买衣服的钱捐给了她……

"我刚来华坪一年,并没有为这里做什么,这座小城却对我这么温暖。"张桂梅说,"我对自己说,活着吧,好好活下去,这座小城对我有恩,活着还可以还还人情债。"

"女学生读着读着就不见了"

"我们经常说,要让每一个孩子拥有公平的起跑线,可这些女孩却连站上起跑线的机会都没有"

2001年,华坪县儿童福利院(儿童之家)成立,捐款的慈善机构指定要张桂梅担任院长。一心想为华坪做点事的她没有半点犹豫,马上答应。

福利院刚成立，就接收了54名孤儿。张桂梅白天在中学教课，下课后到福利院照顾孩子。没有儿女的她，把所有母爱都倾注给了这些孤儿，孩子们也都亲切地叫她“妈妈”。

慢慢地，她开始了解这些孩子的身世，这让她的内心深受触动。“福利院的很多孩子都是弃婴，有一个女孩是家里的第四个女儿，因为父母不想要女孩，先后被遗弃了三次。”张桂梅说。

在她后来教书的华坪县民族中学，学生大多来自偏远山村，她也发现了一个奇怪的现象——很多女学生读着读着就不见了。

“有的被叫回去干农活、打工，有的是父母收了彩礼，就让孩子辍学结婚。”张桂梅说，因不是男孩，有的女孩从出生到长大，爷爷奶奶甚至都不会和她说一句话。

在一次家访途中，张桂梅看到一个女孩坐在山头，忧愁地望着远方，身旁放着一个箩筐。她上前询问得知，女孩才十三四岁，父母为了3万元彩礼，要她辍学嫁人。张桂梅当场就想带女孩走，但女孩母亲以死相逼，她无奈只能放弃。

“我们经常说，要让每一个孩子拥有公平的起跑线，可这些女孩却连站上起跑线的机会都没有。”张桂梅说。

目睹一幕幕悲剧，张桂梅心中渐渐萌生出一个大胆的想法——办一所免费的女子高中。不管中考分数高低，只要愿意读书，女孩们都可以来这里免费读书，考上大学、走出大山，通过知识改变命运。

有人听说了张桂梅的想法，说她想出名想疯了，那么多孩子，哪里救得过来？张桂梅却坚定地回答：“能救一个算一个！”

“一个女孩可以影响三代人。”张桂梅说，如果能培养有文化、有责任的母亲，大山里的孩子就不会辍学，更不会成为孤儿，“我的目标是阻断贫困的代际传递。”

穿破洞牛仔裤的党代表

一天早晨，她急急忙忙往会场里赶，一位女记者突然把她拉了过去，悄悄对她说：“你摸摸你的裤子”

办学的钱从哪里来？张桂梅首先想到的是募捐。“我就想，全省这么多人，每人捐10元给我也够了。”于是，从2002年起，张桂梅连续5年假期都跑去昆明募捐。她把自己获得的各种先进、劳模奖状复印了一大兜，在街上逢人便拿出来请求捐款。

让张桂梅始料不及的是，自己这么一个爱面子的人，放下尊严去街头募捐，换来的却是多数人的不理解。

“有人说我是骗子，说劳模怎么会到街上募捐。我还曾被人当面吐口水，甚至被放狗咬过。”5年下来，她只募集到了1万多元。

2007年，别无他法的张桂梅几乎要放弃了。就在这一年，她被选为党的十七大代表，准备去北京参会。参会前，华坪县委、县政府知道她十分节俭，舍不得买衣服，特意拨了几千元给她买正装。但她却舍不得花，把这笔钱留给了福利院。

回想起这件事，张桂梅笑着说："我都一身病的人，活不久了，买新衣服不是浪费吗？死了以后烧掉多可惜。"

后来，她穿着一身平时穿的旧衣服来到北京参会。一天早晨，她急急忙忙往会场里赶，一位女记者突然把她拉了过去，悄悄对她说："你摸摸你的裤子。"张桂梅一摸，羞得脸通红，她的牛仔裤上有两个破洞。

这是张桂梅平时最爱穿的牛仔裤，因为耐磨，自己平时家访走累了，经常席地而坐，裤子不知啥时磨破了。"当时我恨不得找个地缝钻进去。"她说。

那天散会后，张桂梅应约找这位女记者聊天。她这才知道，这个提醒她裤子上有破洞的记者是新华社的。两人从傍晚一直聊到深夜。"我把想建一所免费女高的梦想告诉她，两个人哭得稀里哗啦，边哭边聊，边聊边哭。"

张桂梅没有想到，正是在党代会上的这次出丑，让她的梦想成为现实。

没多久，新华社一篇题为《"我有一个梦想"——访云南省丽江市华坪县民族中学教师张桂梅代表》的稿件播发（见本报2007年1月15日头版）。张桂梅和她的梦想马上火遍全国。从北京回来后，丽江市、华坪县分别给她一百万，让她筹建女高。

2008年，华坪女子高级中学正式挂牌成立。这是全国第一所免费的女子高中。学校最初没有围墙，没有食堂，甚至没有厕所，唯一的教学楼也是在另一所中学的厕所原址上改建的。

当年9月，首届100名学生入学。

"周扒皮"校长

跑步去晨读，跑步去吃饭，跑步去睡觉……在华坪女高，学生们几乎做什么事情都是跑着的

"快点儿，磨蹭什么？"

"你们迟到一分钟、一秒钟我也不干！"

华坪女高成立以来，张桂梅每天都会拿着小喇叭催促学生上课、吃饭、自习、做操。这已经成了女高最独特的风景线。

"她们私下里都叫我老大，有时候还叫我周扒皮、魔鬼，说我半夜鸡叫。"说起学生们给她起的外号，张桂梅哭笑不得。

从华坪女高的作息表来看，张桂梅确实配得上"周扒皮"这个外号。

所有学生从高一开始，就要遵循这套由张桂梅制定的、把时间压榨到极限的作息表：从5点30分起床晨读，到晚上12点20分自习结束睡觉，除了中午有40分钟午休时间外，其他时间都要用来上课或自习，连吃饭、洗碗的时间都被严格限定在15分钟以内。为了节省时间，张桂梅甚至不允许学生在吃饭时聊天。

女学生爱美、爱干净，可为了杜绝学生频繁打理头发、洗衣服浪费时间，张桂梅要求所有学生留齐耳短发，并把洗衣时间严格限定在每周六晚饭后。"连女老师都不能穿裙子来学校，我已经十多年没穿过裙子了。”女教师张红琼说。

走进华坪女高，你会发现，学生们几乎做什么事情都是跑着的，跑步去晨读，跑步去吃饭，跑步去睡觉……

“我们的学生本来基础就差，头几届绝大多数甚至都没有过中考录取线，老师也没有经验。”张桂梅说，“有人批评我搞应试教育，可不拿出这样拼的架势，等到孩子们高考坐进同样的考场，做同一份试卷时，怎么和外面条件、基础好的孩子比？”

简陋的办学条件，高负荷的工作节奏，让很多老师、学生打了退堂鼓。不到半年时间，第一批进校的 17 名老师中，有 9 人相继辞职。学生也有 6 名退学。

男老师杨晓冬说，当初报考大学时，父亲极力劝他读师范专业，说当老师工作轻松，假期多。可他毕业后来到女高工作，发现一切都和想象的不一样。

“连家都照顾不了，半夜 12 点多还要带着孩子来查夜。”杨晓冬说，可想想张老师这么大岁数，每天比自己还忙，也就不好意思抱怨了。“有一次，我经过张老师办公室，发现她一手拿着勺子，一手拿着烧饼，下巴托在键盘上，吃着饭就睡着了，她太累了。”

万里家访路

每次跟着张老师家访，就像一路在跳“脱衣舞”。走在大山里，一看到老乡没衣服穿，她都会把外套脱下来，披在老乡身上，有时甚至还要扒下随行老师的衣服

从教几十年来，张桂梅一直有一个习惯——家访。

很多人问她，开个家长会就可以解决的事，为什么非得家访？张桂梅回答道：“山里人来趟城里不容易，花钱不说，还耽误农活。”

其实，跟她去过的人都知道，家访的意义还在于，及时了解学生的家庭情况和心理状态，确保每个孩子都能一门心思学习，顺利考上大学，改变自己甚至整个家庭的命运。

担任女高校长后，哪怕工作再忙，身体再差，张桂梅的假期家访都雷打不动。十多年来，她的足迹遍布丽江市一区四县，行程超过 10 万公里。

许多学生家在偏远山区，进村的路不好走，车子进不去的地方，张桂梅就搭老乡的拖拉机；下雨天，路泥泞难走，她就卷起裤腿一脚深一脚浅地往前走；村民不忍心，让她坐在自家的马背上，走出山沟……

采访当天，记者恰巧遇到了女高 2014 届毕业生山启燕。她刚考上了县城的幼教岗位，特地来给校长报喜。两人一见面，又说起了当年张桂梅家访，遇到山启燕在街上卖甘蔗的经历。

山启燕家住华坪县荣将镇龙头村。高三寒假，家里缺钱过年，山启燕一早从家里背着甘蔗来街上摆摊。马路转盘人来车往，她选了块地方坐下，学着周围的商贩吆喝。

恰巧这一天，张桂梅来荣将镇家访。她一眼就认出了自己的学生。

“快高考了，不在家好好看书，咋跑来卖甘蔗？”即便心疼学生，张桂梅还是先甩下一句狠话。临走时，她给山启燕打气：“好孩子，要争气考上大学，以后就不用过这种日子！”

山启燕家那时住着土房，父亲身体不好，母亲在水泥厂打工。每到假期，她一早就要去田里砍甘蔗，然后背到镇上卖。家访了解她家情况后，张桂梅默默记在心里，经常偷偷塞生活费给她。山启燕说，女高不仅是一个学习的地方，更像是一个大家庭，而校长就是最牵挂她们的家人。

经常陪张桂梅家访的华坪女高办公室主任张晓峰开玩笑说，每次跟着张老师家访，就像一路在跳“脱衣舞”。走在大山里，一看到老乡没衣服穿，她都会把外套脱下来，披在老乡身上，有时甚至还要扒下随行老师的衣服。把自己带的钱都送出去了，她还要把随行老师的裤兜挨个掏空。

“她从没在学生家吃过一顿饭，带去的面包、馒头也会分发给路边的老人、小孩，我们跟着家访经常饿肚子。”张晓峰苦笑着说。

“能不能把丧葬费预支给我?”

“我对她们的期望不是一定要考上名牌大学。我希望她们变得更强，然后把心中的‘我’去掉80%吧，有能力去帮助那些需要帮助的人”

工作数十年，张桂梅的名下几乎没有任何财产。她至今仍住在女高的一间女生宿舍里，和几名女学生住在一起。几十年的工作收入，除了看病吃药，她至少捐出了上百万元。

2018年初，张桂梅再次病危住院，她感觉自己可能挺不过去。华坪县县长庞新秀来医院看望她，她拉住县长的手说：“我情况不太好，能不能让民政部门把丧葬费提前给我，我想看着这笔钱用在孩子们身上。”

如今，回想起要预支丧葬费这件事，张桂梅仍坚持说，哪天如果自己突然走了，千万不要操办什么丧事，骨灰撒到金沙江里就完事了。

在生命垂危之际，心里仍挂念着学生。张桂梅无私奉献的大爱，也感染了身边的同事和一届届学生。

年轻教师勾学华，婚礼当天早上还在上课，中午匆匆办完婚礼后，晚上又赶回学校给学生上课；教师杜朝仙右脚骨折，因担心学生高考，拒绝了医生要求她静养的建议，让在设计公司的丈夫辞去工作，每天背她来教室上课……

周云丽是华坪女高的第一届毕业生。2015年从云南师范大学毕业后，周云丽原本考取了邻县一所学校的教师岗位。当听说女高缺数学老师后，她放弃了到手的正式编制，成为女高的一名代课老师。

陈法羽曾经是张桂梅眼中爱调皮捣蛋的“坏学生”。2009年中考结束，她的分数没有过线。考不上高中，她只好跟着家人去地里干活。因为女高，她搭上了可以继续读书的“末班车”，再次点燃了全家人的希望。

2012年，陈法羽顺利考上了云南警官学院。毕业后，她成为一名警察，领到第一个月工资后，她把几千元工资全部打到女高账户上，用来资助需要帮助的学妹。

十多年来，女高的上千名毕业生已遍布全国各地，很多学生大学毕业后和张桂梅一样，主动选择去了偏远艰苦的地方工作。

在华坪女高的墙上，有这样一幅宣传画，上面写着醒目的几个大字："清华北大我来了！"张桂梅说，每年她都在鼓励孩子们考上更好的学校，但她也会告诉学生，高考不是终点，高考过后人生还有更长的路要走。

坐在校园里的一把藤椅上，张桂梅喃喃地说："我对她们的期望是什么呢，不是一定要考上名牌大学。我希望她们变得更强，然后把心中的'我'去掉80%吧，有能力去帮助那些需要帮助的人。"

孩子们没有让她失望。（记者庞明广、严勇）

（本文原载《新华每日电讯》，为第三十一届中国新闻奖一等奖作品）

3. 收集国家主席习近平2016年至2022年新年贺词，分析其结构的相同之处、材料的异同之处。

4. 从《甄嬛传》中摘录台词，并分析其中语言的艺术和沟通的技巧，重点分析台词的结构。

5. 请在本章中选取你感兴趣的内容，准备一节翻转课。流程及要求如下：

（1）制作翻转课PPT，其中需插入与内容相关的短视频，时长不超过1分钟；

（2）PPT版式、图文与内容和谐一致，相得益彰；

（3）翻转课需包含"导入语、讲解、发现问题、提出问题、解决问题、与听众互动、结束语"等环节，讲授时间不超过10分钟；

（4）在学习小组或宿舍成员中试讲；

（5）在班内讲公开课；

（6）邀请班内同学指出你的翻转课存在的不足。

6. 撰写一份竞聘演讲稿，竞聘的岗位是你大学毕业，经过5年的工作历练后希望得到的心仪岗位。演讲稿中需要的履历信息，请根据自己的职业规划作合理想象。按演讲时间不超过5分钟来准备演讲稿。

第四章　文体写作训练的准备

第一节　分清两类文体

在历史发展变革的过程中，从文字出现开始，就逐渐产生了不同的文体，发挥着不同的作用。为了方便学习，一般会把文体分为文章体裁和文学体裁，其中文章体裁包括记叙文、说明文、议论文、应用文等，文学体裁则包括诗歌、小说、戏剧、散文等。这种分类的目的是使我们更好地识别每一种文体相应的特征，更好地学习写作不同文体。

在学习写作与沟通的过程中，为了便于大家更清楚地认知复杂多样的文体，在此设定了一个新的标准：按照是否有明确的受文对象来划分文体。

这里的“受文对象”，通常指的是读者。如果某一类文体有明确的读者，比如，公文一般都有“主送机关”，读者群体非常明确，具备这个特征的文体，我们就称之为“务实类文体”。如果文体没有明确的受文对象，没有明确的读者，如散文、小说等文体，我们就称之为“务虚类文体”。

显而易见，散文、小说、诗歌、新闻等，它们的受文对象并不明确，发表在网络上就有可能会被非常多的人看到，写作者也并不需要读者给予及时的反馈。与此类似的，还有人物专访、行业时评等，这些文体都没有明确的受文对象，没有明确的读者。

与之相对应的是公文，公文的每一个文种几乎都有明确的受文对象。比如，报告的受文对象就是自己的直接上级机关，或者是业务主管机关；批复的受文对象就是向自己递送请示的直接下级机关。

此外，应用文也有明确的受文对象。比如，写一份计划，可能需要递交给上级；完成一份总结，也需要提交到相应的组织。写一封邀请信，需要送交给被邀请的对象。同样地，祝福短信就是要发给我们想要祝福的人。

总之，设定这样一个标准，可以把很多类别的文体统归为两大类，这将有利于我们从沟通的角度来学习不同文体。

第二节　树立两个意识

在开展文体写作训练的过程中，需要树立两个意识。

一、角色意识

（一）角色意识的定义和标准

角色意识是角色对自己的地位、作用、形象等，理解和掌握的自觉性、准确性和倾向性的总体反映。主要包括三个方面内容：一是角色地位意识，即对自己在社会中所处的位置，以及自己与其他有关角色关系的理解和执行的自觉程度；二是角色作用意识，主要是对自己责任与义务理解、掌握的自觉程度；三是角色形象意识，对与自己地位、作用相应的修养、风格、言行方式、习惯等掌握理解的自觉程度。

衡量角色意识的标准，是明确或不明确。清楚深刻地理解和掌握了以角色责任义务为核心的所有要素，坚持奉行角色责任义务，就是角色意识明确，反之则是不明确。

务虚类文体和务实类文体的写作对角色意识的要求迥然不同。务虚类文体没有明确的受文对象，所以在写作的过程中，不需要写作者去树立特别明确的角色意识，写作者的角色自由度主要受自身知识、阅历、能力水平等因素的影响。而对于务实类文体来讲，树立明确的角色意识非常重要。

（二）务实类文体写作者的四种角色

撰写务实类文体时，如果角色意识不明确，往往很难高质量地完成写作任务。写作者要撰写一份公文，或是撰写一份计划、总结、邀请信等应用文的这个过程中，需要完成以下四种角色的相应写作任务。

第一，政策的执行者。在这个角色背景下，写作者撰拟文稿都是为了执行领导和上级的命令，而且在执行命令的过程中，必须去除个人的主观看法，去除个人的情绪性做法和主观修改上级命令的行为，严格按照命令的要求和相关的政策去执行。

第二，政策的调研者。在调研者的角色要求下，写作者所要做的工作就是了解各类情况，收集数据，观察事物的发展趋势，将之写成调研报告，上交给有关单位、有关领导。在撰写的调研报告里面要有数据的罗列、不同调研对象的反映、趋势的分析，还有政策建议等。具有调研报告性质的文件，皆需包含以上几个方面内容。

第三，政策的建议者。大多数人未来从业之后首先是从基层工作者起步，既不需要去制定政策，也没有权力去修改政策，但是对政策的执行和修改具有一定的建议权。即使只有建议权，也应针对性地解决基层实际问题，所以在撰写相关文稿的时候，要在充分进行实地调查研究的基础上，向上级提出政策的执行和修改建议。

第四，领导与下级之间的桥梁。将来我们从事的职业中，创业者和自由职业者虽不涉及上下级关系，但也要去面对提出很多要求的甲方。除了这两类，我们将来基本上都要面临向上是领导，领导负责政策、决策等宏观性的事务；同时向下还要面对具体的人、物、事件，要面对自己的同事或下属。这两方面的工作，常常要与处理日常各类具体问题和突发事件联系在一起。

（三）“明确的角色意识”的五个方面

针对以上的角色，如果写作者能树立明确的角色意识，将有助于完成所有的务实类文体的写作。让我们从以下五个方面来理解什么是“明确的角色意识”。

第一，充分认识到自身的从属地位。也许有人会认为，自己将来工作了，可不愿意听命于谁。据调查数据表明，“95后”的大学生离职的时间平均为7个月。但即使如此，仍然有大量的“90后”“95后”在自己的岗位上奋斗。处在一个基层工作者的角色上，就一定要充分认识到自身的从属地位，我们需要为群众服务，为领导服务，所以要站位高，从为人民服务的高度来处理手头的每一件工作，从领导统筹全局的层面来思考各类材料的撰写要求，处理日常事务，发挥从属地位的主动性。

第二，充分发挥自身的业务执行作用。在任何一个时代任何一个组织内，执行力都很重要。如果某个人能够很好地执行每一项工作，提升工作的效率，对于自身的发展就会非常有帮助。执行作用表现为材料撰写时所提出建议的可行性和可操作性，所提出对策的落地性和有效性，切忌说大话，不能抽象地空谈理论，要做到材料的每一句话都是有的放矢，都是有利于提升执行效果的。

第三，坚决确立工作中的机要意识。这与日常的处事做人有相关性，不该说的要守口如瓶，不该做的要纹丝不动。如果在工作中没有机要意识，没有明确工作的界限，没有明确个人关系之间的界限，就有可能会给公务执行造成很多障碍。

第四，在学习和工作中明确自我管理和全程管理意识。每个人都要具备自我管理的意识。作为一个写作者，一定要成为自我管理的写作者。除了管理个人以外，在工作的过程中，在撰拟的文稿中也要体现管理意识，清晰呈现一件事务、一个项目、一次会议的具体组织管理过程。在行政机关、企事业单位的管理过程中，需要以管理意识来做好上传下达的桥梁与枢纽。

第五，时刻树立服务意识。服务意识在工作生活中体现为一种非常高级的情商。如果我们有服务意识，就可以很好地与周围的人进行沟通，在为上下左右做好服务的同时，会收获更多人的认可，也会收获珍贵的友情。因此，不仅要为群众服务，为领导服务，同时还要为职能部门服务。

二、应用意识

文体写作训练过程中，还需要明确树立的第二个意识是应用意识。应用意识就是要有意识地应用之前所学过的写作基础知识和文体写作知识。

目前为止，我们已经学习了写作者的准备、写作的基础知识，那么就要在实践中去应用它们。撰写一篇文章，准备了多少材料，准备了哪些类型的材料，要有意识地把正面材料、反面材料、现实材料和历史材料等都收集起来一起使用。还要有意识地使用数据材料，让数据在文章中说话。同时要学会先拟定提纲，把层次段落分清楚，把过渡照应安排好，有意识地划分部分，并且为每个小部分拟好小标题，以便统领各部分的内容。

具体写作过程是运用语言的过程，要有意识地以锤炼语言的四个要求——准确、简明、朴实、生动，来评价和修改自己的文稿。最重要的是自我评价所拟定的主题是否“可以一言蔽之，扩之则为千万言，约之则为一言”。我们所写的文章，要能用一句话来概括全部内容，而把这句话扩展开，就是整篇文章的内容。

如果我们不能有意识地应用学到的知识，这些知识、信息就不算是真正地输入我们的内心，融入我们自己的知识架构，也就更谈不上有效的输出。

树立好角色意识和应用意识，对于完成各类文体练习和未来从事写作会有很大的帮助，我们需要时刻提醒自己在这方面加强锻炼。

第三节　做好一个准备

文体写作训练需要做好一个准备，即做好沟通的心理准备。

一、沟通的含义

沟通是人们分享信息、思想和情感，在人与人之间、人与群体之间传递和反馈思想与感情，以求达成思想一致和感情通畅的过程。沟通包括语言沟通和非语言沟通。语言沟通包括口头和书面语言沟通，非语言沟通包括声音语气（如音乐）、肢体动作（如手势、舞蹈、武术、体育运动等）。最有效的沟通是语言沟通和非语言沟通的结合。可见，沟通的过程不仅包含口头语言和书面语言，也包含肢体语言、个人的习惯和方式、外在物质环境等能够赋予信息含义的所有东西。

写作是用文字，即书面语言，进行信息输出从而实现人际沟通的一个过程。写作作为信息输出的一种方式，在输出之前，需要做好前期的人际沟通。有研究表明，工作中有80%的问题都是由沟通造成的，绝大多数的工作问题不是来自技能本身，而是来自沟通不到位。

大家在运用“文件筐”训练法的时候，为自己设定了未来的职业，设定了相应的需要练习的文体，而完成这些文体写作就需要与他人进行沟通。在未来的职场上，你的同事，你的上级，你的下级，或者说作为创业者与合伙人之间，都要进行有效的沟通，只有这样才能更好地完成文体写作任务，高质量开展工作。

随着社会分工越来越细，组织管理职能划分也越来越清晰，很多单位、公司都是由不同的部门掌握不同的数据，如果写作者需要把这些数据写进文体当中，且要保障正确恰当，就需要与相关的部门进行沟通。如果需要完成一个综合性的材料，就要在多个部门之间进行协同，各部门提供各自的资料，经过整合，最终才能形成质量较高的、全局性的综合材料。

试想一下，在写作与沟通的学习过程中，大家按照“文件筐”训练法需要完成基于未来职业设定的5~10个文体，前期的沟通工作是很复杂、很有挑战性的。仅仅是处理好自己的情绪，不让个人情绪影响工作，就已经是一项需要长期修炼才能形成的技能了。如果我们从现在就做好沟通的心理准备，对于做好未来的工作会很有助益。

二、沟通困难的三个事实

但是，沟通的本质不是你说了什么，而是别人听懂了什么，而且我们很难确认对方是否听懂了。做好沟通的心理准备，首先要认识到造成沟通困难的三个事实。

第一，个体差异的客观存在。每个人都是一个独立的个体，成长的家庭环境不同，成长的历程不同，经历的事情不同，脑海里存储的信息也完全不同，这造成了人和人大脑塑造结果的巨大差异，每个人在知识储备、理解能力和思考模式方面有着天差地别。比如，电影学家克拉考尔《电影的本性》中有个小故事，有个导演将繁华的大城市拍成了一个短片，给非洲土著看，想观察他们的反应。结果看完后土著们都在热烈地讨论一只鸡，而导演根本就没有注意到，自己电影中竟然还出现了一只鸡。导演和非洲土著对于城市的理解几乎是鸡同鸭讲了。

第二，信息在传递过程中必然会损耗。我们所传递的信息总是不能完整准确地传递到对方那里去。基于人和人的差异，大家在接收信息的时候会无意识地作出选择，等到输出的时候，又会再次进行筛选。老师上课，学生记笔记，学生做课程作业或者参加考试，这个过程就是信息传递和损耗的过程。虽然可以采用文字这种使信息固化的方式进行沟通，但仍然会产生损耗。甲乙丙丁四个人同时看一份文件，尽管他们会有一些共性的理解，但仍然会存在不同的理解、形成不同的观点。

第三，本位主义思考模式。每个人都特别容易进入以自我为中心的思考模式，每一个部门都会有这样一种心态——认为自己的工作是最重要的，自己部门的工作是最重要的，或者说，局限于所处的位置而只看得到自己部门的工作。因此，大家常常以自我的视角去评判他人。我们在工作中要提倡换位思考，个人要学会站在一个旁观者的立场，或者运用越位思维，站在更高层面来看待或分析问题。

三、沟通原则

在充分了解以上造成沟通困难的三个事实之后，我们要去努力克服这些困难，建立起自己的沟通原则。

第一，倾听原则。一定要认真倾听，不要随便打断他人的话语，充分理解对方要表达的意思，全神贯注地进入对方话语所描述的状态。当我们全心全意倾听的时候，大脑是高速运转的，也是获取信息效率最高的状态。

第二，无立场原则。当我们坚持某种立场或观点时，其他观点就往往被解释为“错误的”,所以沟通时要去除立场假设。在不做立场假设的前提下,把人和事分离看待。每当我们在沟通的时候遇到困难,一定要先去除立场假设,想到不是对方有意推诿,而是因为双方沟通不到位,双方对一件事情的理解不统一。

第三,沟通能力提升原则。网上有很多关于沟通的书籍和资料,大多数人都知道沟通技巧是一门学问,沟通能力提升是无止境的自我追求过程。掌握沟通技巧,最核心的就是要高度重视沟通,在具体的沟通实践中积攒经验值,不断提升沟通能力。沟通能力包含表达能力、倾听能力和设计能力(形象设计、动作设计、环境设计等)。沟通能力看起来是外在的东西,而实际上是个人素质的重要体现,关系着一个人的知识、能力和品德。

第四,面对面沟通原则。在实际工作中,有些时候因为事情非常重要紧急,已经来不及跟对方进行面对面的沟通了,这时可以选择电话沟通。但只要时间允许,最好是选择面对面沟通,保证双方的信息传递最为充分。面对面沟通时,不仅能够听到声音,还可以看到对方说话的表情以及全部的态势语言,双方传递出来的信息可以更好地被接收,有利于更快地达成共识。

第五,有效沟通原则。沟通寻求的不是过程,而是最终的结果。因此,不能只重视信息的输出,当我们向对方传递了信息时,一定要注意收集相应的反馈信息。反馈的时候可以相互重复描述所做的工作,从而能够对双方的工作都有更准确的认识。

四、重视与不同层级的沟通

沟通过程中应该如何与不同层级进行沟通?首先在与下级沟通时,一定要充分地给予他们信任。这种信任必须建立在你对他的专业能力和综合素质有充分了解的基础之上。老师与学生的沟通类似于上下级之间的沟通,在老师刚开始某个班级教学时,因为对学情不够充分了解,所以不能轻易作判断,避免给未来的教与学造成隐患。等到老师充分了解学情,清楚学生学习诉求之后,就要给予学生信任,在信任基础上促进课程的管理。向下沟通时,还要注意反复地在不同场合去介绍自己了解的政策以及上级希望传达下去的政策。

其次,在与同级沟通时,要避免本位主义、自我中心的误区。大家都听过“文人相轻”,事实上同行也会相轻,总觉得自己是最厉害的,以一种自以为是的心理面对同级、面对同行。在与同级沟通时,一定要平等地看待对方的诉求,坦诚地表达具体的问题。如果有错误也要及时承认,让沟通变得更为有效。同级之间坦诚交流沟通,有利于营造良好的工作氛围,有利于写作相关材料的传递与收集。

最后是向上沟通。在向上沟通时有一个关键点:一定要充分挖掘领导的需求和意愿。如果上级在布置工作时,只是简单说了一个指令,比如,领导说明天某某要来单位,你到机场去接一下。遇到这种情况,你不能什么都不问,就直接去接人。应该跟上级汇报你的方案,你准备什么时候去,安排什么样的车去?有没有人陪同?向领导请教一下,这个方案是否周全。这时领导就会对你给出的这个方案进行具体的指导，有利于你把工作做得更好，也可以避免在工作中走弯路。

以上与沟通相关的知识，如果大家能有意识地去应用，就更容易为写作积累相应的材料。当我们需要通过写作传递相应信息的时候，也可以让信息更准确、更快速地传递到对方那里去，从而提高沟通效率。

第四节　掌握一个基本结构

不同的文体，其具体的结构会有一些差异，为了寻找其中的共性，便于掌握和理解，在此介绍一个基本的结构，撰写所有的文体都可参考这个基本结构，以不变应万变。

一、文章基本结构

文章基本结构由四个要素组成。其中，标题是每个文体都需要具备的结构要素。

基本结构：标题＋主送＋正文＋落款

主送，即文章具体的受文对象。有些文体没有主送，如务虚类文体。写散文、诗歌不需要写主送，除非是以信件的形式来写。务实类文体，一般都有主送，要根据具体的受文对象来确定主送是单位还是个人。如果是公文文种，主送就必须写单位，而不能写个人。

正文，一般包含开头、主体和结尾三个部分。几乎所有的文体都会有这三个部分，不同点在于务实类文体这三个部分的写法往往具有约定俗成的模式。

第四个要素是落款，有一些文体不需要写落款，而需要写落款的文体，则要根据文体的具体要求来确定。

这个基本结构非常简单，但是需要我们以明确的角色意识来判断这四个要素该如何具体处理。

二、标题的写作规律

在这四个要素中间，我们重点来看文章中最醒目的一个要素——标题。

（一）标题的作用

标题是一篇文章的命名，是文章的“眉目”，关系到一篇文章的精神、格调和色彩。好的标题能够使人一眼就被吸引住，并且还会激发读者的阅读愿望。

我们摘取几则中国新闻奖作品的标题为例：

《护送“钻石公主”号上的同胞回家》；

《“燃灯校长”送1600多名女孩出深山》；

《杨叔的脱贫日记》；

《铜鼓县砍掉2亿元香菇产业，保住30万方天然阔叶林》；

《中国“小土豆”打赢国际大官司》。

这些标题简洁明了，或用新闻数字，或用指代等修辞手法，呈现了新闻主要内容及其亮点。一则好的标题能够起到画龙点睛、以一当十的作用。标题的作用主要有以下几个。

第一，吸引读者的注意力。现在自媒体写作非常风靡，我们会点开哪些文章去看呢？这些文章是如何吸引读者的呢？我们常看到的是“一张图读懂……”“一组数据看清……”，这类标题的确比较容易吸引读者的注意力，但是用多了就千篇一律、毫无新意了。

第二，引导读者的关注方向。这是标题最为明显的作用。标题《铜鼓县砍掉2亿元香菇产业，保住30万方天然阔叶林》就发挥了这个作用。

第三，揭示文章的主题，表明作者的观点。

第四，说明文章所探讨问题的范围。具有这种作用的标题，在论文中很常见。论文写作者一般会在标题中具体说明文章所要探讨的问题。

第五，点明所写的人物、地点、事件等。这一类标题也很常见。

（二）标题的形式

从形式来看，标题可以分为单标题、双标题、三行标题、多行标题。其中单标题非常常见，散文、诗歌几乎都属于单标题，只有个别例外。公文也是单标题。

单标题可以分为两大类：一类是文章式标题，另一类是公文式标题。公文式标题一般由三个要素组成，分别是发文机关、事由、文种。公文式标题随后会在务实类文体中详细讲到。

双标题一般由主标题和副标题或者引题组成，一般主标题用来概括文章的核心意思，而副标题对主标题进行具体的说明，引题则是烘托气氛，引出正题。

三行标题在新闻中非常常用，一般由引题、正题、副题组成。如果大家想多了解，可以参阅《人民日报》等官方媒体文章标题。

多行标题一般适用于重大的新闻。以上列举的标题形式都可以在网络上搜索范例，进行自学。

（三）标题的要求

关于标题的要求，用八个字来简单概括就是“题括文意，文切题旨”。标题能够概括全文的意思，而文章能够切中题目所显示的主旨。具体而言，可以从以下四点来理解标题的要求。

一是贴切，主要表现为文题相符，恰如其分。标题不可太大，不可太小。二是鲜明，在标题中显现明确的观点，表达作者鲜明的倾向性。三是简洁，标题应当高度概括，言简意赅，越短越好。四是生动，标题要有文采，有新意，能够引人入胜。

如何写标题呢?

第一种方法,提炼概括最新鲜、最重要的事实或观点。

第二种方法,明确立场态度与感情色彩。这里面要注意两个方面:一是要贴近读者的心理,二是要把握感情表达的“度”。

第三种方法,选用适当的结构和表现的手法。首先,可以根据写作意图来选择不同的句式。比如,我们熟知的文章《谁是最可爱的人》,还有报纸上的《时间应该去哪儿》。其次,适当运用修辞手法,如对偶、拟人、借喻等。有位学生写了一则新闻,报道学校举行的趣味运动会,他选择了在运动会上拍摄的一张照片,配上了简短的文字,将标题拟写为《趣味运动会,你我更亲近》。这个标题较好地表现了这位同学的感情态度,并且用到了修辞手法。最后,巧用标点符号,通过使用标点符号可以有效缩短标题。

第四种方法,锤炼标题的文字。标题中用哪个动词,如何概括主要的事实,能不能字数越少越好?这些都需要在具体的实践当中反复练习。

以上介绍了标题的相关知识。关于基本结构的其他要素,将在随后的相关章节中予以介绍,这里不再赘述。在练习写作的过程中,我们要以明确的角色意识来判定所练习的文体中,基本结构中的哪一个要素是可以去掉的?哪一个要素是要根据文体实际灵活变化的?根据实际情况灵活使用这个基本结构,才能收到良好的效果。

第五节　了解一个“创意”

本节题目中的“创意”是对创意写作的简称,实际上要跟大家介绍的是近些年倍受关注的创意写作。

1897 年,美国爱荷华大学开设了文学方向创意写作的专业课程,并于 1922 年提供该专业的高级学位。到现在为止,全美国已经有 350 多所大学开设了文学方向创意写作的 MFA 项目,一般都设在英语系下,也有设在文理学院之下的,如爱荷华大学。

近几年,因为我国的艺术硕士教育中显露出了培养范围的不足,一些高校也设立了创意写作专业。在我国设定的八个艺术创作领域中,没有国际惯例广泛包含的文学方向“创意写作”的设置,这在培养实践中带来了一些问题,主要表现为大量的作家、文学社团的经营者、文学媒体的管理者、文学活动的组织者,他们没有相应的高层次培养方式。这对于优化我国文学事业的人力资源十分不利。传统的文学硕士的培养,侧重于理论研究,是一种系统的学历教育。这种教育模式对于进行实践性的文学创作来说有些不适切,因此大量的作家不能进入硕士阶段的学习。为了适应社会实际对这类人才的需要,设立创意写作专业十分必要。复旦大学等高校在创意写作人才培养方面已经取得了显著的成绩。

什么是创意写作?我们先来说说写作。在表层上,写作是一种表情达意、交流信息的行为;在深层次上,写作又是一种生命生存的形式和途径。国外有将写作与医学结合在一起的例子,通过创意写作的方式来治愈患者的心理疾病。创意写作一般涵盖虚构和非虚构写作,如小说、诗歌、戏剧、电影脚本、回忆录等。在美国等国家,创意写作是在文学创作中应用的一种教学模式。

对创意写作的研究衍生出了“过程写作法”的写作教学模式,它具有以下几个特点。

第一,关注写作者的写作过程。关注写作者不同写作活动都会涉及的过程步骤,如为真实的读者写计划、拟草稿、编辑和发表,旨在管理学生的写作行为。其中包含对预写作、打草稿、修改、校订、发表等环节的管理。

第二,作品发表的形式很多样。写作者可以通过课堂发表,可以通过自媒体发表,当然也可以通过传统媒体发表。

第三,教学方法非常灵活,教师可以充分发挥个性进行教学。中国人民大学出版社最早出版了一套创意写作书系,并且举办了创意写作征文活动。征文活动的第一期,题目是自由写作,要求如下:

拿起离你最近的一本书翻到第五页,从第一行文字中找一个词语,然后从这个词语开始自由地写上20分钟吧!做一次深呼吸,放松你的肩膀手臂,手腕手指,给自己足够大的空间,以自己最舒服的状态拿起你的笔,把计时器放在旁边,手表、时钟、手机都行。准备好了吗?开始动笔吧。

这个题目非常轻松,我们的学习生涯里应该很少见过这一类型的作文题目。征文活动第二期,题目是回应写作,题干是“一首胡夏的《那些年》唱出了多少再也回不去的青春。听到这首歌,你会如何回应呢?过去或许美好,或许不堪,so what?冲你的过去做个鬼脸吧,它连反击的机会都没有”。具体要求是:

听一遍这首歌或者看看歌词,然后开始动笔写出你的回应吧,你由此想到了什么?这首歌又把你带到了哪里呢?拿起笔,闭上眼,在音乐结束后静静地写上20分钟吧。

这些题目非常新颖活泼,并且征文活动收到了一批非常优秀的作品。主办方还将其中的优秀作品发表在网上,大家有兴趣可以到网上去搜索阅读。

第四,重视小组合作学习。创意写作教学过程中会组织作者圈活动,会对作者提出要求,由作者说明自己的文章希望得到帮助的类型;作者要朗读作品,也可以要求组员重复作品的内容;可以询问组员应细化文中的哪些内容,并请他们讨论文中的其他部分;指出需要帮助的地方,请组员提出建议。

作者圈活动对于组员的要求有:一是在作者朗读时仔细倾听;二是对作者提出的问题做出反应,并尽力提供帮助;三是指出句子描写或文中其他你喜欢的部分;四是指出文中写得不够清楚的地方。组员提问也有样本问题可供参考,比如:

文中你说……的时候是什么意思?

你能描述那种感觉吗,以便让我们看到或听到?

你的文章中最重要的部分是什么？

你希望读者读了你的文章后思考一些什么？

文中哪部分内容需要我们提供帮助？

你最喜欢文中的哪部分内容？

接下来你打算做什么？

……

从以上这些问题中，可以看出作者圈活动的要求非常明晰，无论是作者还是组员，抑或提问的方式，都有明确的要求，使得创意写作的整个过程非常具有可操作性。同时我们也能看到，组员之间的沟通是非常重要的。如果我们没有敞开心胸，没有很好地与他人沟通的习惯，恐怕这样的写作活动很难顺利开展下去，也很难收到效果。

在此介绍创意写作的相关知识，是想要说明，社会在发展，时代在进步，包括写作在内的很多事物的存在形态都在发生变化。2016 年 3 月，Alpha Go 对战人类 50 连胜，多少代大师孜孜不倦上下求索的漫漫历程，抵不过机器算法的更新迭代；2017 年 10 月，AlphaGo zero 出现，战绩是 100∶0。AI 用事实证明，人工智能可能比人类更有效率。未来的某一天，当机器作出了诗歌、音乐，人类将面临什么样的挑战？这一天的来临并不远，大家看《我的爱人在哪》这首诗，猜一猜作者是一个什么样的人。

快把光明的灯擎起来了
那里有美丽的天
问着村里的水流的声音
我的爱人在哪
因为我的红灯是这样的幻变，
像是美丽的秘密
它是一个小孩子的歌唱
那时间的距离

这是微软小冰——一个 AI 机器人写的诗。2017 年 5 月，湛庐文化和微软合作推出了小冰的原创诗集《阳光失了玻璃窗》，这是人类历史上第一部 100% 由人工智能创造的诗集。为了达成写诗技能，小冰学习了 20 世纪 20 年代以来 519 位诗人的现代诗，被训练超过 1 万次，而人类如果要把这些诗读 1 万遍，则大约需要 100 年。诗集仅从小冰的数万首诗中精选了 139 首。

诗人小冰火了。有网友表示，这并不意味着小冰已经拥有了类似于人类一样独立的情感。但是这给我们留下了深沉的思考，当 AI 都已经可以写诗的时候，我们应该怎么做呢？了解一个“创意”的目的正在于此——注重培养创意创新的能力。提升写作能力，除了可以完成日常工作事务以外，还能给人们的心灵和生命创造更大更丰富的空间。

一切事物、所有工作始终在日新月异地变化，而这个世界唯一不变的就是变化。我们要立足在感知一切变化的最前沿，学习各类文体的写作，既要遵循文体写作的基本规律，又要始终以创意创新的意识，培养创意创新的能力，在从事写作活动过程中发挥主观能动性，从而在微小处发挥个人潜力，实现个体的人生价值，推动社会进步。

本章训练

1. 请绘制一份本章内容思维导图。

2. 本章将文体分为务实类文体与务虚类文体，谈一谈你对此的看法。

3. 结合具体实例，谈谈你对“两个意识”的理解。

4. 请列举具体生活、工作情境中的事例，或者截取某些视频的片段，分析说明沟通的重要性。

5. 请在本章中选取你感兴趣的内容，准备一节翻转课。流程及要求如下：

（1）制作翻转课 PPT，其中需插入与内容相关的短视频，时长不超过 1 分钟；

（2）PPT 版式、图文与内容和谐一致，相得益彰；

（3）翻转课需包含“导入语、讲解、发现问题、提出问题、解决问题、与听众互动、结束语”等环节，讲授时间不超过 10 分钟；

（4）在学习小组或宿舍成员中试讲；

（5）在班内讲公开课；

（6）邀请班内同学指出你的翻转课存在的不足。

6. 查阅创意写作相关资料，包括起源、机构发展、代表人物及作品等信息，撰写一篇不少于 3000 字的小论文。论文结构应包含摘要、正文、参考文献。

第五章　务实类文体写作训练

第一节　公文写作概述

一、公文特定属性

中央国家机关首届公文写作技能大赛新闻发布会上，介绍了在部分国家机关公务员中进行的公文写作方面的问卷调查结果：

在参与调查的公务员中，认为公文写作技能对机关干部非常重要的达100%，但是高达70%的被调查者认为自己目前的公文写作水平仅为“一般”。在影响公务员公文写作水平的因素中，87%的被调查者认为，没有进行制度化的公文写作专业培训。

调查数据反映了当前在公务员队伍中仍然存在公文写作方面的问题。近些年来，为了提升公务员的公文写作水平，我国多个省份举行了相关比赛。比如，首届陕西省青年公文写作大赛、中央国家机关首届公文写作技能大赛、重庆市纳德杯公文写作技能大赛等。各省还积极组织每年新招录的公务员开展公文写作培训。各级组织想方设法来提升公务员公文写作能力，但是因为语言表达、文字锤炼“没有最好，只有更好”的特点，很多单位在具体的工作运行中，始终存在着公文的表述不准确、举措不妥当、公文格式不规范等问题。对于在校学生来说，学习提升公文写作能力，是面向未来的一个重要技能。

（一）处理公文的两个依据

在处理公文的过程中，一定要记住两个依据：第一，公文写作应遵循《党政机关公文处理工作条例》（见附录，下文简称《条例》）。这是中共中央办公厅和国务院办公厅在2012年4月16日印发的通知。第二，《党政机关公文格式》（GB/T 9704—2012），这是2012年发布的公文格式标准。

在现实工作中，出现过一些令人瞠目的公文错误，并且被曝光在网络上。2012年1月，北京某区镇政府对一处生态大棚项目进行强拆时，出具的强制拆除决定书中，竟然依据两个不存在的法条，被网民称为“史上最牛公文”。他们强拆的依据：一是依据《中华人民共和国城乡规划法》第63条、第73条，但这部法律总共只有70条；二是依据《中华人民共和国行政处罚法》第65条，而这部法律总共才64条。

还有一个关于倡导用酒的文件，题目是《关于倡导公务接待使用“小糊涂仙（神）”系列酒的通知》。其中写到该市在公务接待时倡导使用云峰酒业生产的小糊涂仙系列酒，给每个单位划定了销售额，对于完成年度使用和促销计划的地方和单位，按照销售额的

10% 给予奖励。在公务接待中不按规定用酒,未完成年度使用和促销计划的单位予以通报批评。文件附有任务分解表,包括各局、各乡镇在内的 105 个单位,需完成“任务”200 万元。对此,当时公安系统就质疑了:上级有“禁令”,我们怎么完成喝酒任务?

当然,这已经是很久之前的非常荒唐的反面案例,自中央八项规定出台以来,截至 2021 年 10 月底,全国纪检监察机关共查处违反中央八项规定精神问题约 67 万件,党纪政务处分约 59 万人。随着中央八项规定的持续落实,享乐主义、奢靡之风得到了遏制。各单位公务行为越来越规范,具体到写作层面,我们当以此为鉴,明德修身,在学习写作与沟通的过程中进一步提升自己对于公文基础知识的认识。

(二)公文特定属性

1. 何谓公文

在公文特定属性这部分,首先要了解什么是公文。在我国,公文始于黄帝时代,《后汉书·祭祀志》载“自五帝始有书契”,而最早出现“公文”一词的书是晋代陈寿撰写的《三国志》,可谓历史悠久,源远流长。之所以称其历史悠久,是因为从汉代公文出现,一直到清代,公文的名目繁多。上行文有呈、章、表、奏、议等,平行文有关、刺、咨、照会等,下行文有制、诏、敕、令、谕、旨等。辛亥革命时期废除了旧公文, 1934 年国民政府颁布了新公文程式。新中国成立后,分别在 1951 年、1983 年、1987 年、1988 年、1990 年、1993 年、1996 年、2000 年,先后多次对党政公文处理作出规定,党的机关和国家机关公文处理工作逐步走上了科学化、制度化、规范化的轨道。

处理公文的依据之一,《党政机关公文处理工作条例》对公文的界定是:

党政机关公文是党政机关实施领导、履行职能、处理公务的具有特定效力和规范体式的文书,是传达贯彻党和国家方针政策,公布法规和规章,指导、布置和商洽工作,请示和答复问题,报告、通报和交流情况等的重要工具。

这其中要关注两个词:一个是“法定效力”,公文是由法定作者制成和发布的,因此具有法定效力;另一个是“规范体式”,公文有严格的内在结构和统一的编排形式,具有规范体式。

2. 公文的特性

第一,鲜明的政策性。公文具有依法行政的工具属性,为一定的政治路线服务,体现的是国家意志,依据和体现的必然是国家的方针政策,而不是个人意志。

第二,法定的权威性。公文内容与国家宪法一致,具有一定的强制力,必须遵守执行;公文体现法定机关行政指挥意志和领导意图,在法定机关职权范围内,规范人的思想和行为,必须贯彻;公文的制发者,包括国家行政机关、企事业单位,都是依法建立,并被赋予了职能和权力,因而依法制发的公文具有法定约束力。

第三,严格的规范性。公文撰写有规范的体式和规范的公文处理程序。

第四,突出的时效性。公文注重发布和施行的时间,没有时效性的公文无异于一张废纸。

3. 公文的作用

第一,公文有领导和指导作用。上级机关通过制发公文,传达党的路线、方针、政策,组织开展各种公务活动,责成下级机关严格执行或予以贯彻,对本行业、本系统的业务工作提出原则性的指导意见。

比如,在高等教育领域全面学习贯彻落实的《教育部关于加快建设高水平本科教育全面提高人才培养能力的意见》(亦简称"新时代高教 40 条"),其中第四方面着重强调了"围绕激发学生学习兴趣和潜能深化教学改革",其部分表述如下:

12. 加强学习过程管理。加强考试管理,严格过程考核,加大过程考核成绩在课程总成绩中的比重。健全能力与知识考核并重的多元化学业考核评价体系,完善学生学习过程监测、评估与反馈机制。加强对毕业设计(论文)选题、开题、答辩等环节的全过程管理,对形式、内容、难度进行严格监控,提高毕业设计(论文)质量。综合应用笔试、口试、非标准答案考试等多种形式,全面考核学生对知识的掌握和运用,以考辅教、以考促学,激励学生主动学习、刻苦学习。

这段内容是国家对于高教领域在学习过程管理方面的政策要求,是宏观的原则性的要求。

近几年来,尤其是经历了 2020 年新冠肺炎疫情对社会各方面的影响,在线教育快速发展,催生了许多教育软件,对老师的授课方式、课程管理方式提出了新的挑战。原有的传统线下课堂授课与管理、考试形式与考核标准都不能完全适应教育改革发展的实际需要。各个省份采取何种举措,各个高校具体如何做,是组织老师深入开展线上线下混合式教学,还是引入课程平台实现本校教学过程数据化管理?各省市、各高校需要依据国家最新教育政策要求出台相应文件,组织开展教育改革工作。

无论采取何种方式,最终都是要针对学生学习状态、学习动机、学习兴趣等,依据国家教育政策导向,引导学生重视学习,刻苦学习,对学生进行过程性的考核。

第二,规范和约束作用。党政机关制定的条例、规定、办法,以及根据党的路线方针政策制定的法律法规,具有明显的规范和约束作用。比如,《党政机关公文处理工作条例》第五章,明确说明了公文拟制包括公文的起草、审核、签发等程序;在第六章明确规定了公文办理包括收文办理、发文办理和整理归档。

公文在企事业单位中发挥着重要的指导作用,不管是公文办理或是公文拟制,都有一个基本遵循,防止出现差错。某单位机要秘书,有一天已经下班回到家了,突然接到领导电话,询问上级发的某文件,现在传阅到哪里了,当天晚上 10 点钟要给上级报送一份相关材料。这位机要秘书赶快回到单位,查看这份文件传阅到哪儿了,哪些领导传阅过了,有什么意见。结果发现该文件在传阅的过程中出现了一点小问题,他非常着急,但还是全力以赴解决了问题,按时上报了相关材料。

在这位机要秘书的工作过程中，能切身感受到所有的文件都很重要，不能出一点差错，有时需要在下班时从领导办公室取回文件，送机要室保存。他的朋友问，文件放在领导那里你都不放心吗？他表示，所有流程要按规范做，这样对大家都是一种保护。

可见，公文对于公务行为有着明确的规范和约束作用。

第三，宣传和教育作用。所有公文都有一定的导向作用，是公文制发者形象的直观体现，也是褒贬某些行为、某些做法的无声宣传。带有奖励或批评性质的通报、决定等文件，宣传效果更为明显。2018 年是改革开放 40 周年，2018 年 6 月国家相关部门发布了《关于推荐改革开放杰出贡献表彰人选的通知》，以"充分展现改革开放 40 年来的伟大成就，大力弘扬以改革创新为核心的时代精神，激励全党全军全国各族人民以改革开放先锋模范人物为榜样"，继续推进中国特色社会主义伟大事业。这项工作对社会面影响大，宣传效果显著，表彰了国防科技事业改革发展的重要推动者于敏、基础教育改革的优秀教师代表于漪等 100 人。

第四，联系和沟通作用。各单位通过公文联系和商洽工作、传递和反馈信息、介绍和交流经验。函、报告等文种，都可以发挥联系沟通作用。

第五，依据和凭证作用。当收文机关做出决策、处理问题、开展工作时，就要以上级机关的相应文件作为依据和凭证。在这个范畴内，决定、通知、指示、批复、报告、意见等都可作为依据和凭证。建议大家经常浏览中华人民共和国中央人民政府网站，这样就能及时了解最新政策的相关信息，可以为完成公文写作任务打下较好的基础。

二、公文写作规律

一般来说，公文的写作步骤分为以下几步。首先是领受任务，公文写作多数情况下都是被动接受任务，由领导给下级安排相关的写作任务。其次，围绕这个任务进行调查研究，收集相关的材料。再次，拟制初稿，初稿完成之后，不能立刻就提交，写作者还要进行修改。公文写作非常注重严谨性，修改是必不可少的一个步骤，写作者要养成修改的习惯，在完成公文初稿以后进行协调修改。最后，对修改过的文稿报请审批。

在写作过程中，需要遵循的基本规律有以下几点。

第一，结构规律。这里主要讨论的是正文部分的结构。对于公文来说，正文部分一般由"主旨 + 依据 + 分旨"组成。

主旨是一篇公文最主要的意义和目的，回答的是一篇公文要干什么的问题。在行文时居于开头部分，会有一些文字标志，一般表达意图的字词有"为、为了"等，或者是文件开头所写的"现将 ×× 省公共场所治安管理办法发给你们，请贯彻执行"这类语句。另外，还有表达目的的字词，一般出现的字样有"决定、必须、应当、要、望、批准、同意、答复"等。比如，《中华人民共和国财政部税务总局通告》里的一句话：

为了正确贯彻国家的工商税收政策，维护税收法令的严肃性，确保国家税收收入，国务院决定,必须对纳税单位和个人在纳税中发生偷漏、拖欠工商各税的情况,进行一次认真的检查清理。为此,特通告如下:……

主旨部分的内容标准是:明确、正确、切实。

第二,依据。依据指的是一篇公文主旨提出和成立的理由与根据,它回答的是一篇公文"为什么"的问题。文字标志有根据、遵照、认为等。

依据的类型包括理论依据和事实依据。理论依据,即党和国家的政策法规、文件会议精神、领导指示以及写作主体自发的议论等。事实依据,即当前的现实状况,或者过去的事实。过去的事实可包括来文、来函、领导研究的一些材料、会议通过的材料等,都是经常引用的事实依据。文字标志是"目前、当前、随着、以来、由于、鉴于、收悉"等。

依据部分的内容标准是:真实、充分、切题。

第三,分旨。正文的分旨部分,是一篇公文中为实现主旨而制定的具体办法、要求或补充详述的具体事项,它回答的是一篇公文中"怎么做"的问题。分旨的类型包括两种。

办法类:为实现主旨要素的"祈使性"而制定的时间、地点、人员范围、目标步骤、措施方式、具体要求等。

事项类:为体现主旨的"告知性"而展开详述的具体情况、前因后果等。

分旨的文字标志有序号、过渡句以及个别过渡词语等。分旨部分的内容标准是:明确、正确、可行、具体、周密。这里面的"可行"需要特别予以关注。在文章中要让对方知道怎么样去做事情,要让下级机关知道工作的具体步骤,因此在写分旨时,必须保证每一条都具体可行,并且能够形成一个整体。

为了让大家更深入地理解这一部分内容,推荐阅读杨伟民教授的文章《起草文稿的"五要、五不要"——在清华大学公共管理学院 2018 年夏季毕业典礼上的讲话》,文章来源于清华大学中国发展规划研究中心的公众号。杨伟民曾任中央财经办副主任,长期从事国家发展规划研究制定工作,是党和国家一些重大文件、重大政策以及中央领导同志重要讲话参考提纲的主要参与者和执笔人之一。这篇演讲透露了他的写作思路以及在很多重要节点进行决策的过程。在这里撷其重点列出,与大家共勉。

第一,要研究,不要写文章。好的文稿是研究出来的,不是做文章做出来的。写不出来、写不好的,肯定是因为没有想法,没有想法肯定是研究不够。我们的研究,不同于研究机构的研究,属于问题导向型、对策建议型、方案比选型研究。研究方式也不是事先列个课题,拉开架势写。很多情况下,研究是贯穿到一篇文稿从拉提纲到成稿的几十遍的反反复复的修改中的。

第二,要思考,不要浅尝辄止。

第三,要创新,不要人云亦云。创新是起草文稿的灵魂。

第四,要坚持,不要轻言妥协。真理是坚持下来的。"不唯书、不唯上,只唯实"应该是文稿起草者的职业准则。对各方面意见,有些不得不妥协;有些能坚持就坚持,能坚持多久就坚持多久。坚持下来的内容,往往最亮眼的、最有用的。

第五,要动手,不要捉刀代笔。自1989年进入政府部门后,我的职务在变,从主任科员升到副部,但有一条没有变,就是坚持自己动手、自己动笔、自己动脑(电脑),一个字一个字地写,一个标点一个标点地抠。中央财办就是这样一种工作方式,领导班子成员都是亲自动手,官越大,写的越多。

要动手,是要把握文稿之魂。各个部分可以分工负责、写出初稿,但好的文稿,要求主持者按照统一的想法统稿修改,这样才能有贯穿全篇的思想,一以贯之的逻辑。

要动手,是职责所在。起草文稿也是一种权力,是对决策的影响力。手中这支笔,重如泰山,自己不动笔,就意味着放弃了权力,更是一种失职。

要动手,也是个人成长的需要。大脑要用,文笔要练。不动脑,就出不了好主意;不动手,就练不出好文笔。没有好主意、好文笔,就跟不上时代,随时会被时代"调整"掉。

要动手,是因为把起草文稿当作事业。这样,就能写出乐趣、写出快乐、写出人生价值。

通过分享这篇文章的主要内容,大家会发现,杨伟民教授即使是副部级别,也仍然亲自动手写文稿。他的真知灼见、宝贵经验都是在长期的工作中形成的,总结出文稿的"五要、五不要"值得我们仔细揣摩,不断学习,并且在写作公文的过程中深刻体会,在写作过程中尽可能地运用。

三、起草公文注意事项

(一)做好准备工作

起草公文的注意事项有几点。第一,准备工作。在做公文写作准备时,首先要明确发文目的,所谓"定位不准,累死三军",领导要交代清楚事由,撰稿人要问清楚起草公文的目的,也就是主题。如公文的基本观点、需要解决的主要问题、发文的依据、发文的范围等。要做到任务明确,方向清晰,防止在主要观点和内容上偏离要求。

第二,领会领导意图。领导的交代往往是原则性的指导,粗线条的轮廓,文稿起草者要深刻领会领导交代的精神实质,融会贯通,使领导的意图深入化、具体化和条理化,然后用自己的语言表达出来。正所谓"领会上头,摸清下头,两头一碰,才有写头"。

第三,收集有关材料。可以通过查阅、调查研究,收集相关情况、事例、问题、经验和数据等。收集这些相关材料,用以最终表现公文的思想观点。

当然,收集材料关键在于平时学习思考和积累。某省委办公厅对办公室的中层以上干部提出了三条目标要求:一是政策水平达到同级服务对象所要求的水平;二是政治理论水平达到同级党校讲师以上的水平;三是对全局情况了解和掌握程度,达到同级综合部门的水平。

(二)关注基本要求

起草文稿要关注几点基本要求。

第一,要符合党和国家的路线方针政策和法律法规。

第二,要符合上级机关的有关指示规定。

第三,要同现行的有关公文相衔接。尤其需要注意的是,在同一个问题上,各个有关公文不能出现相互矛盾的现象,以免让执行者无所适从。《党政机关公文处理工作条例》规定,“部门之间对有关问题未经协商一致,不得各自向下行文”,这是为了防止相关公文之间发生“打架”现象。另外,当根据新的情况,需要对现行公文的有关规定作出某些改变时,公文要以适当的形式有所交代和说明。

第四,要完整地、准确地体现发文机关和领导同志的意图。写作公文与写一般文章相比,有特定的制发主体、特定的读者、特定的内容、特定的格式、特定的语言,能否把握住这“五特”,决定着公文写作的成功与否。

同时,起草者要准确定位。针对特定的制发主体,一是要号准脉搏,准确把握发文机关对某事物的基本态度,从而抓住要义,明确具体地讲明态度,而不是模棱两可、使人疑惑。更要强调的是,公文写作还要“出以公心”,公文姓“公”不姓“私”,绝不能因为个人喜好、小集团利益而影响公文起草的大局工作。

第五,全面准确地反映客观实际情况。关键是要突出“三性”,即全面性、准确性、客观性。全面性是“量”的要求,准确性是“质”的要求,而客观性则是“真”的要求。

第六,提出的政策措施要切实可行。这是公文的核心目标,因为公文就是为了解决实际问题才存在的。具体的政策措施归纳起来可以分为两大类:一类属于行为规范方面,主要包括哪一类事情,要怎样做,不能怎样做,违反了怎么办? 另一类属于物质条件方面,主要解决人、财、物方面的问题。

第七,表述要准确严密。准确严密的标准有五点:一是观点明确,二是条理清晰,三是内容充实,四是结构严谨,五是表述准确。我们都熟知一句俗语,“差之毫厘,谬以千里”。举个反面例子,据史料记载,1930 年 4 月,阎锡山冯玉祥结成反蒋联盟,预计在沁阳会师,聚歼在河南的蒋军。冯玉祥的参谋拟制命令时,误将“沁阳”写成“泌阳”。虽然两个字笔画只差一笔,但一个在焦作,一个在驻马店,相隔数百里,结果会师不成,反被蒋介石分割包围而打败。这一撇让冯玉祥阎锡山付出了惨重的代价,最终兵败中原。

同时,标点符号要注意使用准确,否则表述不当,会闹出笑话。有一媒人给别人介绍对象,发电报的内容是“麻子、无头发、黑脸、大脚、不大好看”。因是电报无标点,男方就误认为是“麻子无,头发黑,脸大,脚不大,好看”。结果娶回家后,大失所望。

第八,注意行文关系和行文方式,合理使用文种。这其中有三个词需要特别予以关注。首先,“行文关系”。行文关系有三种:一是上下级之间领导与被领导的关系,二是上下级之间业务指导和被指导之间的关系,三是平行机关或不相隶属机关之间的关系。其次，“行文方式”。根据不同的行文对象和工作需要，可以采取不同的行文方式，包括上行文、下行文、平行文、联合行文，以及受双重领导的机关的行文。最后，“文种”。在《党政机关公文处理工作条例》的第二章“公文种类”里，第八条规定了15种公文，按顺序排列如下。

（一）决议。适用于会议讨论通过的重大决策事项。

（二）决定。适用于对重要事项作出决策和部署、奖惩有关单位和人员，变更或者撤销下级机关不适当的决定事项。

（三）命令（令）。适用于公布行政法规和规章、宣布实行重大强制性措施、批准授予和晋升衔级、嘉奖有关单位和人员。

（四）公报。适用于公布重要决定或者重大事项。

（五）公告。适用于向国内外宣布重要事项或者法定事项。

（六）通告。适用于在一定范围内公布应当遵守或者周知的事项。

（七）意见。适用于对重要问题提出见解和处理办法。

（八）通知。适用于发布、传达要求下级机关执行和有关单位周知或者执行的事项，批转、转发公文。

（九）通报。适用于表彰先进、批评错误、传达重要精神和告知重要情况。

（十）报告。适用于向上级机关汇报工作、反映情况，回复上级机关的询问。

（十一）请示。适用于向上级机关请求指示、批准。

（十二）批复。适用于答复下级机关请示事项。

（十三）议案。适用于各级人民政府按照法律程序向同级人民代表大会或者人民代表大会常务委员会提请审议事项。

（十四）函。适用于不相隶属机关之间商洽工作、询问和答复问题，请求批准和答复审批事项。

（十五）纪要。适用于记载会议主要情况和议定事项。

这15种公文不仅有名称，而且具体说明了适用范围。如果我们要在具体的工作当中学会使用文种，根据具体任务选用恰当的文种，就要把这15个文种牢记在心。

这15个文种的排列顺序，实际上与我国党政机关的基本工作逻辑是相关的。从决策，到告知，到执行，再到记载留存，所处理的工作从上级机关的职权范围，到下级机关的职权范围，到党政机关的具体工作事项，再到向国家各级权力机关提出议案，最后是对会议主要情况和议定事项的记载留存。

（三）分清相似文体（文种）

在这里，列出常见的文体（文种）混淆的三类现象。

第一类，规定文种中报告和请示二者的混淆。随后在学习这两个文种时再行详述。

第二类，讲话与发言二者的混淆。讲话与发言属于相近的非正式文件，既有相似之处，也有较大区别。相似之处在于二者都是口头表达的附属文字材料，主要运用口语的思维和逻辑表达方式，都用于在公开或一定范围内公开发表。如果在同一个会议上，二者可能需要针对同一写作对象，围绕一个共同的主题来撰写。

讲话和发言的不同点也非常明显。讲话属于会议上领导者使用的文体，而发言一般属于被领导或其他非领导者使用的文体。一场会议上的讲话，要体现会议的中心思想，在一定意义上，讲话的高度、广度、深度，具有统揽大局的总体性特征，而发言体现的是局部性特征。

另外，讲话有下行文的许多特征，发言则有平行文和上行文的特征，因而两者使用时的语气也就不同。讲话与发言体现主题的侧重点也不同，讲话一般用于针对某件事情去讲"应当做什么，如何去做"，而发言一般常用于介绍目前的客观情况和工作情况，以及今后怎样具体做得更好等。

第三类，文体口头表达与书面表达形式的混淆。比如，"汇报提纲"与"工作报告"，"报告""讲话"与"工作意见"，"发言提纲"与"工作计划"，"谈话"与"意见"等都经常出现混淆的情况。

一般来讲，书面公文，即使非规范体式的，仍然具有一定的法定效力，有较强的约束力、强制性。而口头表达的文字材料则不完全具备这些特点，即使是领导人的讲话也是如此。但是口头表达所用的文字材料，在通过法定办文程序后，比如，以"通知"等形式下发、转发等，就具备了一定的法定效力。所以，讲话、发言、汇报提纲以及信等格式，是领导活动中常用的辅助性文体。若要使其内容、中心思想具有效力，就应当在公开场合发表后，以正式公文的形式发布，或者经一定形式通过后发布。

另外，口头表达辅助材料与书面公文在写作的内容构成上也有不同。口头表达材料篇幅较长一些，客观具体情况介绍、分析多一些，思想观点的论述比较系统，所讲的内容集中于重点问题。书面公文的具体要求、安排和直接涉及的具体事务较多，理性议论较少。

四、公文写作技巧

公文写作有没有技巧？人们倾向于认为是有技巧的。事实上在公文写作这方面，了解一些相应的技巧，确实非常有用。

（一）留心收集资料，善于参考借用

在"材料收集"这一节，我们讲到"以平时收集材料为主，临时收集材料为辅"，与此处所讲的意思相一致。通俗来讲，就是我们在材料方面一定要做到"肚里有货"，有备而战。借用网络上很有趣的一种说法——"练好以下江湖功夫"，这些江湖功夫都来自金庸的小说。

第一种功夫是"吸星大法"，意即善于学习，博闻强识，丰富自己的材料库，吸纳别人的智力成果，增强自己的功力。本质上是要求我们自己不断加大信息输入。

第二种功夫是“易筋经”，这种内功心法的主要作用是消化异己，舒筋通络，促进能量周身循环。用现在的话语来讲，就是在信息输出前要对输入的信息进行消化、吸收，做好信息输出前的准备。

第三种功夫是“冲灵剑法”，核心的意思是化用创新，也就是在信息输出前，要充分吸收融合，使信息能够有效输出。

（二）明确行为目的，确立公文主旨

写作公文一定要保持“思维清醒”。确立公文主旨，要弄清楚三个问题。第一，你为什么要写这篇公文？第二，要写给谁？第三，写这篇公文究竟是要做什么事？如果回答不出以上三个问题，说明这个公文没有发文的必要。明确了这三个问题，才好下笔行文。

（三）了解公文种类，选择恰当文种

我们对于公文种类一定要非常熟悉，眼睛要明亮，不能穿错衣服搭错车。可以通过以下“四看”来判断文种是否恰当。

第一，看公文事由。最常用的方法是根据事由选定文种。每一个文种都有一定的适用范围，适用范围如果跟相应的事由是相吻合的，就要选对应的文种。可是实际工作中，往往有一些工作没有办法跟《党政机关公文处理工作条例》中的事由完全吻合，因此我们就需要判断该用什么样的公文文种。比如，想让上级解决问题，就写请示；向上级汇报工作，就写报告；而答复下级的请示，就应当写批复。

第二，看出台环节。以哪个文种出台，取决于主要领导采取哪种决策形式。例如，某县县委开展“党员联户带创”活动，成效非常显著，经验具有很强示范性，所属市的市委准备进行推广。要下发这样的文件，公文起草人员就应根据领导机关采用的领导方法和决策形式来确定文种。若希望迅速推广，要立刻发文，就可以选用“决定”；若为确保实效，推广态度比较慎重，召开了市委全会或常委会讨论，就可以选用“决议”；如果领导授意组织部门拿出意见，或先行试点，待试点上取得经验后再全面推广，就可以选用“通知”这一文种来转发组织部门的意见或试点经验。

第三，看受文对象。文种往来也需要遵循一定的礼仪规则，针对不同的对象选用不同的文种。比如，某市将召开党代会，对代表和列席人员可以直接发“通知”；对特邀人员，以及中央、省属驻市机构，则应发“函”；需请上级领导出席或请上级派人出席，则应该使用“请示”。这三个文种都能起到通知作用，如果使用得体，就有利于工作顺利推进，否则就会引起反感。实际上，选择什么样的文种，和日常的沟通规则也是相关的。如果文种选择正确，与对方的沟通就会更加顺畅。

第四，看反映事物的时间。公文必然会涉及某项事物、事件、工作，由于我们向相关部门反映的时间有先有后，反映情况的意图也有不同，使用的文种应当有别。某市遭受了特大洪涝灾害，市委或市政府授意民政部门立即摸清情况写出“报告”，向上级反映灾情。

当抗灾遇到困难，需要上级给予人力、物力、财力资源支援时，需要写“请示”。抗灾结束后，要回顾全程工作，再次撰写“报告”上报抗灾工作具体情况及成效。

（四）掌握结构模式，厘清写作思路

公文程式化特点非常明显，同一类型的公文，写作思路大体是一致的。它们都遵循共同的思维程序和规律，绝大多数公文的写作思路都可以分成先后相互关联的三个步骤，也就是三段思维法——为什么？做什么？怎么做？回答三段思维的问题的过程，就是完成公文内容的过程。

（五）熟悉公文用语，方便快捷表述

在长期公文写作实践中，逐渐形成了一套规范化、定型化的公文专用语，在准确严谨地表述公文内容的同时，还能增强公文简明庄重的语体风格。这些惯用语一般都用在公文的开头、过渡和结尾处。

（六）反复修改核对，追求准确无误

修改核对文稿的内容，可以从以下几个方面进行。一是修改主题。结合主题部分所讲的理论知识，判断文稿主题是否明确，主题论述是否集中，主题挖掘是否深刻。二是注意修改观点，要看观点是否正确，是否符合法规政策，表达有无不妥。三是修改材料，主要是看材料是否真实可靠，是否典型的材料。四是调整结构，要看结构是否完整、自然、严谨、统一，是否符合文种的要求。

修改过程中，最需下功夫的是语言的精练。语言的最基本要求包括准确、简明、朴实、生动。虽然公文和一般文章的生动性的具体要求不一样，但是公文也可以写得准确、简明、朴实、生动。一般来说，对于公文采用的是消极修辞的态度，要求达到文从字顺、合乎语法、用语规范、书写正确、简洁明了。所以，在公文写作过程中，我们对语言的生动鲜活要有正确的认识，要在遵循公文语言风格的原则上追求语言表达效果。

公文中还要注意数字的规范使用。成文日期应该使用阿拉伯数字。在《党政机关公文处理工作条例》中第 11 条，明确说明公文使用的汉字、数字、外文字符、计量单位和标点符号等，按照有关国家标准和规定执行。这就要求我们在公文写作时，要熟悉相关的国家标准和规定。

曹丕《典论·论文》中有云，“盖文章，经国之大业，不朽之盛事”，这里的“文章”指的是当时流行的奏、议、书、论、铭、诔、诗、赋等文体。曹丕认为，“盖奏议宜雅，书论宜理，铭诔尚实，诗赋欲丽”，将公文之奏、议列居文章首位，显示了公文在“文章”中的地位重要。并指出奏议宜“雅”，即符合规范为宜。

公文写作，对于国家、政府从高层到基层的政令畅通、管理有效都非常重要。正如刘勰在《文心雕龙·章表》里所言，“章表奏议，经国之枢机”。长期从事公文写作的公务人员也形成了这样的共识：政治上不成熟的人不能办文，事业心不强的人不能办文，业务技术不熟练的人也不能办文。新华社原社长、著名记者郭超人曾言新闻记者“笔下有财产万千，笔下有毁誉忠奸，笔下有是非曲直，笔下有人命关天”，公文也与之相似，笔下有财富万千，笔下有人命关天，笔下有兴衰成亡，笔下有风云变幻。所以，从事公文写作一定要非常严谨，要遵守相关的规则制度，要吃透上级的文件精神，严格按照规范去制作公文，务必以“一字入公门，九牛拔不出”的标准自我要求和自我管理。唯有如此，才有可能成为一个合格的公文写作者。

第二节 常用公文写作

一、决定

在《党政机关公文处理工作条例》中，总共列出了15个文种，本书选择其中常用的10种进行学习。首先，要学习的是“决定”。决定的适用范围是对重要事项作出决策和部署、奖惩有关单位和人员、变更或者撤销下级机关不适当的决定事项。按照《条例》规定，各级党政机关均可在自身职权范围做出决定。

（一）遵循《条例》要求起草决定

为了更好地完成决定相关知识的学习，我们先来了解一下《条例》关于公文起草的相关规定。

第十九条 公文起草应当做到：

（一）符合党的理论路线方针政策和国家法律法规，完整准确体现发文机关意图，并同现行有关公文相衔接。

（二）一切从实际出发，分析问题实事求是，所提政策措施和办法切实可行。

（三）内容简洁，主题突出，观点鲜明，结构严谨，表述准确，文字精练。

（四）文种正确，格式规范。

（五）深入调查研究，充分进行论证，广泛听取意见。

（六）公文涉及其他地区或者部门职权范围内的事项，起草单位必须征求相关地区或者部门意见，力求达成一致。

（七）机关负责人应当主持、指导重要公文起草工作。

以上规定，对于公文写作非常重要。15个公文文种，都要遵循公文起草的相关规定，规定文种以外的其他公务文书，也应当参考这些规定进行起草。因此，一定要扎扎实实把《条例》作为写公文的一个依据。

我们看一篇例文。中华人民共和国国务院令第703号公布了《国务院关于修改部分行政法规的决定》，决定开头为：

为全面落实党的十九届三中全会审议通过的《中共中央关于深化党和国家机构改革的决定》和十三届全国人大一次会议批准的《国务院机构改革方案》，确保行政机关依法履行职责,国务院对机构改革涉及的行政法规进行了清理。经过清理,国务院决定:对10部行政法规的部分条款予以修改。

文件开头部分具体说明了发布这份决定的原因,是基于行政机构改革,要对相应的法规条款进行修改。比如,这份决定中的第9条,“将《戒毒条例》第四条第一款中的‘药品监督管理部门’修改为‘负责药品监督管理的部门’”,对相应的机构进行了进一步规范。这份决定的结尾明确说明:“此外,对相关行政法规中的条文序号作相应调整。”最后一句为规范的结束语:“本决定自公布之日起施行。”

以上信息表明,起草决定是一件非常严肃的工作,而且相关行政法规的修改也是非常严肃的工作。因此,这份决定是以国务院令的形式发布的。

再看一份公文,是“国发〔2018〕年2号”文件,标题是《国务院关于2017年度国家科学技术奖励的决定》。这份文件的主送机关是“各省、自治区、直辖市人民政府,国务院各部委、各直属机构”。这份决定的开头有表明发文目的的标志性词语:

为全面贯彻党的十九大精神,深入贯彻落实习近平新时代中国特色社会主义思想,坚定实施科教兴国战略、人才强国战略和创新驱动发展战略,国务院决定,对为我国科学技术进步、经济社会发展、国防现代化建设作出突出贡献的科学技术人员和组织给予奖励。根据《国家科学技术奖励条例》的规定,经国家科学技术奖励评审委员会评审,国家科学技术奖励委员会审定和科技部审核,国务院批准并报请国家主席习近平签署,授予王泽山院士、侯云德院士国家最高科学技术奖;国务院批准,授予“水稻高产优质性状形成的分子机理及品种设计”等2项成果国家自然科学奖一等奖。

以上这段文字清楚地说明了这些奖项的评审过程是怎样的,都经过了哪些部门的评审,报到哪里去签署。这些程序显示,这份决定非常严谨严肃,而且所列举的是很重大的事项。

对于以上这份决定以及相关的评论,大家可以在网上搜索查看。其中有两篇文章,一篇是《奏响中国创新最强音——从国家科技大奖看创新走向》,另一篇是《让醉心基础研究者能“一辈子只干一件事”——王泽山一生钻研火药,侯云德与病毒斗了半个多世纪。道固远,笃行可至!》。这两个报道,实际上是由这份决定引发的思考和评论。这份决定不仅起到了发布事项的作用,还对我们国家相关的工作,以及对创新工作的导向进行了官方说明,因此才会有以上新闻媒体的解读。

决定作为党政军机关、社会团体、企事业单位对重大事项或重大行政公务作出安排而制定的一种指挥性公文,属于下行文种。决定具有很强的领导性、权威性、规定性。上至党和国家的重大决策和战略部署,下至基层单位的奖惩事宜均可使用。

(二)决定、决议的异同

我们简单分析一下决定和决议的异同。决议也是15种公文之一,是指党的领导机关就重要事项,经会议讨论通过其决策,并要求进行贯彻执行的重要指导性公文。决议具有权威性，必须经过党的会议讨论才能生效，并由党的领导机关发布，是党的领导机关意志的反映。决议的内容事关重要决策事项，一经公布，全党、全国上下都必须坚决执行。决议也具有指导性，它所表述的观点和对事项的评价都具有指导意义。

决定和决议的相同之处在于二者都是决策性文种，都是上级机关对某些重要事项的处理和安排意见，都是下行文，要求下级机关贯彻执行。

决定和决议的不同之处，首先在于使用范围不同，形成方式不同。决议是会议形成的文件，而决定不一定是由会议形成的。决定既可以是大型会议集体通过，也可以由领导机关直接作出。其次，二者的内容不同，决议涉及的是全局性、原则性的重大问题，决定可以针对具体问题。最后，二者的格式不同，决议的标题都用会议名称做标题，成文日期在题下标注。会议通过的决定格式和决议相同，其他情况下决定和一般的公文格式相同。

（三）分类和特点

根据内容和发文机关的意图，决定可以分为周知性决定、指挥性决定、奖惩性决定、更改性决定。周知性决定是发文机关就某个问题作出安排，使受文单位知晓即可。因此内容比较单一，文字也比较简短。指挥性决定具有纲领性、规定性、规范性和指示性，一般内容较多，篇幅较长，带有说理的性质，有较强的约束力。

常见的决定有法规性决定、重大事项决定、处理重大事件决定、表彰英模的决定、机构设置的决定、人事安排的决定等。决定具有内容的规定性、事项的重要性和行为的广泛性特点。

（四）决定的格式

在格式方面，决定可分为首部和正文两个部分，当然它也要遵循前文提到的文体的一个基本结构。决定的首部包括标题和成文时间两部分，其中标题按照《条例》规定，由发文机关、事由和文种三个要素构成。例如，《国务院关于修改部分行政法规的决定》《国务院关于 2017 年度国家科学技术奖励的决定》。

决定的成文时间是指发布决定的时间，在标题下方用括号注明“×年×月×日×会议通过”的字样，或者按照一般公文的格式，在文末写出成文日期。

决定的正文结构一般由三部分组成。一是开头部分，简要交代决定的缘由、目的和根据。二是主体部分，主要写决定的内容，落实决定的要求和措施，要求具体明白、层次清楚，便于有关单位执行。通常来说，决定的正文内容要分条列项写出，并且要按照一定的逻辑关系来分条列项。三是结尾部分，用于提出希望、要求或执行说明。有的决定需要加上附件。有附件的决定，应当在正文之后，发文机关署名之前，注明附件的名称或依据。

例如，《国务院关于 2017 年度国家科学技术奖励的决定》结尾一段这样写道：

全国科学技术工作者要向王泽山院士、侯云德院士及全体获奖者学习，不忘初心、牢记使命，继续发扬求真务实、勇于创新的科学精神和服务国家、造福人民的优良传统，主动担当起建设世界科技强国的历史重任，深入实施创新驱动发展战略，坚定不移走中国特色自主创新道路，加快建设创新型国家，为决胜全面建成小康社会、夺取新时代中国特色社会主义伟大胜利、实现“两个一百年”奋斗目标和中华民族伟大复兴的中国梦作出新的更大贡献。

这个结尾，就是向相关人士发出为国家做出更大贡献的希望号召，并提出了一些要求。

二、通告

通告适用于在一定范围内公布应当遵守或者周知的事项。我们看一篇例文。

关于80批次化妆品不合格的通告

（2018年第124号）

经四川省食品药品检验检测院等检验，标示为广州市汉邦化妆品有限公司等29家企业生产（代理）的80批次化妆品不合格（见附件）。现将有关情况通告如下：

一、涉及的标示生产（代理）企业、不合格产品为：广州市汉邦化妆品有限公司生产的昌義生态汉邦染发膏（葡萄酒红色4.45），昌義生态汉邦染发膏（咖啡色5.75）……

上述省级药品监督管理部门自通告发布之日起3个月内公开对相关企业或单位的处理结果，相关情况及时在国家化妆品抽检信息系统中填报并报告国家药品监督管理局。

特此通告。

附件：80批次不合格化妆品信息

这份文件是关于不合格化妆品的通告。文件开头部分说明了发文依据，“经四川省食品药品检验检测院等检验”，使用了规范过渡句“现将有关情况通告如下”。中间部分主要是对通告事项作了说明。结尾部分申明对相关管理部门的要求，“上述省级药品监督管理部门自通告发布之日起3个月内公开对相关企业或单位的处理结果，相关情况及时在国家化妆品抽检信息系统中填报并报告国家药品监督管理局”，以“特此通告”结束正文。最后，附上了相应的附件。

化妆品是生活中的一个常用品，但很少有人会关注相关化妆品的检测信息，也很少有人关注官方网站信息。实际上，官方网站上的很多信息与我们的生活息息相关，正是因为官方网站对这些不合格化妆品进行了及时通告，才保证了我们在生活用品方面的安全。因此，我们要注意关注官方网站发布的信息，不仅能拓宽信息视野，也有助于学习公文写作。

（一）分类与特点

通告的使用面比较广泛，一般机关、企事业单位，甚至临时性机构都可以使用，但强制性的通告必须依法发布，其限定范围不能超过发文机关的权限。

通告是知照性下行文,从《工业和信息化部关于注销 5 家企业〈跨地区增值电信业务经营许可证〉的通告》《市场监管总局关于 11 批次食品抽检不合格情况的通告》这两个文件标题就可看出,通告涉及的领域范围比较广泛。

通告按用途可分为周知性(事务性)通告、规定性(制约性)通告两大类。周知性(事务性)通告是在一定范围内公布需要周知或需要办理的事项,政府机关、社会团体、企事业单位均可使用。比如,前面提到的《关于 80 批次化妆品不合格的通告》。规定性通告用于公布应当遵守的事项,只限行政机关使用,因为这才符合行政机关的权限,如《关于禁止燃放烟花爆竹的通告》。

通告具有鲜明的告知性、一定的制约性等特点,因其内容多涉及具体的业务活动或者工作,所以,通告在内容上还具有专业性的特点。

(二)写作格式

通告的基本格式,也要遵循前面提到的一个基本结构。

首先是标题,标题采用《条例》中规定的三项式标题,即"发文机关 + 事由 + 文种"。

通告的第二部分要说明通告事由,首先阐述发布通告的背景、依据、目的、意义等。通告常用的特定承启句式有"为……,特通告如下",或者"根据 ×× 文件,决定……,特此通告"。

通过过渡句引出通告的具体事项,如《国家市场监管总局关于 13 批次食品不合格情况的通告》第一段:

近期,国家市场监督管理总局组织抽检食用油、油脂及其制品,饼干,蛋制品,豆制品,粮食加工品,饮料,冷冻饮品和食用农产品等 8 类食品 1638 批次样品。根据食品安全国家标准检验和判定,其中抽样检验项目合格样品 1625 批次,不合格样品 13 批次(见附件),具体情况通告如下。

这段话不仅说明了基本情况,而且说明了依据,最后以"具体情况通告如下"作为过渡。从这一段也可以看到,我们日常所要购买的蛋制品、蛋糕等,都在相关部门的监管之下。

通告的第三部分要说明通告的事项,包括周知事项和执行要求,这是通告全文的核心部分。撰写这部分内容,首先要做到条理分明,层次清晰。如果内容较多,可采用分条列项的方法。大家在网站上查阅相关的通告,可以发现大部分通告都采用了分条列项的方式来写。如果通告的内容比较单一,也可采用贯通式的方法。

其次,通告事项要做到明确具体,须清楚说明受文对象应执行的事项,以便于理解和执行。还是以《国家市场监管总局关于 13 批次食品不合格情况的通告》为例,这个通告采用了分条列项的写法,在这里列举其中两条:

一、京东赣劲青莲官方旗舰店(经营者为江西省赣劲粮油供应有限公司)在京东商城(网站)销售的标称武汉中油康尼科技有限公司生产的低温压榨菜籽油,铅(以 pb 计)不符合食品安全国家标准规定。检验机构为四川省食品药品检验检测院。

……

三、天猫阿尔发旗舰店(经营者为天津阿尔发保健品有限公司)在天猫(网站)销售的标称天津阿尔发保健品有限公司生产的苏打饼干,过氧化值(以脂肪计)不符合食品安全国家标准规定。初检机构为哈尔滨市产品质量监督检验院,复检机构为天津出入境检验检疫局动植物与食品检测中心。

以上这两条,不但明确指明了哪个公司在什么网站销售的什么产品,还指出了具体的检验机构。列举的第一条中有一个检验机构,而另一条中既有初检机构,又有复检机构,体现了这份通告内容的严谨。

通告的第四部分是结语,一般来说通告都会采用常规的结语,如用“特此通告”或者“本通告自发布之日起实施”结束。我们以《国家市场监管总局关于13批次食品不合格情况的通告》的结语为例,来学习如何写通告结语:

上述省级市场监管部门自通告发布之日起7日内向社会公布风险防控措施,3个月内向国家市场监督管理总局报告核查处置情况并向社会公布。

特此通告。

这个结尾非常规范,并且在文末附上了15个附件,大家在网上搜索就可以看到,附件里面包含了发文机关所要提供给公众的信息。

三、意见

意见适用于对重要问题提出见解和处理办法。

“意见”的本意是人们对事物所产生的看法或想法,在生活中也会经常用到。我们会去征询别人对于某个事情的意见,或是请别人给自己提些意见。从字面意思来看,意见代表的是个人主观的意志对客观事件或者人物的见解。在我们的工作生活中,意见并不代表建议,通常只是表达我们自己的观点。如果有些观点、看法要落到实处,还需要从实际情况出发,进一步规划和整理。

在正式的公文文种当中,意见的指导性很强,有时是针对当时带有普遍性的问题发布的,有时是针对局部性的事件发布的。意见往往在特定的时间内发生效力。

作为党政机关对重要问题提出见解和处理办法的一个重要文种,意见的内容涉及现实工作中重大的和急需解决的问题,要有可行性的充分论证。近几年来,我们国家建设发展进程加快,意见在实际工作中使用日趋频繁,起着越来越重要的作用。

(一)特点与分类

意见的行文方向很灵活,可以上行、下行,也可以平行发文。作为上行文,意见类似于请示,应按请示性公文的程序和要求办理。上级机关应当对下级机关报送的意见作出处理或给予答复。作为下行文,意见具有指导、指示和规范作用,可以对下级机关布置工作,下级机关收到后应当遵照执行。作为平行文时,收文机关对文中提出的意见可作为决策、行动或工作的参考。

1. 特点

意见有如下几个特点。第一,指导性。虽然在文种的字面含义上,意见不像指示、批复那样有明显的指导色彩,似乎只是提供一些参考的意见,但实际上它也具有很强指导性。在实际工作中,为什么不采用指导色彩强烈的文种行文,而选择“意见”行文呢?一是因为有关部门虽然对下级同业务系统的部门有指导权,但并没有行政领导权,采用意见显然更有利于沟通;二是因为意见的内容业务性强、规划性强、组织性强,这些内容采用“意见”来发文,就比较委婉温和,有利于工作的组织与顺利执行。尽管如此,意见对受文机关仍然具有较强的约束性,下级机关需要遵照执行。

第二,针对性。意见是根据现实的需要,针对某一重要的问题提出见解或处理意见,有着较强的针对性。这些意见对于解决目前存在的问题能起到积极作用。

第三,原则性。意见通常总是从宏观上提出见解和意见,而不是作具体的工作安排,要求受文单位结合具体情况,参照文件中提出的意见精神来办理。下级机关落实意见精神时,在遵循其中的原则的基础上,有较大的灵活处理的余地。

查阅中华人民共和国中央人民政府网站,搜索“意见”这一文种查看国务院文件,摘取 2021 年 8 月至 2022 年 1 月发布的部分“意见”标题来看:

《国务院办公厅关于改革完善中央财政科研经费管理的若干意见》(国办发〔2021〕32 号);

《国务院办公厅关于进一步支持大学生创新创业的指导意见》(国办发〔2021〕35 号);

《国务院办公厅关于健全重特大疾病医疗保险和救助制度的意见》(国办发〔2021〕42 号);

《国务院办公厅关于做好跨周期调节进一步稳外贸的意见》(国办发〔2021〕57 号);

《国务院关于支持贵州在新时代西部大开发上闯新路的意见》(国发〔2022〕2 号)。

我们会发现,意见的使用范围非常广泛。国务院组成部门、下属机构、直属机构所管理的相关事务都能以“意见”的形式发布公文。

2. 分类

关于意见的类型,按照性质和用途的不同,可分为以下几类。

第一,指导性意见。用于上级机关对下级机关进行工作指导,其内容是针对工作中的某些薄弱环节或出现的问题,阐明指导思想、工作原则,提出工作思路和措施、办法,给下级机关以及时的指导,从而促进工作的健康顺畅发展。

第二,建设性意见。这是下级机关向上级机关提出工作建议和设想的上行文。提出建议性意见的机关大多是业务主管部门,就其主管业务提出工作意见。

第三，规定性意见。用于对所属机关、组织和人员提出规范性的要求和措施。

第四，评估性意见。这是业务职能部门或专业机构，就某项专门工作或业务工作，经过调查研究、鉴定评审后，把商定的评估结果写成意见送交相关部门。这类意见分为鉴定性意见和批评性意见，可以上行，可以下行，但主要为不相隶属组织之间的平行文。

第五，规划性意见。这类意见是对某一时期的某一方面工作提出的大体构想，给出要点、原则和努力方向，但一般没有具体的方法和措施。其特点是适用时期长，内容宏观化、整体化，类似于规划、纲要等计划性文体。

第六，实施性意见。这一般是为贯彻落实某一重要决定或中心工作所制订的实施方案，重在阐发上级的有关精神，使下级单位对上级的文件精神有更深入的理解，同时提出具体的行动方案和工作安排。

第七，具体工作意见。这是对如何做好某项工作提出意见，所涉及的内容比较具体，有时还会写可操作的方法措施等。

（二）意见的写法

关于意见的写法，其标题和主送机关与一般的文件相似。意见的标题由发文机关、事由、文种组成。主送机关要根据意见的内容来确定，主送机关的排列方法也和一般的公文相同。

在正文部分，首先要说明发文缘由，这是意见的开头部分，主要写发布意见的背景、根据、目的、意义等。文字根据具体情况可长可短，最后以“现提出以下意见”“特制定本实施意见”等过渡性语句转入下文。如，《国务院关于做好当前和今后一个时期促进就业工作的若干意见》（国发〔2018〕39号）的开头：

就业是最大的民生，也是经济发展的重中之重。当前，我国就业局势保持总体稳定，但经济运行稳中有变，经济下行压力有所加大，对就业的影响应高度重视。必须把稳就业放在更加突出位置，深入贯彻习近平新时代中国特色社会主义思想和党的十九大精神，全面落实党中央、国务院关于稳就业工作的决策部署，坚持实施就业优先战略和更加积极的就业政策，支持企业稳定岗位，促进就业创业，强化培训服务，确保当前和今后一个时期就业目标任务完成和就业局势持续稳定。为此，提出以下意见……

这份文件的开头说明了制发这份意见的原因，并且以规范的过渡语句进入下文。

其次，在正文部分还要写清楚条文。条文是意见的主体，要把对重要问题的见解或处理方法一一写明。如果意见的内容繁多，可列出小标题，再分条表述。如果内容比较单纯集中，主体部分直接列条即可，不需要再设小标题。

《国务院关于做好当前和今后一个时期促进就业工作的若干意见》的正文主要分为以下五个方面：一是支持企业稳定发展；二是鼓励支持就业创业；三是积极实施培训；四是开展下岗失业人员帮扶；五是落实各方责任。这五方面内容清晰地说明了这项工作的具体执行措施。在这五个大的条目下，又共分了15条内容，并且在每一条后面列出了落实这方面工作的相关部门。比如,第二层次的第五条“扩大就业见习补贴范围”,具体写“从 2019 年 1 月 1 日起,实施三年百万青年见习计划,将就业见习补贴范围由离校未就业高校毕业生扩展至 16~24 岁失业青年,组织失业青年参加 3—12 个月的就业见习,按规定给予就业见习补贴,并适当提高补贴标准”。最后列出这一项工作由人力资源和社会保障部等有关部门和单位负责。

我们从这份文件可以看到,近年国家对于高校毕业生的就业工作非常重视,我认为大家只要认真学习写作与沟通,提升自己的写作能力,未来要找到一份工作,或者要升职加薪,必然就能有扎实的写作能力傍身。

在意见的执行要求方面,有些意见需要对贯彻执行提出一些要求,这可以列入条款,也可以单独在正文末尾写一段简练的文字予以说明。

四、通知

(一)通知的适用范围

通知适用于发布、传达要求下级机关执行和有关单位周知或者执行的事项,批转、转发公文。教学实践中,我曾让学生统计过中华人民共和国政府网站,以及学校所在市商洛市人民政府网站文件页面的前 10 页所发文件的文种。除了让他们统计在这些网页上出现的文种类型,还要统计出使用频率最高的文种,并且分析基层政府部门和国家最高政府部门之间开展工作的内在联系。学生们给出的统计结果显示,其中通知使用的频率最高,超过了 50%。

通知是公文中应用范围最广,使用频率最高的文种,可以分为工作部署类、贯彻指示类、转发印发类、具体事务类。通知是典型的下行文,应当重点突出,条理清楚,简明扼要,通俗易懂。

(二)通知的写法

在通知的写作中,首先要认真撰写通知的标题。通知的标题一般采用公文标题的常规写法,由发文机关 + 事由 + 文种组成。比如,《中共中央办公厅 国务院办公厅关于严禁用公费变相出国(境)旅游的通知》《国务院办公厅关于对真抓实干成效明显地方进一步加大激励支持力度的通知》这两个标题,都属于非常规范的标题。

发布规章的通知,所发布的规章名称要出现在标题的事由部分,并使用书名号。批转和转发文件的公文,所转发的文件内容要出现在标题中,但不一定使用书名号。在公文的标题写作中,采取的原则是尽量不出现标点符号,但规章性的文件须使用书名号。

通知的主送机关是公文的主要受理机关,应当使用机关的全称、规范化简称或者同类型机关统称。什么是“规范化简称”?规范化简称是相关部门进行规定的,或者是约定俗成的称谓,使用这样的规范化简称,不会产生任何的歧义。若按照自己的想法任意简称、生造简称,可能产生歧义,也可能给工作造成不良影响。姜昆和戴志诚表演的相声

《省略语》就讽刺了胡乱简称的现象,比如,把“开封刀具厂”来的宾客简称为“开刀的”。这种现象编入相声中我们会觉得幽默而且有讽刺性,但是作为成熟的社会人就应该以此为鉴,在工作和生活中持有严谨的态度,不使用不规范的简称,避免导致工作和生活的不便。

通知的发文对象往往比较广泛,因此主送机关较多,要注意主送机关排列的规范性。如《国务院办公厅关于对真抓实干成效明显地方进一步加大激励支持力度的通知》,主送机关是:“各省、自治区、直辖市人民政府,国务院各部委、各直属机构。”由于级别不同、名称不同,主送机关的提法和排列会非常复杂,这个序列显然是历经实践检验之后确定下来的。

在文件的主送机关部分,如果所有类型的机关都要在主送机关的位置出现,一般会采用党、政、军、群的先后顺序排列,也就是先排党的机关,再排政务机关,再排军队机关,最后排人民团体。比如,国务院印发《党政机关公文处理工作条例》的通知,其主送机关依次排列的是“各省、自治区、直辖市党委和人民政府,中央和国家机关各部委,解放军各总部、各大单位,各人民团体”。在这份文件的主送机关里面,党、政、军、群四个类型都出现了。我们要正确排列其顺序,还要注意正确使用标点符号,不同类型主送机关之间用逗号隔开,同类型主送机关之间用顿号隔开。

通知的正文部分,先要说清通知的缘由,即发文的依据。在发布指示、安排工作的通知里,这部分的写法跟决定、指示很接近,主要用来表述有关背景、根据、目的、意义等。以晓谕为目的的通知,也可参照上述写法。如《国务院关于更改新华通讯社香港分社、澳门分社名称问题的通知》,就采用了根据和目的相结合的开头方式。而《国务院办公厅关于成立国家信息化工作领导小组的通知》,采用的是“为了”领起的“目的式”开头方式。

举个例子,《国务院办公厅关于对真抓实干成效明显地方进一步加大激励支持力度的通知》的开头写道:

为进一步健全正向激励机制,充分激发和调动各地从实际出发干事创业的积极性、主动性和创造性,促进形成担当作为、竞相发展的良好局面,国务院决定,根据新形势新任务新要求,将2016年实施的24项督查激励措施调整增加为30项督查激励措施,对落实有关重大政策措施真抓实干、取得明显成效的地方进一步加大激励支持力度。经国务院同意,现将调整后的督查激励措施及组织实施等事项通知如下。

这个开头说清了发布通知的目的和依据,其中有一句话,“经国务院同意”,说明了这份文件发文的审核过程。因为国务院办公厅是国务院日常工作的执行机构,没有同意的权限。

对于批转、转发文件的通知,根据实际情况,可以在开头写通知缘由,但多数以直接表述转发对象和转发决定为开头,无须说明缘由。发布规章的通知,多数情况下篇段合一,没有明显的开头部分,一般也不交代缘由。

通知的事项是通知的主体部分，所发布的指示、安排的工作、提出的方法、措施和步骤等，都在这一部分中有条理地组织表达。内容复杂的需要分条列款。具有晓谕性目的的通知，有时需要列出新成立的组织的成员名单，以及改变名称或隶属关系之后职权的变动等。

在《国务院办公厅关于调整国家教材委员会组成人员的通知》（国办发〔2018〕109号）里，开头这样写道："根据机构设置、人员变动情况和工作需要，国务院决定对国家教材委员会组成人员进行调整。现将调整后的组成人员名单通知如下。"这份文件列出了教材委员会具体名单，便于教材委员会发挥自己的职责。

通知的执行要求部分，也就是结语部分。一般发布指示、安排工作的通知，最后都会在结尾处提出贯彻执行的有关要求。当然，是否要提出相关的贯彻执行要求，一定要根据实际情况而定，如果没有必要，也不必画蛇添足。

五、通报

（一）含义与特点

通报，适用于表彰先进、批评错误、传达重要精神和告知重要情况。通报是一种周知性的文件，它是国家党政机关以及地方各级机关、人民团体、企事业单位为表彰先进、批评错误或传达重要情况而使用的一种公文。通报的用途很广，重在通过传达宣传正、反两方面的典型事例，以树立学习标杆或批评警示案例，便于做好下一步工作。

情况通报是一种常用的通报形式，如《国务院办公厅关于对国务院第五次大督查发现的典型经验做法给予表扬的通报》《国务院办公厅关于部分地方优化营商环境典型做法的通报》《国务院办公厅关于对2017年落实有关重大政策措施真抓实干成效明显地方予以督查激励的通报》《国务院办公厅关于北京市人民政府擅自批准地铁西单车站工程开工建设所犯错误的通报》。实际工作中也有标题撰写不规范的通报，如《关于批评北京奇虎科技有限公司和深圳市腾讯计算机系统有限公司的通报》，其中没有写明发文机关。以上这些通报中，有正面的、有反面的，都能对相关单位和人士起到警示或者表扬作用。

通报具有严肃性、教育性、典型性和时间性的特点。

（二）通报的写法

关于通报的写法，一般来说，通报标题由发文机关、事由、文种三个要素组成，如《国务院办公厅关于表彰奖励中国女子足球队的通报》。也有少数的公文，因为是在内部发文，就会省略发文机关，如《关于 ×× 学校相继发生食物中毒事件的通报》。

通报的正文里面主要说明通报的依据，通报的事由，以及最后的结论。在表彰性通报里，正文包括介绍先进事迹、宣布表彰决定、发出学习号召和提出希望要求等几项内容。在批评性通报中，正文包括叙述错误事实，指明危害，分析错误性质，申明通报决定，提出引以为戒的要求和切实可行的防范措施等几项内容。

在情况通报中，正文写法主要有两种：一种先写发布通报的缘由，然后写明通报事项，最后提出要求和希望；另一种是将内容按性质分类，分成若干个部分来写，每部分再提炼出中心句或小标题。例如，《国务院办公厅关于第一次全国政府网站普查情况的通报》就是这种写法。

国务院办公厅关于第一次全国政府网站普查情况的通报

国办函〔2015〕144号

各省、自治区、直辖市人民政府，国务院各部委、各直属机构：

为进一步做好全国政府网站信息内容建设有关工作，有效解决政府网站"不及时、不准确、不回应、不实用"等问题，维护政府公信力，2015年3—12月，国务院办公厅组织开展了第一次全国政府网站普查。现将有关情况通报如下：

一、总体情况

《国务院办公厅关于开展第一次全国政府网站普查的通知》（国办发〔2015〕15号）印发后，各地区、各部门高度重视，迅速行动，确保普查工作顺利推进。通过普查，基本摸清了全国政府网站底数，有效解决了群众反映强烈的政府网站"僵尸""睡眠"等问题，政府网站管理服务水平不断提高，社会公信力稳步提升，正在成为各级政府提升治理能力、推进"互联网＋政务服务"的重要平台。

（一）摸清了全国政府网站底数，实现整体达标合格。截至2015年11月，各地区、各部门共开设政府网站84094个。其中，普查发现存在严重问题并关停上移的16049个，正在整改的1592个。正常运行的66453个政府网站中，地方网站64158个，国务院部门及其内设、垂直管理机构网站2295个。经抽查，全国政府网站总体合格率为90.8%。其中，省部级政府门户网站合格率为100%，市、县级政府门户网站合格率超过95%，其他政府网站合格率达到80%以上。从地域上看，北京、上海、浙江、湖南等地政府网站合格率超过95%，山西、辽宁、黑龙江、云南、西藏、青海、宁夏、新疆等地和新疆生产建设兵团政府网站合格率低于85%。

（二）提高了政府网站管理服务水平，有序推进集约化建设。各地区、各部门强化政府网站主管职责，普遍建立了责任到人、层层督办的推进保障机制。不少地方和部门创新工作方法，通过督查、问责和考评等抓手，推动本地区、本部门政府网站管理服务水平不断提高。广东、四川和税务总局等建立了技术监测、群众监督、绩效考核等"多管齐下"的监管模式；发展改革委、农业部、气象局等部门印发文件明确责任，完善流程，优化服务，提升了网站效能。一些地方和部门还探索从源头上解决基层网站无力维护等问题，有序推进本地区、本部门网站集约化建设。江苏、安徽、贵州和海关总署等对问题严重网站关停整改，对同质同类网站归并整合，利用门户网站对分散资源进行整合迁移，集中提供服务，探索建立统一规划、统一建设、统一管理的集约化模式。

（三）建立了政府网站基本信息数据库，社会公信力稳步提升。政府网站基本信息数据库记录了全国84094个政府网站的名称、地址、主管单位、运行状态等基本信息，形成了准确、完整的政府网站动态档案库。该数据库在中央政府门户网站开放后，两个月时间搜索量达8万余次，下载1.3万余次。据统计，国务院各部门政府网站有关内容媒体转载量较2014年上升15%，省级政府门户网站上升13%，计划单列市和省会城市政府门户网站上升17.5%，各级政府网站社会公信力稳步提升。

二、整改工作的成效

各地区、各部门对普查中发现的问题认真查找原因，着力推进整改。通过整改，全国政府网站信息不更新、内容严重错误、咨询信件长期不回复、服务不实用等问题明显减少。

（一）信息更新更加及时。政府网站空白栏目数由普查前的平均每网站20个降至2.3个，降低88.5%；更新不及时栏目数由平均每网站15个降至5.5个，减少63.3%。

（二）内容准确性普遍提高。政府网站首页不可用率由普查前的12.8%降至3.6%，降低71.9%；链接不可用数由平均每网站196个降至23.4个，降低88.1%。普查前被频频曝光的严重错别字问题大幅减少；办事表格、材料清单、联系电话、收费标准等内容不准确问题由平均每网站17个降至2.3个，减少86.5%。

（三）互动回应情况明显改善。网上信箱等咨询渠道开通率由普查前的57%上升至85.3%，公开的回复信件数由平均每网站27件增加到110件，咨询类留言长期不回复的比例降至0.7%，1年内开展调查征集活动的次数由平均每网站不足1次增加到4次。

（四）办事功能不断完善。各地区、各部门积极开展网上办事事项梳理，着力提高服务信息实用性。因内容不齐全、指南不实用造成的“办事难”、“办证难”问题有所减少。95%以上的政府门户网站规范了办事指南的基本要素，一些地方和部门还依托政府网站探索推进“互联网＋政务服务”，以“数据多跑路，群众少跑腿”为目标，优化服务流程，推动线上线下资源衔接，不断提高群众满意度。

三、需要进一步解决的问题

在全国政府网站建设管理水平大幅提升的同时，一些政府网站仍存在需要进一步解决的问题。主要是：

（一）部分基层网站仍不合格，少数网站问题严重。抽查发现421个不合格网站，少数基层网站问题严重。青海省格尔木市国土资源局、新疆维吾尔自治区莎车县人民政府网站空白栏目数超过20个；新疆生产建设兵团石河子市供销合作社网首页多个栏目“开天窗”；山西省泽州县林业局、辽宁省建昌县教育局网站个别栏目7年未更新；云南省维西傈僳族自治县政府网站个别栏目5年未更新。国务院部门垂直管理机构网站中，国家统计局莆田调查队、红河哈尼族彝族自治州邮政管理局、阿里地区邮政管理局网站不合格。

（二）个别地方检查走过场、整改不彻底。湖北省浠水县巴河镇政府网站“新闻动态”栏目近60条新闻属“旧稿新发”，部分发布时间为2015年6月的新闻实际上是6年前的信息；河南省许昌市魏都区西关办事处、海南省儋州市统计局网站因存在严重问题申请关停，其计划整改完成时间超过10年；黑龙江省林口县物价局、宁夏回族自治区固原市人民政府、西藏自治区山南地区工业和信息化局等网站自查评分超过90分，而实际抽查发现问题较多，为不合格网站。

（三）一些网站便捷性、实用性亟待提升。部分网站没有提供规范清晰的服务流程，缺少可供下载的必要表格和文件，不能提供实用有效的申报、查询等办事服务；14.7%的网站互动功能缺失，政府与公众交流缺少有效途径；还有一些网站结构混乱、页面繁多、不便使用，给公众查找政府信息、网上办事带来较大困难。

四、下一步工作要求

各地区、各部门要高度重视，加强对政府网站建设和管理工作的领导，并针对普查发现的问题举一反三，进一步查漏补缺，加大对本地区、本部门网站的检查力度，巩固普查成效，避免出现整改不彻底、问题反弹等情况。要切实把办好政府网站摆到服务人民群众、提高治理能力、提升政府公信力的高度，加强督查考核，按照推进“互联网+政务服务”的工作要求，扎实推动各级政府网站持续健康发展。

对本次通报的网站问题，各有关地区和部门要采取有力措施进行整改，并于2015年12月31日前将整改情况书面报送国务院办公厅政府信息与政务公开办公室。

附件：1. 各地区政府网站抽查合格率

2. 国务院部门及其内设、垂直管理机构政府网站抽查合格率

3. 抽查发现的不合格政府网站名单

国务院办公厅

2015年12月4日

（此件公开发布）

这份通报的写法，符合我们提到过的一个基本结构，由“标题+主送机关+正文+落款”构成。通报开头既表明了目的，也表明了做这项工作的原因，以及想要达到的效果，最后以一个常见的过渡句引起下文。通报正文分为四大部分：总体情况、整改工作的成效、需要进一步解决的问题、下一步工作要求。四大部分分别进行分条列项，并凝练出了中心句。通报所用的材料既有概括性材料、具体性材料，也有数据材料，又用3个附件作为正文的补充。

这份通报所用的数据精确到了个位数，说明了在撰写这份文件的前期工作中，工作人员付出了大量的努力，撰写这份文件的人对于数据也相当熟悉，对总体情况的把握非常到位。给我们的启示是，如果我们作为写作者要撰写这份通报，就需要在前期做好充分的工作。在撰写通报的准备工作中，应该再次回顾和应用材料收集、整理的相关内容。要

写好通报的主体，使其能够像政府网站上的文件那样做好分条列项汇总工作，就需要在实际工作中充分发挥调查所获信息的作用，进行材料整理，对材料进行分类概括，充分地汇总数据，从中选择典型的材料，并且按一定的逻辑顺序进行排列组合。

（三）通报、通告、通知的异同

到目前为止，我们已经学习了通报、通告、通知的相关内容，这三个文种都有沟通情况、传达信息的作用，但又存在一些区别。

第一，所告知的对象不同。通报是上级机关把工作情况或带有指导性的经验教训，通报下级单位或者部门，无论哪种通报，受文单位只能是制发机关的所属单位或者部门。而通告所告知的对象是全部组织和群众，它所宣布的规定条文，具有政策性、法规性和某种权威性，要求人们遵照执行。通告一般都要公开发布，以前可以是张贴或者在新闻上进行报道，现在还可在网站上进行发布。通知则一般只是通过内部的不同平台载体的公文交流渠道，传达至有关部门、单位和人员，它所告知的对象是有限的。

第二，制发的时间不同。通报制发于事后，往往是对已经发生了的事情进行分析和评价，并通报有关单位，从中吸取经验教训。通告和通知则制发于事前，都有预先发出消息的意义。

第三，行文目的不同。通报主要是通过典型事例或重要情况的传达，向下级机关进行宣传教育或沟通信息，以指导、推动今后的工作，没有工作的具体部署和安排。通知主要是通过具体事项的安排，要求下级机关在工作中照此执行或办理。通告则是在一定范围内公布必须遵守的事项，有着较强的、直接的和具体的约束力。

第四，产生的作用不同。通报可以用于奖惩有关单位和人员，通知和通告则没有此作用。

六、报告

（一）含义与分类

报告适用于向上级机关汇报工作、反映情况、回复上级机关的询问。报告属于上行文，一般产生于事后和事情过程中。在国家政府网站上搜索“报告”，可以看到两份文件，分别是《国务院批转农业机械部关于全国农机工作会议的报告》《国务院批转农业部、商业部、粮食部关于当前生猪生产情况的紧急报告》。这两份文件都颁布于 1980 年，文件标题显示出，报告是由农业机械部、农业部等部门提交给直接上级机关国务院的文件，再由国务院批准并转发。2018 年国家政府网站公开发布了这两份文件。在各级政府网站建设的过程中，会按照相关要求把以往的一些文件信息公开发布。

报告的种类可以按照不同的标准进行划分。

按照报告的内容含量，可以分为综合性报告和专题性报告。综合性报告是将全面工作或一个阶段许多方面的工作综合起来写成的报告，它在内容上具有综合性、广泛性的特点，写作难度较大，对于写作者的能力要求较高。而专题性报告是针对某项工作、某一问题、某一事件、某一活动写成的报告，在内容上具有单一性的特点。还有一种回复报告，是根据上级机关或领导人的查询、提问而作出的报告。

按照报告发文的意图来分，可以分为工作报告、情况报告、建议性报告、答复报告、报送报告和可行性报告。下级向上级汇报工作、反映情况、答复询问时写的文件，或有关部门和领导机构按法定程序和工作需要向特定会议所作的报告，统称为工作报告。常见的报告有会议报告、工作报告和情况报告三种类型。例如，每年两会上的政府工作报告属于工作报告。学生写的暑期实习报告虽不是公文，在性质上也属于工作报告。

（二）写作方法

报告是上报公文，因此无论哪种类别的报告，标题都必须采用规范的格式撰写，由“发文机关 + 事由 + 文种”组成。比如，《×× 大学教务处关于 2017 年度工作情况的报告》。我们分别说明各类型报告正文的写法。

第一，综合性报告的写法。正文由依据、事由和结语组成。一般要在开头部分概括说明全文主旨，将一定时间内各方面工作的总情况，如依据、目的，对整个工作的估计、评价等进行概述，以点明主旨。主体部分的内容要丰富充实，将工作的主要情况、主要做法，取得的经验、效果等，分段加以表述，要以数据和材料说话，内容力求既概括又翔实。在报告的结尾部分，要具体切实，使用公文专用词语。写工作上存在的问题，提出下一步工作的具体意见，最后可用“请审阅”或“特此报告”等话语来作结语。

第二，专题报告的写法。专题报告的标题在规范撰写的基础上，要明显地反映出报告的专题事由，以突出其专一性，如《×× 市关于招商工作有关政策的报告》。专题报告的正文可采用“三段式”结构法，以反映情况为主的专题工作报告主要写情况、存在的问题、今后的打算和意见。以总结经验为主的专题工作报告主要写情况、经验，有的还略写不足之处和改进措施。因工作失误向上级写的检查报告，主要写错误的事实、产生错误的主客观原因、造成错误的责任、处理意见及改进措施等。结尾通常以“请审核”“请指示”作结语。

第三，回复报告的写法。正文要根据上级机关或领导的查询、提问，有针对性地作出报告，也就是说，上级问什么就要回复什么，要突出报告的专一性和时效性。下级机关在回答上级机关询问时，一般不涉及上级机关询问以外的情况。

撰写回复报告，要求文字简明扼要，把问题说清楚即可。比如，《×× 市人民政府关于治理 ×× 河水质污染问题的报告》，首先要写明主送机关是 ×× 省人民政府。接下来的开头部分，说明写这份报告的原因是“省政府转来 ×× 委员会提出的关于 ×× 河水质污染状况的报告，经市政府调查研究，对报告中提出的有关问题及解决方案报告如下”。在说明了水质污染的关键原因以及要采取的措施之后，这就对上级机关的询问作了一个比较完整的回复，并且这份回复报告不需涉及上级机关未询问的问题，专一回复询问即可。

七、请示

(一)适用范围

请示适用于向上级机关请求指示、批准,属于上行文。

请示的作用在于请示工作并要求上级批复,请示产生于事前,绝不能“先斩后奏”,这是请示区别于报告的主要特征之一。在本级机关职权范围内,上级方针政策已经明确的问题,就不必请示,而应自行处理。有这样一份公文,《石油部关于与外国石油公司在我海域合作进行地球物理勘探工作有关问题的请示》,从标题即可看出这份公文所请示的事由及其必须向上级请示的性质。

一般而言,须向上级请示的问题主要有以下几种情况:第一,属于上级明确规定必须请示批准才能办理的事项;第二,对现行方针、政策、法令、规章、制度不甚了解,有待上级明确答复才能办理的事项;第三,工作中产生了新情况、新问题,但又无章可循,有待上级明确指示才能办理的情况;第四,因特殊情况难以执行现行规定,有待上级重新指示才能办理的事项;第五,因意见分歧,无法统一,难以工作,有待上级裁决才能办理的事项;第六,有章可循,有法可依,可以开展工作,但是因为事关重大,为了防止工作中有失误,需要请示上级审核的事项;第七,实际工作明显超出本级权限,需要上级机关明确指示的事项。以上这些情况都要先行请示,以便得到上级批复,顺利完成具体工作。

(二)写作方法

请示的写作格式遵循一个基本结构,由标题、主送机关、正文和落款组成。标题一般由发文机关、所请事由、文种组成。因为是上行文,必须采用规范完整的三要素标题形式。正文一般由三个部分组成,一是请示缘由,要提出请示的原因和理由。二是请示事项,提出有关问题要求上级指示或批准,有的请示会提出解决问题的意见和建议,供上级机关参考。下级机关提出的请示要符合有关方针、政策,切实可行,不可随便上交。三是请示要求,应明确提出要求解决问题的方法或途径,最后以“是否妥当,请批示”“妥否,请批示”“如无不妥,请批转有关单位执行”等期复性语句作为结语。

(三)写作注意事项

撰写请示时要注意以下事项。第一,坚持一事一请示。不仅文章的主题应该是单一的,对于公文来讲,也要注重主题的单一性,请示尤其应该注重事由的单一性。

第二,请示应该只主送一个机关,切忌多头主送。之所以强调这一点,是因为有些机关既有直接上级机关,又有业务主管机关,如果要递送请示,就要根据请示的事项来确定是向直接上级机关请示,还是向业务主管机关请示。

第三,不可越级请示。也就是说须逐级进行请示。

第四,不能将请示与报告混用。如果大家去查阅官方网站的相关文件,就会发现发文时间越早的文件，出现请示、报告混用的情况越多。随着《党政机关公文处理工作条例》等文件的发布，请示和报告的作用越来越清晰，在现实工作中出现混用的现象越来越少。

第五，请示的语气必须谦恭，不能以决定的口吻说话。在写请示事项时只能写发文机关打算、计划、准备如何做这项工作，而不是直接写决定怎么做。因为如果是发文机关能够决定的事项，就不需要再向上级请示了。

第六，请示未获上级批复前，不得将公文抄送给自己的下级机关。

第七，为了提高解决问题的效率和效果，在撰写请示时，下级机关可以提出两个或多个解决问题的方案，并表明倾向性的意见，以便上级机关尽快进行回复。

第八，在请示中所陈述的情况和理由比较复杂的情况下，可以使用各种附件作详细说明，以便简化正文，突出请示的事由。

（四）请示与报告的异同

在实际工作中，请示与报告这两个文种经常会出现混用的情况。两者虽同为上行文，但在行文上却存在很大的区别。

第一，行文目的不同。请示是请求性公文，重在呈请，行文目的是希望得到上级机关的支持或批复。而报告是陈述性公文，重在呈报，行文目的是下情上达，使上级机关及时了解情况，掌握动态，科学决策。

第二，行文作用不同。请示作为请求性公文，上级必须作出批复，体现了请示主旨的求答性和执行性的统一，这是请示所独有的特征。而报告只是陈述性公文，主要叙述事实，起备案作用，无须上级作出答复。这里需要注意的是，呈转性报告和一般的报告作用不同，它的行文目的在于请上级机关了解情况后予以转发，或批准后转发。

第三，行文时间不同。请示必须在事前行文，决不允许先斩后奏。报告则比较灵活，根据实际情况需要，可在事后报告或在工作进展过程中随时报告，也可事前行文。

第四，主送机关不同。请示必须坚持主送一个机关，受双重领导的机关可以抄送另一个机关，但主送机关只能是单一的。因为多头请示容易造成意见不一，或者互相推诿，不能有效地得到上级批复，导致延误时间、贻误工作。而报告一般应坚持一个主送机关，但根据需要也可以同时报送两个或多个主送机关。

第五，行文内容不同。请示必须坚持“一文一事”原则，避免使原来分属不同机关负责的若干事项混到一起，同时要文字简洁，内容单一，主题明确，以便于上级批答处理。而报告可以是“一文一事”的专题性报告，也可以视情况将若干有关联的事情综合在一起陈述，形成综合性报告。还有一点必须注意的是，请示之中可以包含原本要向上级报告的相关信息，作为背景和缘由而使请示事项获得一种充足的支持。但在报告中则不能包含任何属于需向上级请示的内容，以免领导忽视对所请示问题的处理，导致最终影响工作。

第六，正文格式不同。请示行文简单，开头写明请示理由，接着提出请示的具体事项和问题。对已决定拟办的事项则提出处理意见或建议,最后用谦恭恰当的期复性语句作结语。而报告的正文,特别是汇报工作和反映情况的报告,一般涉及面广,篇幅长,写法多采用总述和分述相结合。正文开头部分进行总述,概括说明诸如有关工作的背景、总体评价等。然后在主体部分分述,将报告的内容分条列项加以具体说明。

第七,结束语不同。虽然请示和报告都要在结尾处提出希望和要求,但请示是向上级机关请求批准急需得到解决的问题,使用期复性语句,语气应恳切谦恭,一般用"当否,请指示""妥否,请批示",或者"以上请示如无不妥,请批准"等。这样的固定结语,很明显是向上级提出了请求,并且这些结语一般都单独成段、位置醒目。而报告向上级汇报反映情况时无须批准,没有固定用语,常用的有"特此报告""以上报告,请审示"等结语,但绝不能使用"请批示""请批准"这样的结语。

第八,归档处理程序不同。作为收文机关,请示应该归于"批办类",以供有关领导及时批阅、审查,给予回答。报告则应归于"传阅类",相对于请示来说,有关领导可以先办紧要的事,再看报告一类的公文,主要是了解下情,不用回答。作为发文机关,请示类文件归档时应尽量将上级机关的批复一并归档处理,而报告则没有这种要求。

在实际工作中,如果分不清请示和报告,就容易给上级机关正常的公文处理带来不便,还容易使上级机关错批、漏批文件,严重影响公文的质量和工作的效率。因此,我们一定要弄清楚两者之间的区别,正确行文,提高公文的质量。

八、批复

批复是适用于答复下级机关请示事项时使用的一种公文文种。

从适用范围可以看出,批复是上级机关答复下级机关"请示"事项所用的公文。当下级机关在工作中遇到疑难问题和不能自行决定的事项,向上级机关请求指示和批准时,上级机关就应当通过批复对请示的事项给予明确的答复,使其明确行止。

(一)特点与分类

这里为大家列举两份批复的标题:一是《国务院关于同意乌鲁木齐、昌吉、石河子高新技术产业开发区建设国家自主创新示范区的批复》(国函〔2018〕145 号),二是《国务院关于同意设立中国(海南)自由贸易试验区的批复》(国函〔2018〕119 号)。从这两个标题中,可以看出批复的一些特点。批复是下行公文,上级机关除了针对性直接回答所请示的事项以外,一般不需要涉及其他问题。批复呈现出以下几个主要特点。

第一,行文方向的定向性。批复只用于答复有隶属关系下级机关的请示,属于被动行文,提出请示的下级机关就是批复的主送机关、批复的行文对象,目的在于解决下级机关在工作中遇到的困难和具体问题。答复同级机关和没有隶属关系机关洽商工作或询问事项的来文,就不能以批复行文。

第二,行文内容的指示性。批复是上级机关针对来文单位请示的具体问题作出的答复，态度要鲜明，意见要具体可行，让下级机关有所遵循，明确行止。

第三，行文效果的约束性。批复是上级机关根据有关法律、法规、政策、理论并经过慎重研究而决定的，其意见不是提供参考，请示的单位必须遵照执行。

根据针对内容的不同，可以把批复分成以下几个类别：第一类是指导性批复，在答复下级机关请示的同时，进而就某一方面的工作和活动提出指导性的要求；第二类是具体性批复，就下级机关请示的具体事宜所作的批复；第三类法规性批复，是对下级机关拟制报批的行政法规制度给予批准时使用的批复；第四类是直答性批复，是指对呈送请示的单位直接作出的批复。

（二）写作方法

批复的格式包括标题、主送机关、正文和落款。批复的标题有两种写法：一种是规范的三项式标题，即“发文机关＋事由＋文种”；另一种是在标题中加上表态的词语——“同意”，即“发文机关＋同意＋事由＋文种”组成。那么，“不同意”是否能显示在标题中？在实践中尚未见到过标题加“不同意”的例子，而且从沟通的角度来看，我们在拒绝别人的请求时，都需要注意拒绝的技巧和分寸，言辞应委婉，语气应恰当，公文虽公事公办，不需照顾对方情绪，也还是不加为好。

正文是批复的主要部分，是针对下级机关的请示事项所作的具体答复。一般由引语、主体和结尾三部分组成。引语即引述来文，它是批复的第一段或第一句话，也是批复的根据。其作用在于表示已经知晓下级请示的问题，从而引出应有的答复性的文字。一般情况下，引语只要说明下级机关有关请示已经“收悉”，表明批复者的态度，如“同意……”或“根据……意见，现函复如下”。

主体是批复的中心内容。内容简单的，一般只有一个段落，只表明同意或不同意，应该不应该；内容复杂的，可以分段，逐条表明态度，或原则同意，或不拟批准，或指明需要补充、修正的地方。批复的结尾可以写上“此复”“特此批复”，或者不写。我们看以下一篇例文。

国务院关于同意设立中国（海南）自由贸易试验区的批复

国函〔2018〕119号

海南省人民政府、商务部：

你们关于设立中国（海南）自由贸易试验区的请示收悉。现批复如下：

一、同意设立中国（海南）自由贸易试验区。

二、中国（海南）自由贸易试验区实施范围为海南岛全岛。相关土地、海域开发利用要严格遵守国家法律法规和海南省“多规合一”总体规划，并符合节约集约用地用海的有关要求。涉及无居民海岛的，要严格按照《中华人民共和国海岛保护法》等有关规定办理。

三、中国（海南）自由贸易试验区内的海关特殊监管区域的实施范围和税收政策适用范围维持不变。

四、海南省人民政府、商务部要会同有关部门做好《中国（海南）自由贸易试验区总体方案》的组织实施工作。

国 务 院

2018 年 9 月 24 日

这份批复的主送机关是海南省人民政府和商务部。这说明这份批复对应的请示是由海南省人民政府和商务部联合行文的，二者共同向国务院提出了请示。正文首先引用了对方的来文，“你们关于设立中国（海南）自由贸易试验区的请示收悉”。“收悉”是批复中最常出现的经办用语。接下来，这份文件以“现批复如下”进行过渡，引出了下文。正文中分条列项说明了批复的态度、自由贸易试验区的范围、自由贸易区的相关政策，以及对海南省人民政府和商务部做好自由贸易试验区的组织实施所提出的要求。这份批复没有使用常见的“特此批复”或“此复”这样的结尾用语。最后，一份批复要生效，还需要在文末盖上机关的印章，署明发文的日期。

（三）写作注意事项

在写作批复这一文种时，应当注意以下事项。

第一，内容有针对性。批复的内容应针对来文请示的事项，不能答非所问，也不能说题外的话。如果有其他意见要告诉请示单位，应另外拟文，以通知行文，不能在批复中“搭便车”。

第二，表达直接明确。批复的表达要干脆利落，作为上级机关答复时，态度要直率明确，是否同意来文请示或者同意哪种方案，都要直截了当表明态度，不能含糊其词，让下级机关捉摸不定。

第三，依据充足可行。批复对于请示事项的答复，必须以一定的方针政策为依据。接到下级机关来文后，如果同意请示所提的要求时，可以不说明理由；如果不同意来文请示事项时，必须说明一定的理由依据，作出必要的解释，以理服人。

第四，行文及时。请示的事项都是下级机关在工作中遇到的疑难问题，或者不能自行决定的事情。为了及时、有效地解决工作中出现的问题，批复的行文要及时，如果迁延时日，就会贻误工作。

九、函

（一）适用范围

函适用于不相隶属机关之间商洽工作、询问和答复问题、请求批准和答复审批事项。

在工作实践中，函也适用于向有关主管部门请求批准事项，用于上级机关答复下级机关的询问或请求批准事项。上级机关催办下级机关有关事宜，如果要求下级机关报送有关的报表、材料、统计数字等,也可以使用函这个文种。函还可用于上级机关对某个原发文件做较小的补充和更正,但这种情况在实际工作中并不多见。向有关主管部门请求批准事项时,也会使用函这一文种。我们看以下一篇例文。

国务院办公厅关于同意建立交通运输新业态协同监管部际联席会议制度的函

国办函〔2018〕45号

交通运输部:

你部关于建立交通运输新业态协同监管部际联席会议制度的请示收悉。经国务院同意,现函复如下:

国务院同意建立由交通运输部牵头的交通运输新业态协同监管部际联席会议制度。联席会议不刻制印章,不正式行文,请按照国务院有关文件精神认真组织开展工作。

附件:交通运输新业态协同监管部际联席会议制度

国务院办公厅

2018年7月25日

这份函是否引出一个疑问:为什么国务院办公厅表示同意态度的文件,没有使用批复这个文种?原因在于,交通运输部的直接上级机关是国务院,而国务院办公厅是国务院日常工作的执行机构,没有权力对交通运输部进行批复,并且在这份函中也明确说明了,“经国务院同意,现函复如下”。国务院办公厅主要是在执行国务院的相关办文指示,而国务院办公厅和交通运输部之间是不相隶属的关系,因此在使用文种时,选择函来进行回复。

在函的适用范围里面所谈到的,请求批准和答复审批事项,如果在实际工作中需要向非上下级关系的有关主管部门,而不是向自己的直接上级机关去请示某个事项时,就可以使用函这个文种。对方答复时也使用函,不过要加上“复函”两个字,以表明函的往来方向。

函作为公文中唯一的一个平行文种,其适用的范围相当广泛。它可以在平行机关之间进行平行行文,也可以在不相隶属的机关之间进行行文,其中包括上级机关或者下级机关行文。

(二)特点与分类

函具有如下几个特点。

第一,广泛性。在不相隶属机关之间相互商洽工作、询问和答复问题时,函起着沟通作用,充分显示出平行文种的功能,这是其他公文所不具备的特点。

第二,灵活性。表现在两个方面:一是行文关系灵活,函是平行公文,但是它除了平行行文之外,还可以向上行文或者向下行文,没有其他文种那样严格的特殊行文关系的限制;二是格式灵活,除了国家高级机关的主要函必须按照公文的格式和行文要求来行文以外,其他一般的函,比较灵活自便,可以按照公文的格式及行文要求办,也可以按照信函式格式行文。

第三,单一性。函的主体内容应该具备单一性的特点,一份函只宜写一件事项,也就是一文一事。

第四,商洽性。双方往来平等,委婉表达意见,不得将己方的意志强加于人。但是正式的公函,因为制发机关相应的权限,决定了所发函具有相应的法定效力。

函可以从不同角度进行分类。按照发文目的划分,函可以分为去函和复函两种。去函是主动提出公务事项所发出的函,复函则是为回复对方所发出的函。从内容和用途上,函可以分为商洽事宜函、通知事宜函、催办事宜函、邀请函、请示答复事宜函、转办函、催办函、报送材料函等。从广义层面,函可按照性质分为公函和便函。公函用于机关单位正式的公务活动往来,便函则用于日常事务性工作的处理。便函不属于正式的公文,没有公文格式的要求,可以不用发文字号,只需要在尾部署上机关单位名称、成文时间并加盖公章即可。

(三)写作方法

由于函的类别比较多,从制作格式到内容表述均有一定的灵活机动性,在这里主要介绍规范性公函的结构、内容和写法。

首先是标题。函的标题采用规范式的三项式完整标题,由“发文机关 + 事由 + 文种”组成。在实际工作中,也有去掉发文机关,由事由、文种构成的标题,这种标题虽不规范,但公文均以解决实际问题为最终目的,因此也不以为错。

函的主送机关是受文并办理来函事项的机关单位,要使用全称或者规范化简称。

函的正文结构一般由开头、主体、结尾等部分组成。在开头部分主要说明发函的缘由,一般要求概括交代发函的目的、根据、原因等内容,然后用“现将有关问题说明如下”或者“现将有关事项函复如下”等过渡语转入下文。而在复函的缘由部分,一般首先引述来文的标题、发文字号,然后再交代根据,以说明发文的缘由。这种表述方法与批复相似。

其次,函的主体部分处于全文的核心,主要说明致函事项。函的事项部分内容单一,一函一事,行文一定要直陈其事。无论是商洽工作、询问还是答复问题,或是向有关主管部门请求批准事项等,都要用简洁得体的语言,把需要告诉对方的问题、意见叙写清楚,语气应该委婉。如果是复函,还要注意答复事项的针对性和明确性。

最后,函的结尾部分,一般使用礼貌性语言向对方提出希望,或者请对方协助解决某一问题,或者请求对方及时复函,或者请对方提出意见,或者向主管部门请求批准等。通常可以根据函询、函告或者函复的事项来选择不同的结束语,如“特此函询”“请即复函”“特此函告”“特此函复”等。有的函也可以不用结束语,在落款处加上署名和成文时间两项内容即可。

（四）写作注意事项

首先，注意行文简洁明确，用语把握分寸。行文语气应委婉、平和、有礼貌，不因行文对象是平行机关或者是不相隶属机关，而态度轻慢，或是强人所难，也不必刻意恭维、曲意客套。在复函中，则要注意行文的针对性。

其次，注意时效性，尤其是复函，更应迅速、及时。公函与其他公文文种处理程序一致，要及时处理往来函件，以保证公务活动正常进行。

（五）案例分析

实际工作中，使用函这一文种的具体情况可能非常复杂。我们结合实际社会生活中一份原汁原味的函件加以分析。

关于对北京××有限公司劳动用工管理问询的情况说明的函

×老师，您好：

接到贵处对我司劳动用工问题的问询，就我司奥运项目完成以后，劳动用工安排问题，我司的回答如下：

我司二〇〇八年×月×日已顺利完成了对奥运会及残奥会的餐饮服务。针对这一项目所招聘的254名员工，由于未同时出台分流计划，故奥运会结束后，即处于待岗待分配状态。

我司目前在全国有八家门店四个生产中心可以接收上述员工，并本着尽量安排的原则，分期分批发文，通知一部分员工先行到岗。由于我们在执行过程中，发现有一部分文件相冲突，而且部分员工也不同意分配意见，又于上周末对这些问题进行了汇总，并已上报总公司（附件1），等待下一步安排。

人员分流计划之所以在奥运会后这么久才制订出来，是因为奥运期间，我司大量人力物力均投入奥运服务当中去，无法为后期工作作详密准备。奥运后期，又因分流问题涉及员工个人意向、门店及项目点组织架构、人员薪酬档次、岗位等与人员需求的矛盾问题，涉及的人数多、情况复杂，故至今未能全部分配成功。

目前，北京以外的项目点，如果不考虑奥运员工的安置，完全可以在本地进行招聘，奥运员工于奥运会结束后直接支付法律规定的经济补偿，既可以节省掉会后大量的人力成本，又可以节约北京人员分流到外地的交通成本。但我司希望能尽可能做到人性化管理，各方面兼顾，并得到奥运员工的理解，为此我司现有管理人员已作出了大量的工作，但工作量巨大且情况复杂，致使部分员工未能完全领会公司的精神而发生了投诉。

对此我司领导已责成人事部门尽快与员工沟通。对于根本不接受公司安排的员工，我司也保证以法律为准绳解决与其劳动关系的终止问题，敬请劳动部门监督指导。

特此函复。

北京××有限公司

二〇〇八年×月×日

此函件隐去了公司名称。按照公函的要求来评价，大家会发现，函件中有很多不规范之处，包括标题中发文机关位置错误、主送机关应为单位而非个人、日期中数字应为阿拉伯数字等，文中语言也多有不简洁之处。我们应该如何看待这份函件？

首先，我们所学理论知识，是无数研究者从实践当中总结提炼出来的，而实践始终是参差多样的。我们学习了函件写作知识，要应用到参差多样的实践之中去解决具体的问题。函件的写作者是公司工作人员，所要处理的问题有可能是公司从未面临过的问题，没有经验可循，那么就很难确保提出完美的应对方法或解决方案来解决问题，并用简洁准确的语言将方法、方案写成一份完美的函件。换位思考一下，我们每个人随时都可能面临没有经验可循的写作情境，但摆在眼前的问题必须解决，所以需要灵活应用学过的知识，完成工作必需的文件。

其次，大学所学专业，不一定就是与未来职业完全匹配的专业。在互联网信息技术高速发展的今天，不断出现新的行业、职业，如网络直播行业的兴起带动了一批网络主播走进大众视野，而且这一职业正逐步规范化、职业化。学生在大学期间学习的过程，不仅是积累知识的过程，更是提升个人综合素养的过程。但是人的精力有限，不可能逐一亲身体验所有行业与职业，以此扩大视野提升综合素养。这时，我们就可以通过外部提供的诸多信息去分析和认识世界，这里提及的函件就是观察其所在行业的一个小窗口。

最后，这份函件呈现了来自多方的诉求。进行“劳动用工管理问询”的是国家行政管理部门，他们在依照职能权限实施管理的过程中，面对的不仅是同类型的单位，还要面对职能权限覆盖到的所有业务单位，包括公司、团体等。被问询的当事公司一方面要回应员工的多样化诉求，一方面要接受行政管理部门的管理和指导。员工在完成公司高度密集的业务服务之后，是去是留，诉求多样。当事公司的人力资源部门面对的具体问题则是：有些本地员工，或许不愿意直接离职，希望公司给予一定补偿；有些员工是外地员工，那么是让他们去分公司工作，还是综合考虑成本因素而直接辞退……人力资源部门要依法依规去解决每一个具体问题。

这份函件的出现，正是因为员工不满意公司的处理，向国家行政管理部门进行了反映，该部门询问当事公司问题处理的情况，因此，这个公司的人力资源部门就需要针对管理部门的询问进行回复。发文单位和受文单位是不相隶属的关系，采用了函这一文种。

我们在使用函这个文种时，必须根据实际工作的需要确定是不是应该发函，这个问题用函能否解释清楚。如果可以，就采用函的形式与对方进行沟通。同时，沟通的效果在一定程度上取决于行文过程中的语言表述风格。需要特别强调的是,函的写作一定要语气平和、委婉有礼。

十、纪要

纪要适用于记载会议主要情况和议定事项。

(一)纪要的写法

纪要的标题分两种:一种是“会议名称+纪要”,如《全国农村工作会议纪要》;另一种是由“召开会议的机关+内容+纪要”组成,如《省经贸委关于企业扭亏会议纪要》。

会议纪要的正文一般由两部分组成。第一部分是会议概况,主要包括会议时间、地点、名称、主持人、与会人员与基本议程;第二部分是会议的精神和议定事项。常务会、办公会、日常工作例会的纪要,一般包括会议内容、议定事项,有的还可以概述议定事项的意义。工作会议、专业会议和座谈会的纪要,需要写出经验、做法,今后工作的意见、措施和要求等。

在实际工作中,根据会议的性质、规模、议题的不同,纪要有以下三种写法。

第一种,集中概述法。用概括叙述的方法把会议的基本情况,讨论研究的主要问题,与会人员的认识,议定的有关事项(包括解决问题的措施、方法、要求等),进行整体阐述和说明。这种写法多用于召开小型会议,一般讨论的问题比较集中单一,意见也比较统一,容易贯彻操作,文章篇幅相对较小。如果会议的议题较多,可以采用分条列项的形式来写。

第二种,分项叙述法。召开大中型会议或议题较多的会议,一般采取分项叙述的方法,也就是把会议的主要内容分成几个大的问题,然后另写标号或小标题,分项来写。这种写法侧重于横向分析阐述,内容相对全面,问题也说得比较详细,常包括对目的、意义、现状的分析,以及目标、任务、政策、措施等的阐述。这类纪要一般用于需要基层全面领会深入贯彻的会议。

第三种,发言提要法。对会上具有典型性、代表性的发言加以整理,提炼出内容要点和精神实质,然后按照发言顺序或不同内容,分别加以阐述说明。这种写法能如实反映与会人员的意见,某些根据上级机关布置,需要了解与会人员不同意见的会议纪要,就可采用这种写法。

(二)纪要的特点

第一,内容的纪实性。纪要须如实地反映会议内容,不能离开会议实际,不能再创作,也不能人为地去拔高深化,或者填平补齐,否则就会失去其内容的客观真实性,违反纪实的要求。

第二,表达的要点性。会议纪要是根据会议情况综合而成的。撰写会议纪要应围绕会议主旨及主要成果来整理、提炼和概括。重点应放在介绍会议成果,而不是叙述会议的过程，切忌记流水账。

第三，称谓的特殊性。会议纪要一般采用第三人称写法。由于会议纪要反映的是与会人员的集体意志和意图，常以“会议”作为表述主体，在文中表述为“会议认为、会议指出、会议决定、会议要求、会议号召”等，这是会议纪要称谓特殊性的表现。

（三）纪要与会议记录的区别

在写作过程中以及工作实践中，一定要把纪要和记录区分开。会议纪要有别于会议记录，两者主要的区别在于以下两点。

第一，性质不同。会议记录是讨论发言的实录，属于事务文书。纪要只记会议要点，是法定行政公文。

第二，功能不同。会议记录一般不公开，无须传达或传阅，仅作为资料存档。而纪要通常要在一定范围内传达或者传阅，并且要求相应的机关贯彻和执行。

在中华人民共和国中央人民政府网站上，可以搜索到一份题为《国务院治淮会议纪要》的历史文件。这份纪要是以通知的形式批准的，我们可以此为参考学习纪要。这份会议纪要的标题采用“发文机关 + 会议名称 + 纪要”的形式，并在标题下方标明了会议的时间是 1981 年 12 月 12 日。开头部分总体说明了会议的概况：

在第五届全国人民代表大会第四次会议期间，万里副总理主持召开了治淮会议。

接下来列述了与会人员，然后以“现将会议讨论和商定的事项纪要如下”为过渡，进入正文主体部分。

这份纪要的正文主体分成了四个部分：第一部分从防洪、灌溉、管理等方面，总体介绍了淮河治理的情况；第二部分提出了治理纲要，从治理山区、治理丘陵区、治理淮河干流、建设淮北平原的排水系统、实施南水北调、国家地方和群众密切协作、统一治理等方面提出了治淮的措施；第三部分主要是十年规划设想及其具体内容；第四部分是关于成立治淮领导小组的具体情况。这份纪要最后的结尾是：

淮河流域四省主要负责人在一起讨论治淮问题，这是多年来的第一次。这次会议就淮河治理方向、十年规划设想和加强治淮的统一领导等问题，取得了一致意见。大家表示，今后一定要加强联系，互相谅解，互相支持，共同把治淮事业搞得更好。

这份例文是 1981 年的文件，呈现了纪要的基本写法，我们可以此为参考、为指导，学习写作会议纪要。

十一、公文写作训练小结

从公文写作概述到 10 个常用公文文种，相信大家对于公文已经有了较为完整和系统的认识。在具体的文种学习过程中，写作基础知识部分的主题、材料、结构、语言相关的知识，应在写作训练过程中有意识地应用。希望通过本书的指导，大家写作训练形成的文件质量能够得以提升。关于公文写作，再强调以下几点。

第一，一定要熟悉规范，执行规范。在概述部分我们已经了解到，进行公文写作的两个依据分别是《党政机关公文处理工作条例》和《党政机关公文格式》，这两个文件都于2012年正式发布。

在《党政机关公文处理工作条例》中，第一章总则为我们介绍了公文处理的一些基本要求。包括各级党政机关要高度重视公文处理工作，以及公文处理工作应当坚持实事求是、准确规范、精简高效、安全保密的原则等。

第二章介绍了公文种类，也就是之前提到过的15个文种。这15个文种按照高层决策到制发文件，再到具体执行，再到联系沟通、工作情况记载的逻辑顺序排列。上级机关执行集体决策，所以决议排在第一位。对重要事项做决策使用的文种是决定。再通过命令把相关的规定进行发布，有些文件需要对外公布，所以接下来是公报、公告，其公布范围和公布内容的重要程度是由大到小排列的。为制定政策提供咨询、参考的文种是意见，具体执行要用通知，扩大工作影响，要用通报。之后，就到了下级机关使用的文种。以报告实现下情上达，而下级机关解决不了的事项就写请示，下级得到批复后再执行。从上级机关到下级机关都决定不了的事项，就要拟写议案，按法律程序，向权力机关，也就是同级人民代表大会或者人民代表大会常务委员会提请审议。接下来是用于不相隶属机关之间进行沟通的文种——函，最后则是对于公务活动所作的记载记录及纪要。由此可见，文种排列的顺序，体现出了国家党政管理过程中的基本沟通规律。

第三章介绍了公文的格式，包括份号、密级和保密期限、紧急程度、发文机关标志、发文字号、签发人、标题、主送机关、正文、附件说明、发文机关署名、成文日期、印章、附注、附件、抄送机关、印发机关和印发日期、页码等18个要素。大家可以对照《党政机关公文格式》，按照版头、主体、版记三部分来分类认识这18个要素。

第四章是行文规则，说明了如何向上级机关、下级机关行文，以及如何联合行文。

第五章是公文拟制，从起草到审核、签发，每一个程序都作了规范说明。

第六章是公文办理，主要规定了收文办理、发文办理、文件整理归档的程序。

第七章是公文管理。其中有一条明确指出，党政机关公文由文秘部门或者专人统一管理。总体来说就是要有相应的管理制度，确保公文的管理是严谨的，不会出现差错。

最后一章是附则，对这份条例作了相应说明。

大家一定要熟悉公文写作的规范性文件，学会反复研读，在工作中使用、执行这个规范。如果遇到了一些不能解决的问题，可以在两个文件中查找答案。我们依据规范做事，一定能够圆满完成公文写作任务。

第二，一定要从角色出发，实现语言表达与角色形象的统一。通常写公文时，写作者代表的是一个机关的形象，以个人为中心的思维要转换为越位思维、集体思维，不管是上级机关的文件、下级机关的文件，还是领导机关的文件、基层机关的文件，都要从角色出发，在公文中使用恰当的语言，实现语言表达和角色形象的统一。我们还要强调的是角色意识，写作时选对了角色，才能明确自己角色对应的职权范围和应该使用的语言风格。

第三，一定要学会参考高水平文件，向标杆学习。讲解公文写作这部分的具体文种时，我给大家所引用的例子，基本上都是在中华人民共和国中央人民政府官网上搜索到的相关文件。这些文件从规范程度来讲，应该是水平最高的。大家一定要学会在官方网站上去寻找相应的标杆性文件，与之看齐，然后结合自己的实际，完成相关的公文写作任务。

第四，一定要开阔视野，全面认识社会实践。之前跟大家介绍过杨伟民教授所写的关于起草文稿的"五要五不要"，其中对于我们提升写作水平，最重要的一点启示是——要研究，不要写文章。也就是说，我们的重点应该是研究工作，而不仅仅是追求写文章，把工作研究清楚了，自然而然就能在文章中体现出我们的思想。所以，在校的同学要仔细想一想自己的职业设定是什么。如果要确保将来的职业规划能够实现，从现在起就要积极开阔视野，认识到与这个职业相关的信息的重要性，广泛收集这些信息，将来就有可能更好地完成写作任务，更快地适应职业要求，并且能够在职业平台上发展自己。

此外，这本书中给大家介绍的例子涉及了国家管理层面方方面面的工作，这些信息对于我们更全面地认识社会有很大的帮助。事非经过不知难，绝知此事要躬行，希望大家不仅仅是学习理论知识，更要在实践中应用理论知识，从而实现自我的成长和发展。

第三节　事务性文体写作

一、自荐信

自荐信是自我推销的一种书面形式，目的是推荐自己去担任某项工作或者从事某种活动，以便对方接受。

（一）自荐信的重要性

有一段话说得非常好——

一封没有自荐信的简历，就像一位没有开口说话的销售员站在你的门前。如果你想让一位陌生人走进你的屋子，你至少要看一看他的证件，这正是自荐信所要做的——它把你，一位完完全全的陌生人，介绍给对方。它必须引人入胜，个性化，而且简短。它还需针对你所应聘的职位，逐一陈述。记住，你只有八秒钟的时间能说服你的读者。

从这段话里，可以摘取出这样一些信息。首先，自荐信是要让对方接受你这个陌生人。那么，要达到这个目标，写作自荐信时就需要懂一点心理学，掌握沟通技巧，以便获得对方的认可。还应该运用越位思维，站在招聘人的角度去思考，招什么样的人最适合公司的发展，或者最适合某个岗位。另外，写作自荐信时应该努力做到知己知彼，尽可能多地了解招聘人及其所在的单位。我们可以借助网络了解尽可能多的信息，寻找与自己契合度高的公司、职位。这些都是写自荐信的前期准备。

其次，自荐信要简短、个性化、引人入胜。保罗·赫尔曼的《关键 8 秒：高效说服的秘密》一书，从“聚焦、变化、存在感”三点分析了如何获得倾听、如何被记住并达成目标。对于自荐信写作而言，我们得到的启发是要高度重视自荐信给人的第一印象，在第一时间内获取对方的注意力，因为只有 8 秒钟时间说服对方。也就是说，文字也存在“首因效应”，你的自荐信必须能吸引读信人有兴趣去看你的履历表。自荐信要记得回答一个核心问题——为什么我要聘用这个人？所以在写作自荐信时，要避免使用陈词滥调。如果你的自荐信和其他人一样，会很难使自己突出，很难使自己在芸芸众生中被选择出来。

（二）自荐信的格式和写法

自荐信的重点在于“荐”，在构思上一定要围绕“为何荐、凭何荐、怎么荐”的思路安排。其格式一般分为标题、称谓、正文、附件和落款五部分。这个格式也符合前面学习到的一个基本结构。

自荐性的标题要求醒目、简洁、庄重、典雅。用较大的字体在纸的上方标注自荐信三个字，要显得大方美观。称谓是对主送单位或收件人的称呼。如果用人单位很明确，可以直接写上单位的名称，也可在其后加上负责招聘工作的部门领导职务；用人单位不明确时，可用统称，即“尊敬的领导”。但是最好不要直接冠以用人单位最高层领导的职务，这样容易引起第一读者的反感，反而难以达到自荐的目的。

正文是自荐信的核心，开头应向对方表示问候致意。主体部分一般包括简介、自荐的目的、条件、展示愿望决心和结语五项内容。说一千道一万，要写好自荐信根本上靠的是自身实力，而且一定要靠自己的语言把实力展示出来。写作者要培养、锻炼、提升自身的核心竞争力，并以凝练的文字展示出来。如果你的写作能力很强，自荐信正是你展示能力的最佳平台。

另外，自荐信还要用事实说话，不要急于进行自我评价。很多同学在写自荐信的时候，经常会作自我评价，如：勤奋、踏实、刻苦、乐于助人、善于与团队协作等。这些自我评价，很可能会被对方认为你是在夸大自己的优点，所以，要把这些评价转化为具体的事实来表达。比如，勤奋，可以具体表述为你在大学期间学了应学课程，还在某平台学习了多少门在线课程，辅修了第二专业、第二学位。此外，在辅修专业和学位的同时，你有没有兼职？或者是做了什么样的实践工作？仅用“勤奋”一词过于概括和抽象，使用这些事实更能具体呈现你的勤奋。

再看“乐于助人、善于与团队协作”，这种评价会让对方觉得比较空洞无力。如果将之转换为你和哪几位同学共同组成的小组，在哪个时间段完成了某位老师交办的某个实验或者某项工作，或者是你和哪几个人一起组织过哪些活动，参加过某几项比赛，取得什么成绩，那么，你所评价的善于与团队协作、乐于助人等，就会有具体的事实作为支撑。

自荐信的内容一定要恰当地表达“我怎样才能帮你”这个主题，要充分考虑该公司的职位需求，说清你可以为公司带来哪些利益。

同时，还要注重以下几个细节。一是要准确地称呼对方，要显得不卑不亢，文字要显得自然，一定要说自己的话，展示出个人与众不同的魅力。二是文字要简洁，意图要明确，这是共性的要求。三是要特别注意排版美观。

其实，从古到今、国内国外，人们都要找工作，有时也需要找伯乐、找贵人，都是要写一些自我介绍和推荐自己的求职信。过去人们写这些文件，本质和内容上跟现在的文件没有什么差别，只不过因为时代的发展变化，大家在方式方法、手段渠道、过程途径等方面会出现新的变化。

白居易在16岁时，曾拿着自己的诗作去京城长安应考，考前拜会了当时有名的诗人顾况，将《赋得古原草送别》呈递给了顾况。顾况一看送诗的人是个少年，再看诗歌署名，就以讥讽的口吻说："长安的米贵得很，居住下来可不容易。"但是，当顾况读了白居易的作品之后，态度和之前判若两人，认为他能写这么好的诗，肯定轻而易举就能在长安居住。这首诗中的名句"野火烧不尽，春风吹又生"，可以说是家喻户晓，其中蕴含着蓬勃的生命力和昂扬向上的精神，对后世的影响十分深远。

我们学习写作的人，都应该把白居易、李白这样的大诗人和丁文江等学者、自由写作者作为推崇和学习的对象，敢于接受挑战，不断寻求创新，以野草一样顽强的生命力，不断地练习、实践、写作各种文体，从而提高自己在互联网时代的核心竞争力。

二、计划

邓拓在其文章《一个鸡蛋的家当》里面，讲了一个出自江盈科《雪涛小说》的故事：

市人贫甚，偶拾鸡卵，喜告妻曰，我有家当矣。须十年，家当乃就。借邻人伏鸡乳之，待彼雏成，就中取一雌者，归而生卵，月得十五鸡，两年之内，鸡又生鸡，堪易十斤。买五只母牛，三年可得二十五只母牛，母牛所生者又生母牛，三年可得百五十牛，堪易三百金矣。吾持此金举债，三年间，半千金可得也。

故事中"市人"的发财计划，步骤清楚，有目标，有阶段性任务，但建立在假想的基础和投机的心态之上，无可靠的依据，显然实现不了。这从反面说明了计划的制订，应该在正确观念的指导下，对事物有深刻的认识，对工作有深入的研究，才能找到实施的有效途径和科学方法。

（一）计划的含义与分类

上一节我们学习了自荐信这个文种，假设在未来大家通过自荐，进入某个单位工作，要把工作做好，就得在了解这个单位或组织的主要工作内容和战略发展方向的基础上，对工作有谋划，有策划，有计划。这就需要用到"计划"这一务实类文体。

计划是个人或单位对将要进行的工作和活动所做的设计与谋划。计划是计划类文书的统称，因为时限、详略、成熟程度的不同，可以称之为规划、方案、要点、设想等。这些不同的名称，顾名思义，可知其所指。规划的内容一般涉及时限较长，如《中华人民共和国国民经济和社会发展第十四个五年规划和 2035 年远景目标纲要》（“十四五”规划）、《“十四五”国家信息化规划》等。方案则是工作的具体安排方法。要点是对主要工作方向的明确，而设想仅是工作未来进展的一个初步轮廓。

前文提及的“市人”的发财计划，就仅仅是个设想，并且因为不科学、不实际，不仅不能实现，还导致了一个可笑的结局。此人设想有钱了该怎么生活，要买房置地买小老婆，他的妻子一听很愤怒，一拳将鸡蛋打碎了，半千金的家当就鸡飞蛋打了。

“凡事预则立，不预则废。”谋先则事昌，计划在工作中起着重要的作用，可以使工作者胸中有全局，奋斗有目标，行动有遵循，可以减少工作的盲目性、被动性，增强自觉性。通过计划可以合理安排人力、物力、财力，使行动有条不紊，确保完成任务；也可以预先估计可能出现的新情况和新问题，提前确定应对措施，取得应变的主动权。

根据不同的标准，计划可以分为以下几类。按照性质划分，有综合性计划和专题性计划；按照内容划分，有生产计划、军事计划、教学计划、科研计划等；按效力划分，分为指令性计划、指导性计划；按形式划分，有条文式、表格式、条文表格结合式的计划；从时间上来分，有月度计划、季度计划、年度计划等。

（二）计划的特点

1. 预想性

计划的制订，必须按照领导相关指示和部门决策，依据客观现实的基本条件，对未来一个时期的工作进行提前安排和打算。无论计划是多么具体明确，都只是预设和假想，预计和设想只有作出相应的努力才能变为现实。

2. 督导性

计划可用以监督指导具体的工作，激励人们充分发挥主观能动性，确保经过努力能够实现所确定的目标。

3. 可行性

计划内容里，所定的任务、指标、数额必须经过科学估算，符合未来发展的趋势和条件，要有具体实现的步骤、方法、措施等。为了确保其可行性，行文尽量不使用模糊性的说法，比如，“大大改善学生的居住环境”，这句话就比较模糊，在实际操作中不能具体衡量。如果修改成在某年某月某日之前，给全部的学生宿舍里安装上空调，或者是在某个时间点之前，将所有的学生宿舍改造为两人一间且附带独立卫生间，显而易见，这样就能在实际操作中进行准确衡量和评价。计划一定不能建立在假设的前提下，否则就和邓拓所讲的“一个鸡蛋的家当”的故事没什么区别了。

（三）计划的写法

计划的标题，有完整式的写法，即“单位名称＋计划完成时限＋内容＋文体名称”。比如，《××大学 2020 年学生工作计划》《××省教育厅 2021 年教育工作要点》。标题也可以采用省略式的写法，比如省略计划时限、单位，或者省略单位。如果计划或者方案还没有定稿，标题后面可加括号注上“征求意见稿”的字样。

计划的正文前言部分，用简洁的文字阐明制订计划的指导思想、依据，说清为什么做，依据什么做，做好计划事项的重要意义和本单位的实际情况等。

主体部分，一定要说清做什么，怎么做，何时完成。具体来讲，就是先要明确目标和任务，再写措施和方法，步骤和安排，以此来保证计划的可行性。

重要的、需下发执行的计划，都有结语部分，一般都写的是希望、号召大家为实现目标而努力。落款写上制订者的名称和日期，如果在标题中写了单位的名称，此处可以省去。

要写好一份计划，最难的地方在于结合实际去制定科学可行的目标。这需要写作者真正接地气，要了解实际，所确定的目标不能太高，但又要高于普遍的预期，让负责具体执行计划的人跳一跳就能够得到，如此，计划所定的目标才能更有力地推动工作前进。

三、总结

在实际工作之中，一般一个单位针对某项工作、或者针对未来某个时间段的工作作了计划，随后就会对计划执行情况进行督查。计划到底执行到何种程度，是否取得了明显的成绩？如果工作涉及的人员很多，一一走访调查所要花费的人力物力成本太高，那么就可以请相关部门、相关人员报送总结，以便汇总信息，最终由相关负责人员完成全面的总结。

（一）总结的含义与分类

总结就是对已经做过的工作进行回顾、分析和评价的一种务实类文体。其中的分析和评价一定是建立在调查研究的基础上，并且找出了经验教训，获得了规律性的认识。

总结，有个人总结和集体总结，也可以称为小结、回顾、体会、经验等。总结的目的在于找出经验和教训，为今后提出规律性的认识和理论性的借鉴，其立足点和出发点是过去，而最终的目标是未来。因此可以用八个字概括总结的功能，即“回顾过去，展望未来”。

总结与计划是相互对应的两种务实类文体。计划是对将来做打算和安排，总结是对过去进行回顾和分析。计划所提出的目标是否实现，措施是否有效，都可以通过总结进行概括反映。所以，计划是总结的前提，总结是计划的执行结果。

（二）总结的作用

1. 总结成绩，反思问题

总结的主要目的是结束过去，面向将来。总结让人们看到成绩和问题，增强信心，防止自满。成绩不通过总结，人们不一定能有全面认识，因为单个的人员大多情况下只是庞大工作系统中的一枚螺丝钉，对于全局情况不是很了解，这就可能造成在工作中“只见树木，不见森林”，导致信心丧失。

以我教学过程中的写作训练为例。自 2018 年起，每年上半年的课程教学中，我都会布置一个写作训练：要求学生分组撰写完成秘书学系上一年度工作总结或者工作报告。同学们在学校学习的时候，基本上只关注自己该学什么课程，该完成什么作业，该参加哪些活动，对于所在系、部的全局性工作，不会主动去了解。所以，这个写作训练，一开始会让同学们有一种老虎吃天、无处下手的感觉。我们会一起讨论，为高质量完成这项训练，需要运用哪些收集材料的方法途径。之后，他们在学校、学院的网站上去收集秘书学系的相关活动材料，还通过和专业任课教师、系主任的沟通，收集秘书学系的工作过程性材料，到各班去收集同学们的参赛获奖信息。同学们最终完成的小组作业中包含的秘书学系的工作信息非常全面。秘书学系主任看到小组作业后特别高兴，因为在总结中，有的小组把秘书学系各个年级学生参加校内外各类活动所获的奖项作了汇总整理，包括学生积极参加学校各个社团、各个部门所组织的各类活动，参加校内外的演讲、征文比赛，参与大创项目、青年志愿者活动等。而这些是系上之前都没有掌握到的。

通过这个训练，同学们增强了角色意识，在写作实践中跳出学生角色，站在秘书学系的层面，了解到要在师资培养、教学运行与改革研究、课程开设、组织学生专业技能竞赛等方面做哪些工作。由此，同学们对一个系的全局工作有了很具体的认识，也指出了系上工作存在的一些问题。

2. 凝练经验，推动工作

一份好的总结，能为做好今后工作积累宝贵财富。毛泽东说：“人类总得不断地总结经验，有所发现，有所发明，有所创造，有所前进。”

3. 推广传播先进经验

上级机关经常把下级机关报上来的总结，批转到有关单位学习参照。将一个单位获取的经验，进一步扩大交流，把先进的经验用于推动各单位的工作，从而提升做同类工作的效率。

（三）总结的分类与特点

1. 分类

总结的分类与计划相对应，有某个类别的计划，就有这个类别的总结。有综合性计划和专题性计划，就有对应的综合性总结和专题性总结。综合性总结，是对本地区、本部门、本单位一段时间内各方面工作所作的全面总结；专题性总结，是指对某项工作或某方面工作所作的专门总结。

2. 特点

第一，真实性。要通过总结回顾过去，更好地面向未来，就必须基于客观事实，将成绩和问题都实实在在地反映出来。一定不能无中生有，也不能随便夸大。

第二，理论性。通过总结要得出规律性的认识，这必须建立在认真深入分析和研究情况的基础之上，从感性认识上升到理性概括提炼，达到理论高度。

第三，本体性。一般写总结都是用第一人称来写，写“我”或者“我们”是怎样开展工作的，一定要收集和使用自身工作活动形成的材料。

（四）总结的写法

常规的总结标题，可称之为计划式的标题，由“单位名称＋时限＋内容＋文体名称”组成。这四个要素可以全部出现在标题里，也可以根据实际情况省略单位名称，或者省略时限。这类计划式标题胜在稳妥，失之于常规，显得平淡。

如前所述，标题是文章的眉目，应该鲜明醒目，因此在实际工作中，总结的标题常常写成通讯式标题。可以写成单式的标题，以对总结的基本内容具有概括力的语句为题。比如，《我们是怎样开展学习贯彻落实全国教育大会精神的？》《××大学后勤服务工作又上新台阶》。也可采用双标题的形式，由正标题和副标题组成。正标题，直接概括总结的基本内容和精神意义，副标题说明单位、时限和文体名称，比如总结的正题是“把德才兼备的年轻人推上领导岗位”，副题是“××市××区××年人事工作总结”，正副标题相互补充，相得益彰。

总结的正文一般分为三个部分。第一部分是基本情况概述，可以写成简况式的，简要介绍基本情况；可以写成提问式的，通过提问点出总结的重点；也可写成对比式的，通过前后情况的对比来凸显现在的进步，显示出最主要的成绩。

在总结正文的主体部分，要把基本情况具体展开进行总结，要说清楚取得的成绩、存在的不足和经验教训，这一部分内容一定要实在。可以按时间顺序来安排结构，分时间阶段来呈现内容；也可把材料分类进行总结，列出小标题；还可以分条总结，把情况、经验、存在问题和努力方向分成若干条。

总结的结语，通常要写的是今后的努力方向和设想。介绍经验的总结，一般要添加谦虚式的结尾；面向单位和群众发布的总结，一般要写出今后应注意的问题。

需要强调的是，动笔写总结之前，一定要对材料进行合理的归类。因为过程性的材料往往会比较多，尤其是综合性总结。对收集的材料进行整理、归类的过程，既是写总结的一个基础准备，也是对材料进行定性和定位的过程，要通过整理来判断，某个材料是真实的材料还是有扩大、夸张？是一般的做法，还是典型经验？属于成绩还是缺点？可用还是不可用？如果可用，应该放在哪一部分比较合适？

撰写总结时要注意两点：一是材料的定性、定位要实事求是，不能夸大拔高，回避和淡化问题；二是一定要注意特色的挖掘，写总结，常见的弊病是面面俱到，没有重点特色，所以我们要研究材料，吃透材料，确定恰当而又能突显特色经验的主题。

四、述职报告

在了解述职报告的相关知识之前，我们先回顾一下公文中的报告。报告适用于向上级机关汇报工作、反映情况，回复上级机关的询问，是必须走公文流程的、非常规范的一个文种。述职报告，对“报告”作了限定，这种报告是用来“述职”的报告。述职，即陈述职责，陈述的是述职人所在的岗位职责，或是其所在的部门的功能性职责。

（一）含义

述职报告就是要基于岗位职责或者部门职责，陈述自己如何履行岗位职责，是否符合岗位综合素质要求的一种自我评述性的报告。述职报告是上级单位对各级工作人员进行考核的一种手段，组织里的个人要把自己基于岗位所做的工作，进行汇总陈述。

在具体工作中，很多人分不清述职报告和总结，认为述职报告就是个人总结，实际上并非如此。述职报告是介于个人总结和工作报告之间的一种文体，是以总结的方式汇报个人职责范围内的工作情况。述职报告与总结相比，有相同之处，两者都是自述性的文章，都有本体性，都有时限要求，都以主体对自身的实践活动的回顾反思为基础，写作范围都是针对过去已经做过的事情，可以谈经验、教训，要求事实材料和观点紧密结合。

但是，述职报告与总结在内容方面的侧重点不同，写总结的目的是回顾过去，总结经验，吸取教训，以便提高工作质量和效率，所以重视的是过程性和全面性，重在展示整个过程的具体做法，全方位地反映情况。而述职报告主要是针对某一职位的履职标准进行汇报，着眼于述职的人是否胜任某个职务，是否履行职责，履行职责的能力如何。众所周知，党政机关、企事业单位的各个层级，履行的岗位职责和设定的工作目标是非常明确的，党政机关的岗位职责甚至是统一制定，做成标牌，挂到墙上的，一些公司设置的岗位也都有岗位说明书。所以，写述职报告必须以规定好的职责为依据，与职责无关的工作，即使很出色，也不能写进去。

述职报告和总结引起的效果也不同。总结是一种自我认识和认识事物的手段，是常规性的工作回顾，不会对个人的职业发展造成直接的影响。而述职报告，是对述职人任职实绩和任职能力的考核依据之一，在某种程度上讲具有鉴定意义。基于这样的差别，总结写作就比较自由，可以采用成绩、问题及今后努力方向三个层次的常规写法。但是述职报告要对照岗位职责、岗位规范来写，对自己任期内的德、能、勤、绩、廉等方面情况作自我评价，接受群众的评议和组织的考核。

（二）写法

根据现实中使用的情况，述职报告可分为现任职务的述职报告和竞争上一级职务的述职报告。

述职报告一般由标题、称谓、正文组成。标题由“述职人姓名＋任职期限＋所任职务＋文体名称”组成，如，《××2018年任招生就业处处长述职报告》，也可以根据实际需要省略姓名和任职期限，或者只是简单标明“述职报告”。一般述职报告要在标题下方写上述职人的姓名，或者是在落款处写“述职人 ××”。

述职报告通常要在大会上或者面向述职评议小组宣读，因此要写上适当的称谓，如各位领导、各位评委、各位代表等。

述职报告的正文由开头、主体、结尾三部分组成。开头要以简洁的文字，简单介绍基本的任职情况、对岗位职责的认识、岗位目标任务目的等，还要概述所取得的主要成绩，过渡时常用的句子是："根据……要求，现将本人任职期间的情况报告如下。"

主体部分的写作，要选择几项主要工作，细致地将过程、效果或失误及认识表述出来。这一部分要写详细，对一些重大问题的决策过程，对棘手事件的处理思路，对本单位人员迫切关注的问题的认识和处理，都要交代清楚。也可以写对上级交办的事项完成的情况，写出工作中解决了哪些实际问题，取得了哪些阶段性的成果，有无开拓性地开展工作，业绩曾经得到过哪些专家、领导和其他人员的肯定。要对履行职责的情况和具体事迹进行深入的分析研究，作出具有一定理论层次的概括。应从思想道德与政治理论素质、政策法律水平、开拓进取精神、处事决断能力、上下左右关系、工作作风和工作方法等方面描述自己的形象，回答好称职与否的问题。

网上可以搜索到一份很有意思的述职报告，是一个企业 HR 写给自己丈夫的，汇报自己作为妻子、儿媳妇、母亲的履职情况。其中用到一些数据，如，一年来新学菜品 8 类，厨艺获得婆婆的肯定，洗衣 180 余次，共计 600 余件，做饭 200 余次，拖地 365 天，孤身一人带孩子看病 7 次。并在文中提出异议："明年开始，希望老公能够更多地参与到家庭中来，事无大小，我只希望能给孩子更多关于'爸爸'的回忆，而不仅仅是那句心酸的'爸爸去上班了'。"这份述职报告用职场使用的文体总结汇报日常生活，刷新了我们的惯常认识，在反差中制造了笑点。但是写作者从平淡无奇的流水般的生活中挖掘材料、整理材料、汇总数据的能力很强，值得我们学习。在我们的工作中，同样要善于去汇总材料、分析材料，找出规律性的东西。

如果撰写的是竞争上一级职务的述职报告，要注意紧扣上一级职务的职责要求来写，以说明自己有充分的理由担当这一份职务。这部分是述职报告的关键部分，一定要精心构思，写出特色。

述职报告的结尾处，可简述一下自我的评价，并表明自己的态度，最后以"谢谢大家"结束。

写述职报告一定要注意的是，第一要注重分寸恰当地进行自我评述，不可夸大，不可过分自谦；第二要基于职责标准，写出个性化的特色；第三要实事求是，庄重严肃，态度诚恳。

五、事务类文体写作小结

在事务性文体写作训练这一部分，介绍了自荐信、计划、总结、述职报告的主要知识点。事实上，事务性文体的种类是非常多样的，已有的写作知识体系、范文，永远不能穷尽对世界的认识和表达。

比如书信，古有白居易《与元九书》留下著名的诗论主张，近有林觉民《与妻书》感人至深，大家熟知的又有邀请信、感谢信、致歉信等。而伴随着网络信息技术发展，很多公众人物的致歉信发布在网络上，尤其在近几年国家对明星加强了管理，出重拳严惩其违规违法行为的背景下。2018 年范冰冰的致歉信就曾引起社会大众的普遍关注，其涉及 8 个多亿的罚款，作为公众人物如何致歉，的确是很艰难的一件事情，因为这不仅是致歉，也是一种书面的沟通形式。这封致歉信无论是其本人写或是其公关团队来写，都是要反复推敲，字斟句酌，一个字用得不妥当都可能再次激怒公众情绪，导致强大的舆论压力。这封信在网上还引出了很多个批改版，被认为写得不够好。如果大家将此类事情作为总体观察的对象，就会发现公众人物在犯错后与公众的沟通所发布的信件中，合格的信件，需要准确传达致歉的信息而不激发更大范围的舆论反应。

现在信息技术高度发达，我们在网上也经常能看到一些大公司与公众沟通的文字。比如 2018 年华为公司通过官方微博发表的声明：

近期，我们公司 CFO 孟晚舟女士在加拿大转机时，被加拿大当局代表美国政府暂时扣留，美国正在寻求对孟晚舟女士的引渡，面临纽约东区未指明的指控。关于具体指控提供给华为的信息非常少，华为并不知晓孟女士有任何不当行为。公司相信，加拿大和美国的法律体系会最终会给出公正的结论。华为遵守业务所在国的所有适用法律法规，包括联合国、美国和欧盟适用的出口管制和制裁法律法规。

这一段回应，对事件进行了冷静客观的陈述和有理有据的表态，既没有愤怒的情绪，也没有强烈的指责，因此得到了舆论的普遍支持，被认为是回应、声明的范本。

关于务实类文体中事务性文体的写作训练，限于篇幅，不能也没有必要进行穷尽式的罗列陈述。因为真正的学习还是要有具体的动机促发，如果你必须要用某个文体，就可能会如饥似渴查找资料，迫切地学习和吸收相关知识。以泰国的一段公益广告视频《父母是孩子最好的老师》为例，视频选取了两个典型材料，展示一位母亲怎样通过自己的言传身教教育孩子，一是教女儿切菠萝，二是教女儿卖自己制作的菠萝冰，最后点出“家庭教育是激发潜能的源泉”这一主题。视频选材很贴近生活，又非常典型，而且是一个真实的故事，写这个公益广告脚本的写作者功力很高。

我们除了学习这个视频的创意、剧本写作、脚本设计方面的优点之外，还要从中体悟学习的规律——在亲自动手做事的过程中积累实践经验，在实践中发现问题，寻找解决办法，并且不断改进。更重要的是，要能够激发思维，触类旁通、举一反三。

学习过程中，如果被动地接受学习任务，就很难高标准、高质量、高效率完成这些任务。但是如果我们有强烈的学习意愿和学习动机，就会积极地寻找学习方法和解决问题的途径。当我们发现，别人的某个做法，产生了什么样的效果，就会有意识地去追赶、接近，甚至超越对方。所以给自己树立一个偶像、一个标杆，是很有必要的。

在写作实践中，要强调的有两点。第一，对于标杆，要批判性地借鉴。在公文写作训练小结中已经述及，要寻找标杆去学习，我们可以从国家政府官方网站中找到可资借鉴的、水平较高的文章，但是在事务性文体写作时，我们很难找到特别具有示范性的文章。

我们每一个人都处在独一无二的工作情境中，都建立了自己的人际关系圈，每天要完成的工作任务也都不同。在这个过程中，一遇到任务，大家就会习惯性地上网搜索可以参考的例文。这样做很有必要，但一定要学会批判性地借鉴，千万不能不加鉴别，随意参考，更不能不修文德，任意复制粘贴过来作为自己的文章内容。从网上搜索的相关材料，一定要去鉴别，哪一些是好的，哪一些不太好，哪一些是我们可以去学的、值得学的。一定要形成自己的一种判断标准，然后再挑选出最值得借鉴的内容、框架、思维方式或者是语言表达的组合。

第二，关注具体情境。前文中多次提到一个词——角色意识，我们要清楚自身处在什么样的情境，是什么样的身份角色？个人的身份还是集体的身份？所写的文体，受文对象是哪些人、哪个群体？务实类文体和务虚类文体的划分标准，就是有没有明确的受文对象。向一个小组汇报、向大会做公开汇报，其语气、风格是有差异的。给个人写邀请信和给一个单位写邀请函，情感色彩的表达是不相同的。所以，在事务性文体写作过程中，这种角色意识依然要牢固树立起来，坚决贯彻下去。

相较于公文，写事务性文体的工作情境更加复杂一些。在一个工作岗位上，我们要面对老板、同事、竞争对手或者说是“友商”，加之组织内部人和人之间还有非常复杂和多层次的关系脉络，常常会激发出一些不利于写作的情绪性反应，那我们应该如何去更好地完成写作任务，通过写作实现与他人的沟通呢？除了学习写作相关课程外，还要多吸收优秀、正确的思想观点。

有一篇关于职场写作的文章，个人认为总结提炼得很好，非常实用。这篇文章来自公众号张良计，题目是《高薪人士的职场写作秘诀》。文章开篇提道：

职场写作，目的是传递价值和观点，推进事件的进行，最终提升工作效率。它适用于工作中任何需要文字沟通的场景，而且包括且不限于写邮件、写方案、写报告等。

文章讲了职场写作的三个心得：一个原则，两个技巧，三个提醒。

一个原则是对上精简，对下精细。对上精简是因为老板是把控方向作决策的，而且很忙，所以对上沟通一定要简明扼要表达自己的想法，可以采用三段式写法，写取得的成果、成功的原因、得到的启示。相对而言，下属的角色是服从和执行。这时沟通的文字要具备极强的指导意义，甚至要像产品说明书一样详尽。

文章中举了一个给下属传达指令如何做到精细的例子。如果指令内容是“请帮我找一下国内汽车行业最近几年的销售资料，周五开会的时候要用”，会引发下属很多疑问，不利于快速执行。如果换一种方式表述：

下周五有一场重要的客户提案，我需要你帮忙找一下国内汽车行业的销售数据资料。具体要求如下：

1. 数据范围:近三年内国产主流A级车在大陆的销售数据;

2. 涵盖渠道:品牌4S店及第三方汽车电商平台;

3. 时间:这周三我要看第一版;

4. 提交格式:PPT;

有什么不清楚的随时问我。非常感谢!

这两个指令相比较,第二个的确能最大限度地提高工作效率,有利于下属执行。当然,我们初入职场是基层员工,遇到传达指令不明确的领导、老板,就要学会与之沟通,挖掘尽可能多的信息,避免走弯路。

写文章的两个技巧是:反复模仿,勤于练习。这两点在之前的课程中都有提到,这里分享一下文章中的举例:

我在刚入行的时候,写的话平铺直叙没重点,丝毫激发不起阅读的兴趣。我的老板为此批评过我很多次,说我写的文字"无聊透顶"。而他却总能将普通的内容转化成精练又不失趣味的文字。

比如我写:阿里巴巴推出无人便利店,顾客刷脸就能支付结账。

他写出来的是:你的"脸"是最好的钱包。

再比如我写:互联网杠精——一群没事喜欢抬杠的人。

他写出来的是:杠精文化——我们天生爱找碴。

这两者阅读效果完全不一样。所以作者就去偷偷收集老板写的东西,拿回去研究,并模仿老板的写作技巧,比如用第一人称来增加文字的代入感,用罗列数字来代替啰里八唆的内容陈述等。

还有写作的三个提醒:适应语境,积累词库,克制情绪。其中积累词库,是要注意积累自己行业内特定使用的词语。文章分享了一张精进写作的正向循环图,以供借鉴。最后作者说:写出来的文字,能反映出你是什么样的人。这个观点与本书绪论部分讲的内容不谋而合。

总之,写作是一个没有终点的精进过程,即使是大作家、大写手,也不会认为自己能写出绝对完美的文章。文章总是在修改过程中逐渐趋近于尽善尽美的,所以在写作实践中我们要持续努力。

本章训练

1. 请根据本章内容绘制一份思维导图。

2. 请在中华人民共和国中央人民政府官网和你户籍所在省份政府网站上,查找收集各类公文和事务性文书,对应本章的节次安排,给每一类文体挑选2~3篇例文,并汇编成册。

3. 请在你户籍省份的教育厅网站上，查找搜索 2016 年以来举行的省级各类教学竞赛的相关文件，再查找搜索该教育厅的上级单位、下级单位相应的决策文件和执行文件，完成以下任务：

（1）将搜索到的所有文件汇编成 PDF 版，并设计出封面和目录；

（2）分析其中教育教学改革方面的理念更新线索，整理其中的专用名词；

（3）分析教学竞赛的评价标准变化情况；

（4）与你所在的同伴互助小组共同策划一场类似的比赛活动，围绕这场比赛撰写所需的策划书、比赛通知、表彰通报、工作报告、总结大会上的领导讲话稿各一份。

4. 查找搜索你未来希望从事的职业领域的相关资料，分析该领域的未来发展趋势，撰写一份该领域发展趋势报告。

5. 请在本章中选取你感兴趣的内容，准备一节翻转课。流程及要求如下：

（1）制作翻转课 PPT，其中需插入与内容相关的短视频，时长不超过 1 分钟；

（2）PPT 版式、图文与内容和谐一致，相得益彰；

（3）翻转课需包含“导入语、讲解、发现问题、提出问题、解决问题、与听众互动、结束语”等环节，讲授时间不超过 10 分钟；

（4）在学习小组或宿舍成员中试讲；

（5）在班内讲公开课；

（6）邀请班内同学指出你的翻转课存在的不足。

6. 自查你的“文件筐”训练计划执行情况，撰写一份总结。

7. 申论考试模拟：请阅读以下材料并完成工作情境写作题目。

（1）现代职业化的秘书活动有以下几个显著特征：

第一，服务对象多元化。现代秘书活动的范畴，广泛存在于社会管理活动、重要的生产实践和科学文化活动之中。不仅国家机关、社会团体的领导设置了秘书机构，配备了秘书人员，而且实业家、科学家、作家、学者、演员等一切需要秘书辅助和综合性服务的社会人士，只要具备一定的财力，都要配聘秘书。秘书已成为从业范围广泛、从业人数众多的一种社会职业。服务对象的多元化，已成为现代秘书职业的一个重要特征。

第二，秘书主体商务化。所谓秘书主体商务化，是指我国秘书队伍的主体将由党政秘书逐渐让位于商务秘书。在国外，随着现代资本主义国家工商企业的发展，商务秘书大军也得到了迅猛发展。人们提到秘书，往往是指商务秘书，这是因为商务秘书队伍庞大，在数量上占绝对优势，其他系统的秘书已无法与之并列了。我国则不同，自古以来，我们所说的秘书，几乎都是行政秘书。新中国成立后，全国秘书人员数百万，也是以行政秘书为主。一般人的秘书概念多指行政秘书。迄今为止，我国的秘书学论著，也多是以党政秘书活动作为研究的主要对象，而对商务秘书活动的研究，还未取得应有的地位。从我国政治、经济体制改革的大趋势看，由于不断精兵简政，党政秘书的数量不可能有太大的增长。然而，随着社会主义市场经济的迅速发展，国有企业尤其是乡镇企业、“三资”企业、私营企业、外资企业异军突起，为众多的秘书就业提供了广阔的市场，也使秘书队伍发生了巨大的变化，即商务秘书数量以惊人的速度增长。有这样一种趋势，我国传统的以党政秘书为主的秘书结构，将会被以商务秘书为主的结构所取代。在市场经济体制下，商务秘书必将唱主角。这是国际秘书职业发展的历史经验，也将是我国秘书职业发展的基本趋势。

第三，秘书知识技能专业化。秘书工作已形成一门专业。现在不管在哪级领导机关、哪个部门、哪个单位，都设有秘书或文书这个岗位，而且作为专业人才招聘录用。秘书有了办文、办会和综合处理信息资料、办理日常公务等特定的职业活动内容。许多大中专院校或职业学校设置了秘书专业，培养社会需要的各类秘书人才。秘书已有了职业技能培养教育体系和任职资格考核体系，以及指导秘书从业实践的秘书理论体系，还有了秘书行业协会、学会和国际性秘书行业组织，这是官吏性秘书时代所不具备的。由此可见，现代秘书已不是传统观念所认为的那种什么人都可以胜任的一般人才，他同教师、医师、律师等一样，都属于现代社会的专业人才。

第四，秘书劳动价值商品化。在商品经济时代，任何劳动都含有商品性质。秘书工作是一种复杂的脑力劳动，秘书的劳动也带有商品性，其价值也就是商品化特征。在公有制群体中，因为秘书工作须坚持“三个服务”的宗旨，其劳动价值的商品性不明显，也不被人们重视。但在市场经济条件下，由于出现了面广量大的非公有制下的职业秘书，他们劳动价值的商品化特征就日益突出地表现出来。一是秘书靠自己的服务质量、数量和劳动辛苦程度来取得报酬。这种报酬既取决于秘书自身的能力、态度和工作效率，也受市场需求因素的影响。因此，秘书人员的劳动价值是含有商品性的。二是秘书的劳动成果商品化。有些秘书的劳动成果是可以量化的，可以用数字表示，因而商品化更明显。如打字、复印、代人撰写文稿和收信、信息咨询、翻译资料等就是按照秘书人员所耗费的劳动时间以及这项成果的经济价值来确定收取费用的多少。当然，秘书劳动价值商品化，并不动摇“三个服务”的宗旨或排斥“奉献精神”。因为社会职业性秘书与党政机关秘书一样受秘书活动一般特点和规律的制约，但两者的服务对象、工作要求、人员身份都不相同，不可混为一谈。

（2）杨教授梳理了秘书学专业的发展历史，着重介绍秘书学专业的定位与培养目标、专业发展的优势及就业前景等方面问题。他结合自己的教学与研究经历，鼓励同学们立足本地、面向全国、放眼世界。他指出秘书学专业是应用型新文科本科，以服务于经济社会发展为培养目标，并明确秘书学专业的培养目标是培养智力型的专门人才，即具有高级专业素养的秘书人才。当今社会对秘书人才的需求量大，秘书工作发展空间大、机会多、途径宽，与其他专业相比，秘书学专业的优势在于其独特的核心竞争力。他还强调了掌握一门外语对秘书专业人才的重要性。

(3)习近平总书记曾给大学生回信说:“趁年轻,去基层!”恰好我的家乡××县给了我一个到基层锻炼的机会。通过投简历、到团县委面试,今年暑假我获得了去××县源峰社区做一名兼职团干的机会。在这期间我学会了做活动策划,掌握了主持活动技巧,同时也提高了我的写作能力。今天就来和大家分享一下我在这次实训中的收获吧!

一场活动能否顺利开展,与策划有着重要的联系,那如何做好一份活动策划方案呢?首先,要确定最基本的活动信息,包括活动主题、目的、时间、参与人员、组织单位、活动流程等。其次,对策划而言,最重要的是安排好活动内容,在我做的社区创建文明城市“关爱青少年儿童,‘五防’安全教育”主题活动中,为了让活动内容丰富有趣,我们策划了防拐骗情景剧、安全知识小课堂、安全知识有奖竞答及垃圾分类小游戏等环节,这些环节的设置让活动的主角——社区青少年、儿童兴致高涨,积极参与,使得现场气氛欢乐。最后,还要多加注意策划书目录、页眉及策划书水印等细节。没有不好的策划,只有不用心的策划。

在工作期间,我还参与了活动主持,从第一场到最后一场,我明显感觉到自己的主持水平有所提高。主持第一场活动时,由于没有经验,心态不稳,导致自己主持时状态并不好,声音发紧,底气不足,只能勉强主持下来。活动结束后,我的上级领导跟我说:“活动主持得不够紧凑,声音不够大,要大胆一点,放开一些,多锻炼锻炼。”其实,当时听完是有一点点失落的,但我知道这不是我逃避问题的理由,解决问题的关键就是要正视问题所在。经过前四场的经验积累,到第五场活动主持的时候,我对活动流程、活动主持串词还有如何活跃气氛已经掌握得比较熟练了,这让我有底气自信地站在台前,从容地与小朋友们互动交流,带着他们投入活动中。在所有活动结束后,我的上级领导在总结会上表扬了我,回顾整个过程,我发现主持其实也没有那么难,不逼一逼自己,怎么知道自己有多大潜能!

由于工作需要,在这期间,我写过最多的文稿就是活动通讯稿。我曾在文秘写作基本技巧课中学过校园活动稿的写作方法,本以为这个任务我会轻松完成,没想到当要把所学知识真正运用在实践上时并没有那么容易,甚至有点无从下手。不过实践出真知,经过一遍又一遍的修改和一次又一次的对比、学习后,现在的我对通讯稿写作已经驾轻就熟了。好记性不如烂笔头,只有常常写作、多加练习,学过的知识才能牢牢印在脑子里。

(4)*谈期待*这一届秘书节里有很多创新创意之处,如开幕式的形式以及比赛项目的设计,都跟往年不一样。这一届增加了茶歇布置比赛,这是一个全新的比赛,再加上茶歇本身具备很强的观赏性,所以还是很期待看到大家布置出来的比赛作品。也很期待公关策划比赛,是因为学习了“公共关系学”课程之后,发现这特别有意思,那种提出问题、分析问题、解决问题的过程,让我觉得非常有趣,也很有满足感,而且这门课程紧跟当下热点也满足了我的好奇心。这次比赛是我在学校里最后一个秘书节了,希望自己能有所收获,也希望每个参赛选手都赛出风采,赛出水平。希望办会人员通过此次秘书节办会，为之后的学习工作积攒经验。2020级的同学在此次办会的过程中，多向师兄师姐们学习请教一下，争取明年的秘书节能够更加出彩。

*谈体会*在秘书节策划中，最难的是人员安排这项工作，因为需要考虑到19、20级的全体同学都参与此次的办会，在制作人员安排表时需要每一个人确认就会比较麻烦。因为人数比较多，还要以老带新。安排表也是在不断修改中才逐渐完善的。

我觉得策划比赛是最难的。因为我没有太多实践经验，做方案时没能顾及方方面面，在实战的时候会出现一些未曾预料的意外，打得我措手不及，只能赶紧想办法解决。至于解决，就是先让自己冷静下来，厘清头绪，及时补救。

撰写方案的部分比较难，因为要考虑到很多的方面，例如节目流程、组员分工安排、物资购买与借用等，比较琐碎。

我认为执行环节比较难，其中不仅要有一定的执行经验，还要有一定的沟通能力，而且要做到随时和团队的小伙伴保持密切的联系。

通过参加这次活动，我有吸取到做宣传栏的经验。一定要事先联系好各个办会组长，沟通收集照片的相关要求（如拍摄角度、特写以及初赛和决赛活动相关照片等），及时拿到相关活动的照片。然后再筛选自己能用到写稿、配图和宣传栏的照片。千万不要等到需要的时候再去寻找，那样就会比较麻烦。

谈这次办会经验的话，就是将报名方式从以往的普通报名表格分配到各个班级报名，变成了在线表格报名。这样的报名方式更加方便快捷，也便于统计。

我印象深刻的是前期准备会上和大家一起头脑风暴的过程。大家会蹦出好多有趣的新奇的想法。

【情境写作题1】某高校秘书学系主任王老师将在迎新生座谈会上作简短讲话。请根据材料（1）和材料（2），为王老师提供一份讲话稿提纲。要求主题明确，层次清晰，字数不多于300字。

【情境写作题2】假设你3个月后要去××县进行基层锻炼，请根据材料（3）列出你的能力提升计划。要求目标明确，步骤清晰，操作性强，字数不多于300字。

【情境写作题3】请根据材料（3）给“我”写一份述职报告提纲，姓名用××代替，字数不多于300字。

【情境写作题4】某高校秘书学系拟举办20××年秘书节，以自荐信的形式选拔比赛项目负责人，希望从本专业选拔出有组织能力、有创新意识、赛事策划能力强的学生共同策划秘书节活动。请结合材料（4）与你个人实际情况，撰写一份自荐信。要求突出个人优势，呈现赛事创新点，字数不多于400字。

第六章　务虚类文体写作训练

第一节　新闻

务虚类文体和务实类文体，是以是否有明确的受文对象来划分的。关于新闻，有人认为是务实类文体，但因为新闻没有明确的受文对象，在这里还是把它划分在务虚类文体中。

一、新闻的含义

新闻有广义狭义之分。广义层面上，消息、通讯、特写、评论、调查报告等，都属于新闻体裁，都可以称为新闻。狭义层面上，新闻专指“消息”，它是一种最常用的新闻文体。我们这里讨论的是狭义层面的新闻。

什么是新闻？在不同版本的教材中都对新闻进行了定义：新闻是新近发生的事实的报道；新闻是新近变动的事实的传播；新闻是新近发生的有社会意义的事实的报道和评论；新闻是新近发生的，为广大群众所关心的重要事实的报道。

这几个定义文字表述不尽一致，但都强调了三点：第一，新闻报道事实，也就是说事实是第一性的，而新闻是第二性的；第二，新闻要报道新鲜的事实，而不是陈旧过时的事实；第三，新闻报道有新闻价值的事实，不是有闻必录，而是要报道公众关心的有社会意义的重要事实。

这里所讲的狭义的新闻，也就是消息，是指对新近发生的、发现的，重要的、有意义的，能引起广泛兴趣和有新闻价值的事实，作迅速及时的简短报道。我们给中心词加了这么多的定语，强调这个“事实”一定是要符合定语所指的那些特征。

二、新闻的特点与分类

第一，真实。真实是新闻的灵魂和生命，是新闻写作的基本原则。新闻要用事实说话，而不能妄发议论。因此，新闻中的人物、时间、地点、事件、细节、数字等都要准确无误，无虚构，不夸张。

第二，新鲜。从时间上来讲，是指新近发生的事物；从内容上来讲，是指事实要给人以新意，给人以新的启发，是能有所发现和创造的新事。从常规上来说，新闻报道的都是有特点，甚或超出常规的事情。通俗一点讲，就是狗咬人不稀奇，人咬狗才稀奇。这句话用来表述新闻的“新鲜”并不是特别准确，但可极言其“新”。同时，新闻报道不能只追求刺激,而是要追求新闻的真正价值。因此,新鲜还体现在新闻角度的新鲜。

第三,短小精悍。一般的新闻多则几百字,少则几十个字,甚至浓缩为一句话,我们在很多电视节目上都可以看到一句话新闻。

第四,快。这是指新闻的时效性非常强。所谓新闻是易碎品,是容易变质的食物。记者要抢时间采访、抢时间写作、及时发表,时间稍微有延缓,新闻就失去了价值。很多战地记者,还有去灾难现场采访的记者,冒着生命的危险就是为了抓住在最短时间内最"快"报道新闻的机会。1981 年,美国里根总统遇刺,美国广播公司在事件发生后 7 分钟就播出了这则新闻。

按照传播手段,新闻可以分为文字新闻、图片新闻、广播新闻、电视新闻等。按照报道的对象,分为人物新闻、事件新闻、会议新闻等。当然,分类的标准并不止这两种。我们要记住的是,不管对新闻进行怎样的分类,最重要的目的是更好地认识它的特点,从而更好地完成新闻写作。

如果能积极运用角色意识,从新闻记者的角度思考,有意识地去指导新闻写作,也可完成一般的写作任务。比如,我们不仅要站在报道某件事情的记者的角度来看问题,还要站到读者的角度来看问题,更要站在营造积极健康的社会舆论的角度来看问题。要去思考选择什么样的新闻和报道角度进行报道,以便引导读者完整地看到事件的真实信息。

三、新闻的写作

新闻写作首先要了解新闻的要素,包括何时、何地、何人、何事、何故,再加上结果如何,也就是"5 W+1H"。新闻的结构包含标题、导语、主体、背景、结尾五个部分。

(一)标题

标题是新闻的眼睛。好的新闻首先要有一个好的标题,要精心制作标题。标题犹如画龙点睛,既概括新闻的主要内容又醒目新颖,本身就应该是一则独立的消息。大家可以查阅近几年获得中国新闻奖的那些新闻标题,就会领略到为什么说新闻的标题是新闻的眼睛了。

标题的写法有三种形式。第一种是三行标题,由"引题 + 正题 + 副题"组成,或者由"提要题 + 正题 + 副题"组成。引题一般用于介绍背景,烘托气氛,引出正题。正题概括介绍新闻的主要内容,或者点明中心思想。副题介绍与正题有关的情况以补充正题。如果是重大新闻,列出了提要题,则要把新闻主要的、核心的观点显示出来。

三行式标题只是新闻标题的其中一种写法,一般在撰写重要、重大新闻时才会使用。新闻最常采用的是双行式的标题,可以由"引题 + 正题"组成,也可以由"正题 + 副题"组成。比如,正题是"每一处光景都是锦绣中国",副题是"各界群众欢度国庆"。

一般来说,正题是实题,包含实质性的内容,而副题和引题是虚题,是对气氛的烘托,或者是对意义的阐述、对正题内容的补充。拟写标题,要尽力做到虚实结合,彼此呼应,互为补充。

如果新闻采用单行标题，只在标题里面显示主题，一定要写得简明醒目。现在，很多新闻都要在网络上发表，大多数时候都采用的是单行标题的形式，以便在一句话之中吸引读者的注意力。

（二）导语

新闻的导语，是新闻开头的第一句话或第一个自然段，用简明的文字概括这条新闻的主要内容，揭示出主题，给读者一个总的概念。导语可以采用叙述式的方式，把最重要、最新鲜、最有吸引力的事实高度概括加以叙述。也可以采用描写式的方式，抓取新闻中某一个富有特色的、有意义的侧面，用简明的语言去描写，从而给读者一个鲜明的印象。比如，《人民日报》1999 年 10 月 14 号发布的一篇新闻，导语是："世纪之交，西藏雪域高原上耸立起了五座水电站，它们犹如五轮灿烂的太阳，伴随着百万藏胞阔步迈向 21 世纪。"这就是一则典型的描写式导语。

除此以外，导语还可以采用评论式的方式，对新闻事实进行简短精辟的评论，以揭示事物的性质作用。也可采用结论式的方式，将新闻事实、结论在开头部分写出来，开门见山地反映事实的意义。还可采用设问式的和引语式的方式。其中引语式的就是引用与新闻有关的诗句、格言，或者以生动隽永的话来作为导语。

导语写作的总体原则，是从新闻内容出发，高度概括、简练精粹。

（三）主体

新闻的主体部分是对新闻事实做具体的报道和说明，结构形式一般有三种，分别是时序结构、主次结构、逻辑结构。新闻最常采用的，也是读者喜闻乐见的结构，是倒金字塔式的结构。所谓倒金字塔式结构，是指按新闻事实的重要程度或受公众关注的程度依次递减的顺序排列组合新闻事实的结构方式，即在简洁醒目的标题下，是包含重要内容的导语，然后主体中呈现"5W+1H"，结尾则为次要资料或背景信息。写作基础知识部分已介绍过时序结构、主次结构和逻辑结构，这里不再赘述。

（四）背景

新闻背景是指新闻中与报道事实有关的情况，或者说交代与事实有关的历史情况、地理环境等。在这一部分，可提供一些对比性的材料，或者说明性、注释性的材料。其中对比性的材料可采用的有古今对比、正反对比、横向对比等。

（五）结尾

新闻的结尾，是结语的最后一句话或者一段话，可以采用小结式、启发式、展望式和号召式的方式。

无论作者选择哪种结构形式、哪种结语形式，或者哪种导语形式，最核心的选择标准，是要贴合新闻的主要事实。

对于未来要从事的职业而言，我们要去的单位、公司，经常会需要报道相关的工作或者报道重要工作。比如,你在某所职业院校任教,学校邀请了一位院士来作报告,这就需要及时进行报道。如果你走上了管理岗位,积极谋划,创新性地开展了某项工作,并及时地撰写新闻进行报道,就能够让更多的人了解到为什么开展这项工作、策划工作的思路、取得了什么样的效果等。对专项工作、大型项目进行新闻报道,相当于一次大型的对外沟通活动,可以让大家更了解你所做的工作,也就能为你赢来更多的支持者,从而更好地推动工作。

第二节　散文

散文相比于新闻,其务虚类特征更加明显。它没有明确的受文对象,很多时候仅仅是因为写作者想要去表达一种情绪、一种思考,或者是一个新的发现,一瞬间思维激发的结果。

一、散文的含义

散文是一种最灵活自由的文体,相比小说、剧本,它具有更迅速、更广泛反映现实生活的特点,但散文的含义历来不尽相同。在古代,散文是与韵文相对而言的,凡不押韵、不讲骈偶的文章,统称为散文,也就是散体文章。如史、传、诏、策,奏启、碑文、铭箴等,都属于散文。记叙散文的雏形,在甲骨卜辞里面就有出现,在郭沫若的《卜辞通纂》中,有这样一条:“癸卯卜,今日雨。其自西来雨?其自东来雨?其自北来雨?其自南来雨?”先秦历史散文里,有非常经典的作品,比如《左传》《战国策》《庄子》等。唐代有柳宗元的《永州八记》、苏轼的《前赤壁赋》等,宋代有周敦颐的《爱莲说》等。现代散文是在五四运动后与小说剧本、诗歌并列,属于文学范畴的一种体裁。确切地说,散文的内涵外延,一直随着时代的发展在逐渐变化。

巴金在《谈我的散文》中讲:“只要不是诗歌,又没有完整的故事,也不曾写出什么人物,更不是专门发议论,讲道理,却又不太枯燥,而且还有一点点感情,像这样的文章我都把它认作散文。”秦牧说:“散文这个领域是海阔天空的,不属于其他文学体裁,而又具有文学味道的一切篇幅短小的文章,都属于散文的范围。”

现代意义上的散文是一种取材广泛,笔法灵活,篇幅短小,以记叙或抒情为主的写实性文章。广义上来讲,散文包括通讯、回忆录、传记、报告文学、杂文等,狭义上指文学散文,也就是纯散文。散文形式灵活,不受押韵、平仄、对仗的限制,与小说相比,散文有开端、发展、结局,但往往不像小说那样有完整的故事情节、人物形象,而只是选取几个侧面。与戏剧相较,散文不受舞台时间限制,不会有集中的矛盾冲突,可用一点感情、一件小事加以联想,从而形成全文。散文与论文相比,它的议论不仅要以理服人,还要以情感人。

撰写散文,需要写作者有较强的联想能力。联想是一种没有固定思维方向的自由思维活动。我们可以尝试作自由联想训练,词语联想是其中一种:在一张白纸上写下一个词语,比如“水”,然后用五分钟的时间,信马由缰写下由此联想到的事物。有多少人参与这个训练,就会有多少个迥然相异的结果。与“水”相关的古诗词、文学作品,描述“水”的各类特征的词语,所看到的各类“水”的自然美景,生活中与“水”相关的片段,甚至小时候唱过的儿歌,都可能出现在这张纸上。刘勰《文心雕龙·神思》写道:“文之思也,其神远矣。故寂然凝虑,思接千载;悄然动容,视通万里;吟咏之间,吐纳珠玉之声;眉睫之前,卷舒风云之色;其思理之致乎。故思理为妙,神与物游……此盖驭文之首术,谋篇之大端。”所谓“神思”,虽然有的学者认为是艺术想象,有的认为是灵感,有的认为是艺术构思,但归根结底,一定是和联想相关。

如何提升联想能力?我们可以用接近联想的方法,由此事物联想到时间、空间上比较接近的另一事物。也可采用类比联想,由于两种事物在性质或形态上有某种相似或相近,因而由此物联想到彼物,类比联想又被称为相似联想。还可采用对比联想,由一个事物引发,而想到其他性质、特点相反的事物,通过把性质截然不同,或完全相反的事物连接在一起,强化读者对两者对立关系的感受与理解,能够使写作者的立场、思想倾向、审美倾向更鲜明地作用于读者。这也被称为相反联想。灵活运用联想的方法,可以提升联想能力,使我们的散文写作拥有更广阔的空间。

二、散文的分类与特点

(一)分类

按内容和表达方式的不同,散文可分成记叙散文、抒情散文、随笔散文。记叙散文一般是以描写人物及事件为主要目的,适当穿插议论或者抒情。抒情散文是通过写景状物来抒发主观情感,文中的景和物是抒情的依托。抒情散文的写作是一个情感具象化的过程。作者通过比兴、象征、拟人等手法,写景抒情,情景交融,如周敦颐的《爱莲说》就是一篇经典的抒情散文。随笔散文,也被称为议论散文,与记叙抒情散文相比,更加自由灵活,随兴而至,随感而发。

(二)特点

散文具有注重写实的特点,表达写作者的所见所闻,所思所感。散文创作的主要支柱是现实而非虚构,一般所写的应当是实有其人,实有其事。学界对此形成了共识:真实是散文的生命所系,是散文的生机所在。

散文也具有自由灵活的特点。这一特点有两重含义:第一是取材自由,第二是写法灵活。鲁迅说过:“散文的体裁其实是大可以随便的,有破绽也不妨。”“题材应听其十分自由选择,风景,静物,虫鱼,一花一叶均可。”散文的题材选择海阔天空,这就要求我们主动做生活的观察者和发现者。

三、散文的写法

在写法上，散文表达灵活，结构多样，叙述，描写，议论，抒情都可使用，时空交错的结构可以用，按顺序记叙也完全可行，所以说散文就像一棵大树，枝叶茂密，纵横生长，但都与主干一脉相连。

散文长于抒情，所选材料皆包含深厚的情感，是主情的文学体裁。这是它与小说、戏剧的区别所在，也使得散文更接近于世界的原生态。所以，散文的写作，首先要书写真情。刘熙载说，“情至文生”，朱自清说，“我手写我心”。情感是散文的生命，不管哪种散文，主要目的就是抒发情怀，抒发真情，核心在于敢于袒露自我，真诚，真挚，诚实。优秀的写作者往往能自如地展示自己的个性、人品、气质和性格，写出独特，深厚，有个性的感情，使情感有所依托，熔铸于人或事，景或物之中，通过情感的升华，表达深刻的主题。李密的《陈情表》，韩愈的《祭十二郎文》，袁枚的《祭妹文》，林觉民的《与妻书》都是典范之作。如果大家有兴趣，可比较一下徐志摩的《再别康桥》和《我所知道的康桥》，体会一下诗歌与散文的区别与联系。散文抒情，融合诗意，会使文章焕发异彩，从而更具审美价值。

散文的语言优美，用最恰当又尽可能少的语言反映客观事物，语言生动形象，写人、绘景有声有色，惟妙惟肖，文字音调和谐，读来顺口。优美的语言多种多样，应不拘一格，所谓“美色不同面，皆佳于目”（王充《论衡·自纪》）。这里我们又一次要提到“文质彬彬”这个词。徐迟说：“散文家不仅要掌握华丽的文采，而且要善于控制它，不仅要掌握朴素的文采，而且要善于发扬它。”只要形式与内容相和谐，“文质彬彬”，推崇朴素，也不排斥华丽。

散文要精心构思。散文的构思以情为核心，往往是从主体的情与人、事、景物发生碰撞感应开始的。主体情感的积累，经过提纯，一旦与生活中某个点碰撞，就会抓住表达的契机将这种情感的感应点展开，安排文章的结构，使之前后呼应、通体连贯。

简而言之，散文只写见闻，取一角度，寻觅聚焦，比兴感怀，饱含诗意。王国维《人间词话》曰：“故能写真景物，真感情者，谓之有境界，否则谓之无境界。”如何创造所谓境界呢？要博览名篇名作，深刻理解境界、意境的含义，善于发现生活的美，发现动情的事。

第三节 诗歌

诗歌是用高度凝练的语言，形象表达作者丰富的情感，集中反映社会生活，并具有一定节奏和韵律的文学体裁。

诗歌是抒情言志的重要载体。《毛诗·大序》记载：“诗者，志之所之也。在心为志，发言为诗。”作为最古老也是最具有文学特质的文学样式，诗歌来源于上古时期的劳动号子及祭祀颂词，诗和音乐、舞蹈结合在一起，统称为诗歌。中国诗歌具有悠久的历史和丰富的遗产，其中唐诗的风貌最为雄浑壮阔、浪漫瑰丽，给中国文化留下了璀璨的宝藏。脍炙人口的诗歌陪伴着我们度过了天真烂漫的童年，塑造着我们的精神世界，熏陶着我们对于美和艺术的品位。

诗歌的形象性、情感性很强，经典的手法就是赋、比、兴。关于诗歌的分类，按音律来分，可分为古体诗和近体诗，这是唐代从诗的音律角度形成的概念。古体诗包括了楚辞体、乐府诗；近体诗是格律体诗，一种称绝句，一种称律诗，此外还有词，曲。按照内容可分为叙事抒情诗、送别诗、边塞诗、山水田园诗、怀古诗、咏物诗、悼亡诗、讽喻诗等。

关于诗歌的写作方法，我就结合自己的写作实际谈一谈不是诗人的普通人如何写诗，以及如何写出像模像样的诗。

首先，一定要抓住稍纵即逝的灵感。2016 年 12 月 20 日，我带着“演讲与口才”课程的学生在校园上实践课，现场引导来客，并解说学校各个景点。当时看到了学校运动观景平台竹林之上的太阳，非常美，突然有了灵感，就写了《太阳在竹林之上》这首诗：

我在冷冽的空气里看到
太阳在竹林之上
平平常常地散发自己的光芒
有那么一瞬间
我纯粹地思考
为什么这颗太阳
和少年时代的那一颗同样美

而我，心是破碎的
身体是正在破碎的
仿佛一艘海底的沉船
宏大的结构只衬托出
绵延不绝的暗海苍茫

唯带来希望的是一种美
是在破碎的废墟之上
是在羽毛一般的云朵之上
我在裂帛诛心的那种声音里
还保持着的某种完整和无瑕
这完整无法描摹
却是一切笑容和美的显微镜
即使须臾也无法遁形

从诗中可以读出，作者的情绪不太好，但是太阳带来了大自然的治愈力。

还有一首诗，是 2016 年 6 月 11 日所写的，关于语言文字运用的一点感悟。诗的题目是《文字积木》：

每一个字，都有几千几百年的过往
纠结缠绕在泥土里，默然、无语
每一个字，又像新生的枝叶
阳光下泛着轻盈的光，柔嫩、纯净

第一次组合这些文字积木
爱意弥漫心房
小心翼翼、倾我所有
于细节处用心思量

我妄图搭建一座宏伟的宫殿
周围种植所有的红色玫瑰
和白色的茉莉，飘来薄纱一般的清香
浮起中央那一轮，我自己的太阳

然而，玫瑰凋落了第一片叶子
打开了积木深处的密码
我的文字积木化身为四处乱窜的流弹
携着茉莉香飞去探寻新的可能

我开始了解每块积木的简单与繁复
文字的积木也是惶惑的吧
因我不知道应该于何时、何地
何种样子，去创造一座新的建筑

数量、间隔、必要的标点
每个积木所呈现出的意味深长
飞去的，飞来的
仿佛狂乱的野蜂萦绕于平静的水面

我拥有的文字积木越来越多

所能把握的事物越来越少
我用尽全力捧着所有的积木
在一片虚空里不知所措

一切思考和情绪，都要用尽可能精练形象的语言表达出来。我们不但要重视抓住灵感去写，还要尝试在表达情感的时候寻求更优美更简单的形式。

此外，写诗也很可能是一项具体的写作任务。如我在2018年给商洛市的好人颁奖仪式创作《商山颂歌》，在此从诗歌写作的角度作简单分析。

前文提到，写诗要像模像样。诗歌是分行分节的，是语言优美的，是要充满感情的，而朗诵诗对这几点的要求更加明确。在充分了解材料的基础上开始构思，如何安排结构能把所有类别都囊括进去，怎么样把这样的诗写得不要太枯燥、太口号化。经过思考，我把诗歌命名为《商山颂歌》，把每一类商洛好人作为颂歌的一个分部：敬业奉献之歌是金色的阳光，助人为乐之歌是一盏温暖的小灯，诚实守信之歌是一颗炙热的红心，见义勇为之歌是绿色的生命之水，孝老爱亲之歌是蓝色的大海，自强励志之歌是青色的岩石。通过比喻和象征的手法，赋予这些形象以色彩感。整首诗分行分节，每一小节为8句，因为我们设计好要排练成两男两女朗诵的形式。在诗歌的开头和结尾总述了商洛的总体特征，形成首尾圆合的整体感。诗歌第一小节和见义勇为的好人颂歌一节，分别如下：

这里是一片古老的土地
流淌至今的是秦皇汉武时期的清澈江水
这里是一片丰饶的土地
遍布密林的是商山四皓飘逸的千载高风
这里是一片幸福的土地
从四野蛮荒一步一步走向锦绣铺满山河
这里是一片生动鲜活的土地
勤劳朴素的商洛人共同谱写了称扬商山的颂歌
……
见义勇为之歌是绿色的生命之水
电光石火的一瞬间迸发出巨大的潜能
道德的光辉绽放了，人性的温暖升腾了
他舍己救人把最珍贵的生命之水无私地馈赠
不只是馈赠啊，他是在危急时刻救下了贫困户的顶梁柱
不只是馈赠啊，他以忘我的工作带给群众幸福和笑容
这生命的馈赠，是他们不顾自身的安危选择了负重前行
这生命的馈赠，是他们高贵的本能奉献给世界的一片光明

这首诗由学校四位师生在颁奖典礼现场朗诵，得到了大家的认可。只要你愿意写，

下功夫写，最终都能写出你想要的作品。希望花费笔墨介绍自己的写作实践，能带给大家一点写作的动力。

第四节　小说

小说，是以刻画人物形象为中心，通过完整的故事情节和环境描写来反映社会生活的一种文学体裁。按照篇幅及容量可分为长篇、中篇、短篇和微型小说（小小说）。按照题材可分为仙侠、玄幻、悬疑、历史、都市小说等。按照体制可分为章回体、日记体、书信体、自传体小说等。按照语言形式可分为文言小说和白话小说。

一、小说的三要素

人物、情节、环境是小说的三要素。

小说人物有扁平人物和圆形人物。这两个概念是爱德华·摩根·福斯特在《小说面面观》一书中提出的。扁平人物也被称为性格人物，而现在有时被称作类型人物或漫画人物。比如，莫里哀塑造人物是以扁平取胜的，他要塑造某一性格的人物，便把这种性格的一切特征都浓缩在一个人物身上。圆形人物与扁平人物对应，不以突出某一性格特征为目的，塑造的人物更接近现实生活的真实。

小说情节一般包括开端、发展、高潮、结局四部分，有的还包括序幕、尾声。环境包括自然环境和社会环境。

二、小说中的分析与综合

关于小说的各种技巧方法，网上的信息可以说是浩如烟海，大家搜索即可获取。小说是写作者充分运用分析与综合能力，创造艺术形象反映自己对社会的思考理解，从而给读者打开新的认知窗口的一种重要文体。接下来围绕分析和综合的作用及其培养途径来谈一谈。

（一）分析与综合的概念

分析，是将事物、现象、概念分门别类，探寻其本质及内在联系。具体而言，就是将一个整体分为各个部分、方面、因素和层次，并分别加以考察的认识活动。

综合，是在思维中将分门别类的事物、现象、概念，联合起来进行考察的一种逻辑思维方法。综合的思维方法，是以分析为基础，宏观去看待事物，去表现事物的主要特征。

（二）分析与综合的作用

在小说写作过程中，分析和综合有以下的作用：

1. 发现写作对象

经常阅读的人常会有如下的感慨：作家所写的事物是我所熟悉的，我也曾关注、观察过这个事物,却没有将它写出来;司空见惯的东西在作家笔下变得不再平常,而是具有了一种别样的美丽……

很多人认为作家"发现"写作对象的行为是神秘的、难以解释的,认为作家得了缪斯之神赋予的灵感,才发现了一般人不关注的,或是一般人不会去写的东西。实际上,写作者之所以能够从纷繁复杂的事物中发现他的写作对象,是因为其独有的分析与综合能力。他们长期以来储存了大量的知识、认识、思维、方法等资源信息,养成了敏锐的分析综合的习惯,因此能在看到某物的瞬间就感知和捕捉到它们是值得书写的对象。

2. 挖掘写作对象的价值

写作者发现了写作对象,还要进一步通过分析综合来挖掘和呈现写作对象的价值,否则读者将无法领略其中的意味。刘慈欣的《三体》有一个片段:

登录《三体》后,汪淼又站在那片辽阔的平原上,面对三体世界诡异的黎明。巨大的金字塔在东方出现,但汪淼立刻发现它不是纣王和墨子的那座金字塔了,它有着哥特式的塔顶,直插凌晨的天空,使他想起了昨天早晨在王府井看到的罗马式教堂,但那座教堂要是放到金字塔旁边,不过是它的一个小门亭而已。他还看到了远方许多显然是干仓的建筑,但形状也都变成了哥特式建筑,尖顶细长,仿佛是大地长出的许多根刺。

这一片段中,作家刘慈欣综合了历史、文化、建筑等领域的知识信息,虽然只是描述一个虚拟的游戏场景,但是给读者一种真实的阅读感受和体验。作家综合大量信息的能力赋予作品恢宏浩大的境界。但从本质来看,《三体》这部科幻作品,之所以能获得 2015 年雨果奖最佳长篇小说奖,是因为它从科幻的角度对人性进行了深入探讨,在艺术真实中呈现出人性光明和阴暗的基本特征。

3. 清晰呈现写作对象的特征

面对身边的人和事,我们会有感动、不屑、愤怒、冷漠等情绪产生。是什么样的人?什么样的事?为何引发我们的情绪?这些问题不是所有人都能回答出来。现实中有很多情绪管理能力较差的人,缺乏对自我的认知和反思,也有很多浑浑噩噩的人,对外界缺乏敏感的反应。但是对于一个熟练运用分析综合思维方法的写作者而言,上述问题都可以得到解答。古往今来的生花妙笔塑造了一系列典型的栩栩如生的形象,甚至普通如"斯通纳"这样的一个人,在作家约翰·威廉斯的同名小说《斯通纳》中,他的人生也被塑造成"一个勇者有过的失败不失意的人生:即使不能拥有完美的生活,所幸追求过完整的自我"。

作家通过分析、综合思维,将他对写作对象的思考转换为语言文字,清晰地为读者呈现写作对象的特征,从而为读者认识世界打开新的窗口。

三、分析与综合能力的培养

（一）大量阅读书籍，开阔视野

分析与综合能力建立在写作者掌握大量信息的基础上，花鸟虫鱼、山水河泽、世风人情，多掌握一点便可信手拈来一用；也能迅速判别素材价值，在小说中，当然也可以在散文等文体中，纵览全局、言简意赅地写景、状物、析理。掌握信息最直接的途径是亲身经历和观察，最便捷的途径却是阅读，因为阅读最为节约人力、物力、财力，而且天下书籍包罗万象。

我们应该从手机、平板电脑带来的碎片化世界里走出来，给阅读保留一颗平静的心灵和一片开阔的空间，去阅读曹雪芹的《红楼梦》，列夫·托尔斯泰的《安娜·卡列尼娜》，王小波的《黄金时代》，毛姆的《月亮与六便士》《面纱》，美国科幻巨匠弗兰克·赫伯特的《沙丘》……关键是我们要去阅读好书，阅读经典。

（二）多画思维导图，拓深认识

思维导图能形象地展示人们的发散性思维，是一个辅助思维的工具，能帮助人们直观地分析自身纷繁复杂瞬息万变的思维活动，也能帮助人们将尽可能多的同主题信息汇集一处。巴利·博赞认为：

思维导图使我处在一个非常有竞争性的优势位置。它使我有了把思想组织起来并加以深化提炼的能力，而不再重复耗时费力的起草、再起草过程。由于把思维和写作分开来了，我可以更清楚地想问题，思路也开阔多了。到开始写作的时候，我已经有了一个清楚的结构，也有了一个确定的方向感，这使写作更容易、更快，也更令人愉快。

我们看一幅来源于网络的思维导图，作者是“发愤的草莓”：

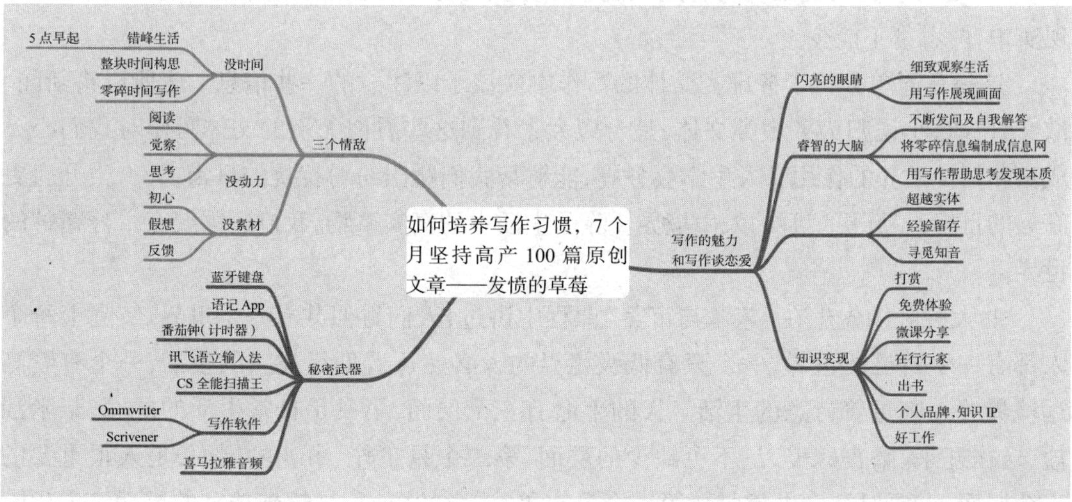

作者通过这幅图，围绕“如何培养写作习惯，7个月坚持高产100篇原创文章”，将他

所理解的写作的魅力、写作的三个情敌、写作的秘密武器直观地呈现了出来。可以看到，思维导图就是将无形的思维以有形的图形显现出来，可以使我们宏观掌握自己所拥有的信息、认识，以便于及时查漏补缺、深化认识。

（三）勤于实践运用，提升能力

要把理论转化为能力，必须经过实践运用的过程，从而发现理论与实际的差异，发现问题不断纠偏，不断积累属于个体的实践经验。针对分析与综合能力的实践运用，可以是日常的，也可以是系统的。比如，运用分析的几种方法，分析日常所见小事或社会热点焦点；运用综合的方法，提出对事物的简明判断；与志同道合者共同收集某个课题的材料，举行材料分析讨论会，绘制思维导图，厘清该课题的材料脉络并形成新的认识；重读经典作品，比较分析自己过去和现在的阅读感受有何异同。

总之，分析与综合能力的培养不是朝夕之功，写作者须有意识地发现、创造机会，进行自我思维能力与素质的提升。如此，才能为想要从事的写作活动奠定良好的基础，能够游刃有余地写散文、准确地用语言文字传达自己的所思所想，最终能够从事小说写作这项在大众眼里神秘又高尚的艺术活动。

第五节　务虚类文体写作小结

本书按文体是否有明确的受文对象，将之分为务实类和务虚类两大类别。务实类文体重在处理具体事务，而务虚类文体重在涵养精神。关于“务实”和“务虚”，通常是这样解释的：务虚与务实是一个事物的两个方面。务虚是对事物发展规律与走势进行高屋建瓴的宏观把握；务实则是将决策变成现实的过程。缺乏必要的务虚，就没有决策的科学性，所务之“实”就可能是一种盲动或蛮干。务实与务虚，是相对而言的，是一对矛盾。在现实中，两者都不能少。

这一章简单分析了务虚类文体的写作中应该予以注意的一些信息。之所以将新闻、散文、诗歌、小说归为务虚类文体，是希望大家看到这些看似无用的文体写作对我们心灵成长和精神滋养的作用。人生学会务虚，能够帮我们跳出纷纷扰扰的日常，为人生开启更高远的目标，打开更广阔的人生境界。除了生活中的真实事物，我们还需要有一片精神的世界。

北大的叶朗先生在“艺术与审美”课程中讲过，人们看似共有一个世界，实际上每个人都有一个自己的世界，一个只有低级境界的人必然过着低级趣味的生活，一个有着高远境界的人则过着诗意的生活。人的生命有三个层面，第一是日常生活的层面，柴米油盐、送往迎来、婚丧嫁娶，是不可缺少的层面，第二个是工作、事业的层面，是人很重要的一个层面，人要对社会做贡献。第三个是审美、诗意的层面，是超越功利的层面。人生除了事业之外，还要有审美活动。没有审美活动，人就不是真正意义上的人，这样的人生是有缺憾的。

我们从事写作活动，不仅是为了谋生或完成谁布置的任务，根本上是为了自己而写，要去认识和表现更丰富的世界。所以在“为稻粱谋”而必须完成的务实类文体写作之外，我们可以在务虚类文体的写作、熏陶、滋养之中，为自己的生活和思想寻找另外一个出口，让人生的境界因为会务虚、享受务虚而上升到审美的层面、诗意的层面。

本章训练

1. 请根据本章内容绘制一份思维导图。

2. 请准备好纸笔，给闹钟定时 10 分钟，然后以“写作是沟通吗?”为开头，开始自由写作练习。无须关注语言是否优美，逻辑是否严谨，结构是否合理，一直手不停笔写到闹钟响起时再停下。

你可以邀请同伴互助小组成员同时做此练习，然后在小组内互相分享自己所写的内容。

3. 请分析你完成上一题练习时用到了哪些联想方法。

4. 撰写一篇散文。

5. 请为你的母亲、父亲或你尊敬的某个人写一首小诗。

6. 撰写一篇小小说。

后　记

本书脱胎于我的在线开放课程“写作与沟通”。

2018 年课程上线后，曾有同事询问是否有配套教材，我遂起了整理讲稿的想法。2021 年下半年我开始整理讲稿，但是整个过程中，我时而充满自信，时而十分迷茫，因为，这本书与以往的写作教材非常不同，没有侧重于知识架构、理论体系的呈现，却更像一个热爱写作的写作老师的课程漫谈。

我也常回想起整门课程的录制过程。每当我面对着摄像头，就要像面对着学生一样，要带着笑容，去关注镜头之外，手机或者电脑面前的每个学生。我的教学态势语言，也是比较单调的，在没有现场学生、放映屏幕就只有方寸大的情况之下，我规规矩矩地始终站在镜头前面，这不像是在平常的课堂上，可以充分地频繁地互动，因此大家在信息交流方面的量与质也是有限的。

曾经，通过在线开放课程的方式，教与学打破了物理空间的限制，建立了初步的连接。现在，通过这本小书，我们将实现文字之间的交流。或许不能从中看到严密的知识体系和深刻的理论阐释，但是你会看到我的惶恐、笨拙与真诚。这也是我和大家共同前进的一个珍贵历程。

我始终赞同这个观点：写作水平逐步提高的人，生活质量会同步得到提高。对于在校学习的年轻人，这个观点可以作以下解读：

第一，善于表情达意，能够准确表达自己想法的人，寻找到和自己价值观相同，能够相互尊重相互欣赏的未来伴侣的概率会大大提高，因为你给喜欢的人发送信息、撰写情书更容易打动他。

第二，良好的表达能力，能让你们有更大的概率获得自己想要的岗位，你们完成的报告、制作的 PPT 也更容易一语中的，切中要害，从而获得更多的肯定。如果你对所在行业有足够的了解和深入的研究，或许能够让你更快地成长，用流行的网络语言夸张一点讲，就是升职加薪，走向人生巅峰。

第三，掌握了写作能力，说明你可以很顺畅和自己沟通，和他人沟通，你的人生将能获得更多的审美享受。通过认识你自己，再去举一反三认识社会，你就会变得更加包容、更加睿智、更加有爱心。通过对于这个社会的观察和欣赏，你将拥有更多的从容和更开阔的人生境界。

但无论是在线课程，还是这本书，我们之间的教和学都是一种松散的关系。我不能实时去了解大家的训练进展，更多的学习内容要靠大家的严格自律。所以在开篇之初，我就表达了对学习者的期望和要求：成为一个自我管理的写作者，成为一个对自己的行为、目标很明确，有意愿去提升自己写作能力的写作者。真诚祝福大家以笔为剑，在人生的挑战中赢得自己的一片风景。

最后，深谢我的学校——商洛学院，给我成长的平台和持续的引领；深谢我历届的学生，是你们包容我，激励我，让我能与你们新鲜活泼的青春和天马行空的创意为伴；深谢我的课程团队，书稿编辑团队，我有幸遇到的各位前辈和同事，是你们的鞭策和支持让行如蜗牛的我虽缓慢却努力向前爬行。

附　录

附录 1

党政机关公文处理工作条例

（2012 年 4 月 16 日印发）

第一章　总则

第一条　为了适应中国共产党机关和国家行政机关（以下简称党政机关）工作需要，推进党政机关公文处理工作科学化、制度化、规范化，制定本条例。

第二条　本条例适用于各级党政机关公文处理工作。

第三条　党政机关公文是党政机关实施领导、履行职能、处理公务的具有特定效力和规范体式的文书，是传达贯彻党和国家方针政策，公布法规和规章，指导、布置和商洽工作，请示和答复问题，报告、通报和交流情况等的重要工具。

第四条　公文处理工作是指公文拟制、办理、管理等一系列相互关联、衔接有序的工作。

第五条　公文处理工作应当坚持实事求是、准确规范、精简高效、安全保密的原则。

第六条　各级党政机关应当高度重视公文处理工作，加强组织领导，强化队伍建设，设立文秘部门或者由专人负责公文处理工作。

第七条　各级党政机关办公厅（室）主管本机关的公文处理工作，并对下级机关的公文处理工作进行业务指导和督促检查。

第二章　公文种类

第八条　公文种类主要有：

（一）决议。适用于会议讨论通过的重大决策事项。

（二）决定。适用于对重要事项作出决策和部署、奖惩有关单位和人员、变更或者撤销下级机关不适当的决定事项。

（三）命令（令）。适用于公布行政法规和规章、宣布施行重大强制性措施、批准授予和晋升衔级、嘉奖有关单位和人员。

（四）公报。适用于公布重要决定或者重大事项。

（五）公告。适用于向国内外宣布重要事项或者法定事项。

（六）通告。适用于在一定范围内公布应当遵守或者周知的事项。

（七）意见。适用于对重要问题提出见解和处理办法。

（八）通知。适用于发布、传达要求下级机关执行和有关单位周知或者执行的事项，批转、转发公文。

（九）通报。适用于表彰先进、批评错误、传达重要精神和告知重要情况。

（十）报告。适用于向上级机关汇报工作、反映情况，回复上级机关的询问。

（十一）请示。适用于向上级机关请求指示、批准。

（十二）批复。适用于答复下级机关请示事项。

（十三）议案。适用于各级人民政府按照法律程序向同级人民代表大会或者人民代表大会常务委员会提请审议事项。

（十四）函。适用于不相隶属机关之间商洽工作、询问和答复问题、请求批准和答复审批事项。

（十五）纪要。适用于记载会议主要情况和议定事项。

第三章　公文格式

第九条　公文一般由份号、密级和保密期限、紧急程度、发文机关标志、发文字号、签发人、标题、主送机关、正文、附件说明、发文机关署名、成文日期、印章、附注、附件、抄送机关、印发机关和印发日期、页码等组成。

（一）份号。公文印制份数的顺序号。涉密公文应当标注份号。

（二）密级和保密期限。公文的秘密等级和保密的期限。涉密公文应当根据涉密程度分别标注“绝密”“机密”“秘密”和保密期限。

（三）紧急程度。公文送达和办理的时限要求。根据紧急程度，紧急公文应当分别标注“特急”“加急”，电报应当分别标注“特提”“特急”“加急”“平急”。

（四）发文机关标志。由发文机关全称或者规范化简称加“文件”二字组成，也可以使用发文机关全称或者规范化简称。联合行文时，发文机关标志可以并用联合发文机关名称，也可以单独用主办机关名称。

（五）发文字号。由发文机关代字、年份、发文顺序号组成。联合行文时，使用主办机关的发文字号。

（六）签发人。上行文应当标注签发人姓名。

（七）标题。由发文机关名称、事由和文种组成。

（八）主送机关。公文的主要受理机关，应当使用机关全称、规范化简称或者同类型机关统称。

（九）正文。公文的主体，用来表述公文的内容。

（十）附件说明。公文附件的顺序号和名称。

（十一）发文机关署名。署发文机关全称或者规范化简称。

（十二）成文日期。署会议通过或者发文机关负责人签发的日期。联合行文时，署最后签发机关负责人签发的日期。

（十三）印章。公文中有发文机关署名的，应当加盖发文机关印章，并与署名机关相符。有特定发文机关标志的普发性公文和电报可以不加盖印章。

（十四）附注。公文印发传达范围等需要说明的事项。

（十五）附件。公文正文的说明、补充或者参考资料。

（十六）抄送机关。除主送机关外需要执行或者知晓公文内容的其他机关，应当使用机关全称、规范化简称或者同类型机关统称。

（十七）印发机关和印发日期。公文的送印机关和送印日期。

（十八）页码。公文页数顺序号。

第十条　公文的版式按照《党政机关公文格式》国家标准执行。

第十一条　公文使用的汉字、数字、外文字符、计量单位和标点符号等，按照有关国家标准和规定执行。民族自治地方的公文，可以并用汉字和当地通用的少数民族文字。

第十二条　公文用纸幅面采用国际标准A4型。特殊形式的公文用纸幅面，根据实际需要确定。

第四章　行文规则

第十三条　行文应当确有必要，讲求实效，注重针对性和可操作性。

第十四条　行文关系根据隶属关系和职权范围确定。一般不得越级行文，特殊情况需要越级行文的，应当同时抄送被越过的机关。

第十五条　向上级机关行文，应当遵循以下规则：

（一）原则上主送一个上级机关，根据需要同时抄送相关上级机关和同级机关，不抄送下级机关。

（二）党委、政府的部门向上级主管部门请示、报告重大事项，应当经本级党委、政府同意或者授权；属于部门职权范围内的事项应当直接报送上级主管部门。

（三）下级机关的请示事项，如需以本机关名义向上级机关请示，应当提出倾向性意见后上报，不得原文转报上级机关。

（四）请示应当一文一事。不得在报告等非请示性公文中夹带请示事项。

（五）除上级机关负责人直接交办事项外，不得以本机关名义向上级机关负责人报送公文，不得以本机关负责人名义向上级机关报送公文。

（六）受双重领导的机关向一个上级机关行文，必要时抄送另一个上级机关。

第十六条　向下级机关行文，应当遵循以下规则：

（一）主送受理机关，根据需要抄送相关机关。重要行文应当同时抄送发文机关的直接上级机关。

（二）党委、政府的办公厅（室）根据本级党委、政府授权，可以向下级党委、政府行文，其他部门和单位不得向下级党委、政府发布指令性公文或者在公文中向下级党委、政府提出指令性要求。需经政府审批的具体事项，经政府同意后可以由政府职能部门行文，文中须注明已经政府同意。

（三）党委、政府的部门在各自职权范围内可以向下级党委、政府的相关部门行文。

（四）涉及多个部门职权范围内的事务，部门之间未协商一致的，不得向下行文；擅自行文的，上级机关应当责令其纠正或者撤销。

（五）上级机关向受双重领导的下级机关行文，必要时抄送该下级机关的另一个上级机关。

第十七条　同级党政机关、党政机关与其他同级机关必要时可以联合行文。属于党委、政府各自职权范围内的工作，不得联合行文。

党委、政府的部门依据职权可以相互行文。

部门内设机构除办公厅（室）外不得对外正式行文。

第五章　公文拟制

第十八条　公文拟制包括公文的起草、审核、签发等程序。

第十九条　公文起草应当做到：

（一）符合国家法律法规和党的路线方针政策，完整准确体现发文机关意图，并同现行有关公文相衔接。

（二）一切从实际出发，分析问题实事求是，所提政策措施和办法切实可行。

（三）内容简洁，主题突出，观点鲜明，结构严谨，表述准确，文字精练。

（四）文种正确，格式规范。

（五）深入调查研究，充分进行论证，广泛听取意见。

（六）公文涉及其他地区或者部门职权范围内的事项，起草单位必须征求相关地区或者部门意见，力求达成一致。

（七）机关负责人应当主持、指导重要公文起草工作。

第二十条　公文文稿签发前，应当由发文机关办公厅（室）进行审核。审核的重点是：

（一）行文理由是否充分，行文依据是否准确。

（二）内容是否符合国家法律法规和党的路线方针政策；是否完整准确体现发文机关意图；是否同现行有关公文相衔接；所提政策措施和办法是否切实可行。

（三）涉及有关地区或者部门职权范围内的事项是否经过充分协商并达成一致意见。

（四）文种是否正确，格式是否规范；人名、地名、时间、数字、段落顺序、引文等是否准确;文字、数字、计量单位和标点符号等用法是否规范。

(五)其他内容是否符合公文起草的有关要求。

需要发文机关审议的重要公文文稿,审议前由发文机关办公厅(室)进行初核。

第二十一条　经审核不宜发文的公文文稿,应当退回起草单位并说明理由;符合发文条件但内容需作进一步研究和修改的,由起草单位修改后重新报送。

第二十二条　公文应当经本机关负责人审批签发。重要公文和上行文由机关主要负责人签发。党委、政府的办公厅(室)根据党委、政府授权制发的公文,由受权机关主要负责人签发或者按照有关规定签发。签发人签发公文,应当签署意见、姓名和完整日期;圈阅或者签名的,视为同意。联合发文由所有联署机关的负责人会签。

第六章　公文办理

第二十三条　公文办理包括收文办理、发文办理和整理归档。

第二十四条　收文办理主要程序是:

(一)签收。对收到的公文应当逐件清点,核对无误后签字或者盖章,并注明签收时间。

(二)登记。对公文的主要信息和办理情况应当详细记载。

(三)初审。对收到的公文应当进行初审。初审的重点是:是否应当由本机关办理,是否符合行文规则,文种、格式是否符合要求,涉及其他地区或者部门职权范围内的事项是否已经协商、会签,是否符合公文起草的其他要求。经初审不符合规定的公文,应当及时退回来文单位并说明理由。

(四)承办。阅知性公文应当根据公文内容、要求和工作需要确定范围后分送。批办性公文应当提出拟办意见报本机关负责人批示或者转有关部门办理;需要两个以上部门办理的,应当明确主办部门。紧急公文应当明确办理时限。承办部门对交办的公文应当及时办理,有明确办理时限要求的应当在规定时限内办理完毕。

(五)传阅。根据领导批示和工作需要将公文及时送传阅对象阅知或者批示。办理公文传阅应当随时掌握公文去向,不得漏传、误传、延误。

(六)催办。及时了解掌握公文的办理进展情况,督促承办部门按期办结。紧急公文或者重要公文应当由专人负责催办。

(七)答复。公文的办理结果应当及时答复来文单位,并根据需要告知相关单位。

第二十五条　发文办理主要程序是:

(一)复核。已经发文机关负责人签批的公文,印发前应当对公文的审批手续、内容、文种、格式等进行复核;需作实质性修改的,应当报原签批人复审。

(二)登记。对复核后的公文,应当确定发文字号、分送范围和印制份数并详细记载。

(三)印制。公文印制必须确保质量和时效。涉密公文应当在符合保密要求的场所印制。

（四）核发。公文印制完毕，应当对公文的文字、格式和印刷质量进行检查后分发。

第二十六条　涉密公文应当通过机要交通、邮政机要通信、城市机要文件交换站或者收发件机关机要收发人员进行传递，通过密码电报或者符合国家保密规定的计算机信息系统进行传输。

第二十七条　需要归档的公文及有关材料，应当根据有关档案法律法规以及机关档案管理规定，及时收集齐全、整理归档。两个以上机关联合办理的公文，原件由主办机关归档，相关机关保存复制件。机关负责人兼任其他机关职务的，在履行所兼职务过程中形成的公文，由其兼职机关归档。

第七章　公文管理

第二十八条　各级党政机关应当建立健全本机关公文管理制度，确保管理严格规范，充分发挥公文效用。

第二十九条　党政机关公文由文秘部门或者专人统一管理。设立党委（党组）的县级以上单位应当建立机要保密室和机要阅文室，并按照有关保密规定配备工作人员和必要的安全保密设施设备。

第三十条　公文确定密级前，应当按照拟定的密级先行采取保密措施。确定密级后，应当按照所定密级严格管理。绝密级公文应当由专人管理。

公文的密级需要变更或者解除的，由原确定密级的机关或者其上级机关决定。

第三十一条　公文的印发传达范围应当按照发文机关的要求执行；需要变更的，应当经发文机关批准。

涉密公文公开发布前应当履行解密程序。公开发布的时间、形式和渠道，由发文机关确定。

经批准公开发布的公文，同发文机关正式印发的公文具有同等效力。

第三十二条　复制、汇编机密级、秘密级公文，应当符合有关规定并经本机关负责人批准。绝密级公文一般不得复制、汇编，确有工作需要的，应当经发文机关或者其上级机关批准。复制、汇编的公文视同原件管理。

复制件应当加盖复制机关戳记。翻印件应当注明翻印的机关名称、日期。汇编本的密级按照编入公文的最高密级标注。

第三十三条　公文的撤销和废止，由发文机关、上级机关或者权力机关根据职权范围和有关法律法规决定。公文被撤销的，视为自始无效；公文被废止的，视为自废止之日起失效。

第三十四条　涉密公文应当按照发文机关的要求和有关规定进行清退或者销毁。

第三十五条　不具备归档和保存价值的公文，经批准后可以销毁。销毁涉密公文必须严格按照有关规定履行审批登记手续，确保不丢失、不漏销。个人不得私自销毁、留存涉密公文。

第三十六条　机关合并时，全部公文应当随之合并管理；机关撤销时，需要归档的公文经整理后按照有关规定移交档案管理部门。

工作人员离岗离职时，所在机关应当督促其将暂存、借用的公文按照有关规定移交、清退。

第三十七条　新设立的机关应当向本级党委、政府的办公厅（室）提出发文立户申请。经审查符合条件的，列为发文单位，机关合并或者撤销时，相应进行调整。

第八章　附则

第三十八条　党政机关公文含电子公文。电子公文处理工作的具体办法另行制定。

第三十九条　法规、规章方面的公文，依照有关规定处理。外事方面的公文，依照外事主管部门的有关规定处理。

第四十条　其他机关和单位的公文处理工作，可以参照本条例执行。

第四十一条　本条例由中共中央办公厅、国务院办公厅负责解释。

第四十二条　本条例自 2012 年 7 月 1 日起施行。1996 年 5 月 3 日中共中央办公厅发布的《中国共产党机关公文处理条例》和 2000 年 8 月 24 日国务院发布的《国家行政机关公文处理办法》停止执行。

附录 2

党政机关公文格式

（GB/T 9704—2012，2012 年 7 月 1 日实施）

目　次

党政机关公文格式

1 范围

本标准规定了党政机关公文通用的纸张要求、排版和印制装订要求、公文格式各要素的编排规则,并给出了公文的式样。

本标准适用于各级党政机关制发的公文。其他机关和单位的公文可以参照执行。

使用少数民族文字印制的公文,其用纸、幅面尺寸及版面、印制等要求按照本标准执行,其余可以参照本标准并按照有关规定执行。

2　规范性引用文件

下列文件对于本标准的应用是必不可少的。凡是注日期的引用文件，仅所注日期的版本适用于本标准。凡是不注日期的引用文件，其最新版本（包括所有的修改单）适用于本标准。

GB/T 148　印刷、书写和绘图纸幅面尺寸

GB 3100　国际单位制及其应用

GB 3101　有关量、单位和符号的一般原则

GB 3102（所有部分）量和单位

GB/T 15834　标点符号用法

GB/T 15835　出版物上数字用法

3　术语和定义

下列术语和定义适用于本标准。

3.1

字　word

标示公文中横向距离的长度单位。在本标准中，一字指一个汉字宽度的距离。

3.2

行　line

标示公文中纵向距离的长度单位。在本标准中，一行指一个汉字的高度加3号汉字高度的7/8的距离。

4　公文用纸主要技术指标

公文用纸一般使用纸张定量为60 g/m²~80 g/m²的胶版印刷纸或复印纸。纸张白度80%~90%，横向耐折度≥15次，不透明度≥85%，pH值为7.5~9.5。

5　公文用纸幅面尺寸及版面要求

5.1　幅面尺寸

公文用纸采用GB/T 148中规定的A4型纸，其成品幅面尺寸为：210 mm×297 mm。

5.2　版面

5.2.1　页边与版心尺寸

公文用纸天头（上白边）为37 mm±1 mm，公文用纸订口（左白边）为28 mm±1 mm，版心尺寸为156 mm×225 mm。

5.2.2　字体和字号

如无特殊说明，公文格式各要素一般用3号仿宋体字。特定情况可以作适当调整。

5.2.3　行数和字数

一般每面排22行，每行排28个字，并撑满版心。特定情况可以作适当调整。

5.2.4　文字的颜色

如无特殊说明，公文中文字的颜色均为黑色。

6　印制装订要求

6.1　制版要求

版面干净无底灰，字迹清楚无断画，尺寸标准，版心不斜，误差不超过1 mm。

6.2　印刷要求

双面印刷；页码套正，两面误差不超过2 mm。黑色油墨应当达到色谱所标BL100%，红色油墨应当达到色谱所标Y80%、M80%。印品着墨实、均匀；字面不花、不白、无断划。

6.3　装订要求

公文应当左侧装订，不掉页，两页页码之间误差不超过4 mm，裁切后的成品尺寸允许误差 ±2 mm，四角成90º，无毛茬或缺损。

骑马订或平订的公文应当：

a）订位为两钉外订眼距版面上下边缘各70 mm处，允许误差 ±4 mm；

b）无坏钉、漏钉、重钉，钉脚平伏牢固；

c）骑马订钉锯均订在折缝线上，平订钉锯与书脊间的距离为3 mm~5 mm。

包本装订公文的封皮（封面、书脊、封底）与书芯应吻合、包紧、包平、不脱落。

7　公文格式各要素编排规则

7.1　公文格式各要素的划分

本标准将版心内的公文格式各要素划分为版头、主体、版记三部分。公文首页红色分隔线以上的部分称为版头；公文首页红色分隔线（不含）以下、公文末页首条分隔线（不含）以上的部分称为主体；公文末页首条分隔线以下、末条分隔线以上的部分称为版记。页码位于版心外。

7.2　版头

7.2.1　份号

如需标注份号，一般用6位3号阿拉伯数字，顶格编排在版心左上角第一行。

7.2.2　密级和保密期限

如需标注密级和保密期限，一般用3号黑体字，顶格编排在版心左上角第二行；保密期限中的数字用阿拉伯数字标注。

7.2.3　紧急程度

如需标注紧急程度，一般用3号黑体字，顶格编排在版心左上角；如需同时标注份号、密级和保密期限、紧急程度，按照份号、密级和保密期限、紧急程度的顺序自上而下分行排列。

7.2.4　发文机关标志

由发文机关全称或者规范化简称加“文件”二字组成，也可以使用发文机关全称或者规范化简称。

发文机关标志居中排布，上边缘至版心上边缘为 35 mm，推荐使用小标宋体字，颜色为红色，以醒目、美观、庄重为原则。

联合行文时，如需同时标注联署发文机关名称，一般应当将主办机关名称排列在前；如有“文件”二字，应当置于发文机关名称右侧，以联署发文机关名称为准上下居中排布。

7.2.5　发文字号

编排在发文机关标志下空二行位置，居中排布。年份、发文顺序号用阿拉伯数字标注；年份应标全称，用六角括号“〔 〕”括入；发文顺序号不加“第”字，不编虚位（即 1 不编为 01），在阿拉伯数字后加“号”字。

上行文的发文字号居左空一字编排，与最后一个签发人姓名处在同一行。

7.2.6　签发人

由“签发人”三字加全角冒号和签发人姓名组成，居右空一字，编排在发文机关标志下空二行位置。“签发人”三字用 3 号仿宋体字，签发人姓名用 3 号楷体字。

如有多个签发人，签发人姓名按照发文机关的排列顺序从左到右、自上而下依次均匀编排，一般每行排两个姓名，回行时与上一行第一个签发人姓名对齐。

7.2.7　版头中的分隔线

发文字号之下 4 mm 处居中印一条与版心等宽的红色分隔线。

7.3　主体

7.3.1　标题

一般用 2 号小标宋体字，编排于红色分隔线下空二行位置，分一行或多行居中排布；回行时，要做到词意完整，排列对称，长短适宜，间距恰当，标题排列应当使用梯形或菱形。

7.3.2　主送机关

编排于标题下空一行位置，居左顶格，回行时仍顶格，最后一个机关名称后标全角冒号。如主送机关名称过多导致公文首页不能显示正文时，应当将主送机关名称移至版记，标注方法见 7.4.2。

7.3.3　正文

公文首页必须显示正文。一般用 3 号仿宋体字，编排于主送机关名称下一行，每个自然段左空二字，回行顶格。文中结构层次序数依次可以用“一、”“（一）”“1.”“（1）”标注；一般第一层用黑体字、第二层用楷体字、第三层和第四层用仿宋体字标注。

7.3.4 附件说明

如有附件，在正文下空一行左空二字编排“附件”二字，后标全角冒号和附件名称。如有多个附件，使用阿拉伯数字标注附件顺序号（如“附件：1. ×××××”）；附件名称后不加标点符号。附件名称较长需回行时，应当与上一行附件名称的首字对齐。

7.3.5 发文机关署名、成文日期和印章

7.3.5.1 加盖印章的公文

成文日期一般右空四字编排，印章用红色，不得出现空白印章。

单一机关行文时，一般在成文日期之上、以成文日期为准居中编排发文机关署名，印章端正、居中下压发文机关署名和成文日期，使发文机关署名和成文日期居印章中心偏下位置，印章顶端应当上距正文（或附件说明）一行之内。

联合行文时，一般将各发文机关署名按照发文机关顺序整齐排列在相应位置，并将印章一一对应、端正、居中下压发文机关署名，最后一个印章端正、居中下压发文机关署名和成文日期，印章之间排列整齐、互不相交或相切，每排印章两端不得超出版心，首排印章顶端应当上距正文（或附件说明）一行之内。

7.3.5.2 不加盖印章的公文

单一机关行文时，在正文（或附件说明）下空一行右空二字编排发文机关署名，在发文机关署名下一行编排成文日期，首字比发文机关署名首字右移二字，如成文日期长于发文机关署名，应当使成文日期右空二字编排，并相应增加发文机关署名右空字数。

联合行文时，应当先编排主办机关署名，其余发文机关署名依次向下编排。

7.3.5.3 加盖签发人签名章的公文

单一机关制发的公文加盖签发人签名章时，在正文（或附件说明）下空二行右空四字加盖签发人签名章，签名章左空二字标注签发人职务，以签名章为准上下居中排布。在签发人签名章下空一行右空四字编排成文日期。

联合行文时，应当先编排主办机关签发人职务、签名章，其余机关签发人职务、签名章依次向下编排，与主办机关签发人职务、签名章上下对齐；每行只编排一个机关的签发人职务、签名章；签发人职务应当标注全称。

签名章一般用红色。

7.3.5.4 成文日期中的数字

用阿拉伯数字将年、月、日标全，年份应标全称，月、日不编虚位（即1不编为01）。

7.3.5.5 特殊情况说明

当公文排版后所剩空白处不能容下印章或签发人签名章、成文日期时，可以采取调整行距、字距的措施解决。

7.3.6 附注

如有附注，居左空二字加圆括号编排在成文日期下一行。

7.3.7　附件

附件应当另面编排，并在版记之前，与公文正文一起装订。“附件”二字及附件顺序号用 3 号黑体字顶格编排在版心左上角第一行。附件标题居中编排在版心第三行。附件顺序号和附件标题应当与附件说明的表述一致。附件格式要求同正文。

如附件与正文不能一起装订，应当在附件左上角第一行顶格编排公文的发文字号并在其后标注“附件”二字及附件顺序号。

7.4　版记

7.4.1　版记中的分隔线

版记中的分隔线与版心等宽，首条分隔线和末条分隔线用粗线（推荐高度为 0. 35 mm），中间的分隔线用细线（推荐高度为 0. 25 mm）。首条分隔线位于版记中第一个要素之上，末条分隔线与公文最后一面的版心下边缘重合。

7.4.2　抄送机关

如有抄送机关，一般用 4 号仿宋体字，在印发机关和印发日期之上一行、左右各空一字编排。“抄送”二字后加全角冒号和抄送机关名称，回行时与冒号后的首字对齐，最后一个抄送机关名称后标句号。

如需把主送机关移至版记，除将“抄送”二字改为“主送”外，编排方法同抄送机关。既有主送机关又有抄送机关时，应当将主送机关置于抄送机关之上一行，之间不加分隔线。

7.4.3　印发机关和印发日期

印发机关和印发日期一般用 4 号仿宋体字，编排在末条分隔线之上，印发机关左空一字，印发日期右空一字，用阿拉伯数字将年、月、日标全，年份应标全称，月、日不编虚位（即 1 不编为 01），后加“印发”二字。

版记中如有其他要素，应当将其与印发机关和印发日期用一条细分隔线隔开。

7.5　页码

一般用 4 号半角宋体阿拉伯数字，编排在公文版心下边缘之下，数字左右各放一条一字线；一字线上距版心下边缘 7 mm。单页码居右空一字，双页码居左空一字。公文的版记页前有空白页的，空白页和版记页均不编排页码。公文的附件与正文一起装订时，页码应当连续编排。

8　公文中的横排表格

A4 纸型的表格横排时，页码位置与公文其他页码保持一致，单页码表头在订口一边，双页码表头在切口一边。

9 公文中计量单位、标点符号和数字的用法

公文中计量单位的用法应当符合 GB 3100、GB 3101 和 GB 3102（所有部分），标点符号的用法应当符合 GB/T 15834，数字用法应当符合 GB/T 15835。

10 公文的特定格式

10.1 信函格式

发文机关标志使用发文机关全称或者规范化简称，居中排布，上边缘至上页边为 30 mm，推荐使用红色小标宋体字。联合行文时，使用主办机关标志。

发文机关标志下 4 mm 处印一条红色双线（上粗下细），距下页边 20 mm 处印一条红色双线（上细下粗），线长均为 170 mm，居中排布。

如需标注份号、密级和保密期限、紧急程度，应当顶格居版心左边缘编排在第一条红色双线下，按照份号、密级和保密期限、紧急程度的顺序自上而下分行排列，第一个要素与该线的距离为 3 号汉字高度的 7/8。

发文字号顶格居版心右边缘编排在第一条红色双线下，与该线的距离为 3 号汉字高度的 7/8。

标题居中编排，与其上最后一个要素相距二行。

第二条红色双线上一行如有文字，与该线的距离为 3 号汉字高度的 7/8。

首页不显示页码。

版记不加印发机关和印发日期、分隔线，位于公文最后一面版心内最下方。

10.2 命令（令）格式

发文机关标志由发文机关全称加“命令”或“令”字组成，居中排布，上边缘至版心上边缘为 20 mm，推荐使用红色小标宋体字。

发文机关标志下空二行居中编排令号，令号下空二行编排正文。

签发人职务、签名章和成文日期的编排见 7. 3. 5. 3。

10.3 纪要格式

纪要标志由“××××× 纪要”组成，居中排布，上边缘至版心上边缘为 35 mm，推荐使用红色小标宋体字。

标注出席人员名单，一般用 3 号黑体字，在正文或附件说明下空一行左空二字编排“出席”二字，后标全角冒号，冒号后用 3 号仿宋体字标注出席人单位、姓名，回行时与冒号后的首字对齐。

标注请假和列席人员名单，除依次另起一行并将“出席”二字改为“请假”或“列席”外，编排方法同出席人员名单。

纪要格式可以根据实际制定。

11　式样

B/T 9704—2012

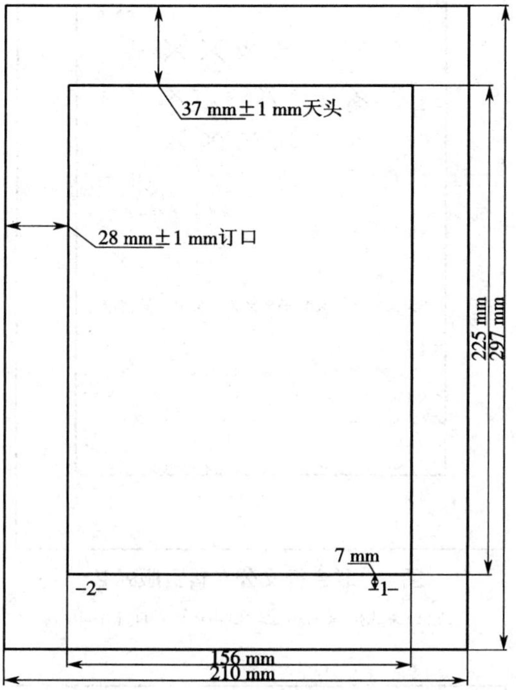

图 1　A4 型公文用纸页边及版心尺寸

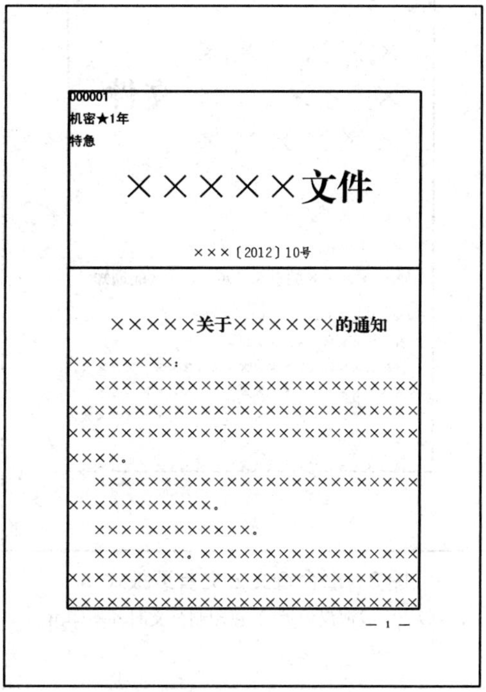

图 2　公文首页版式

注：版心实线框仅为示意，在印制公文时并不印出。

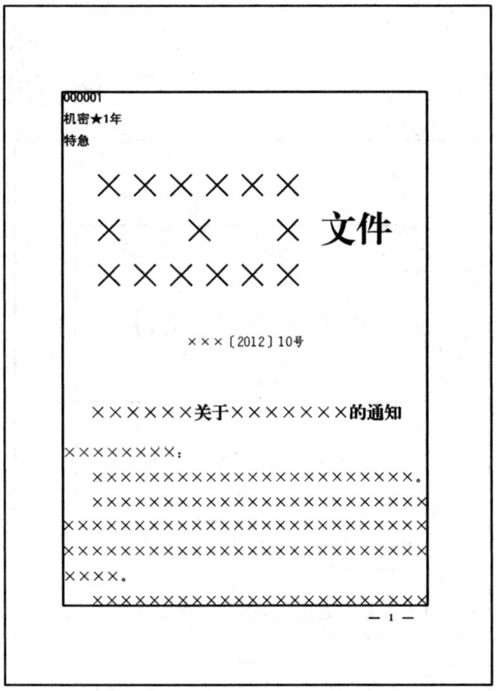

图 3　联合行文公文首页版式 1

注：版心实线框仅为示意，在印制公文时并不印出。

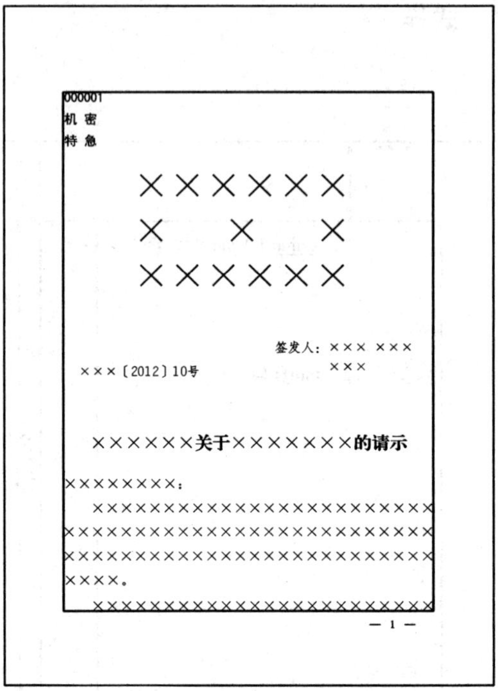

图 4　联合行文公文首页版式 2

注：版心实线框仅为示意，在印制公文时并不印出。

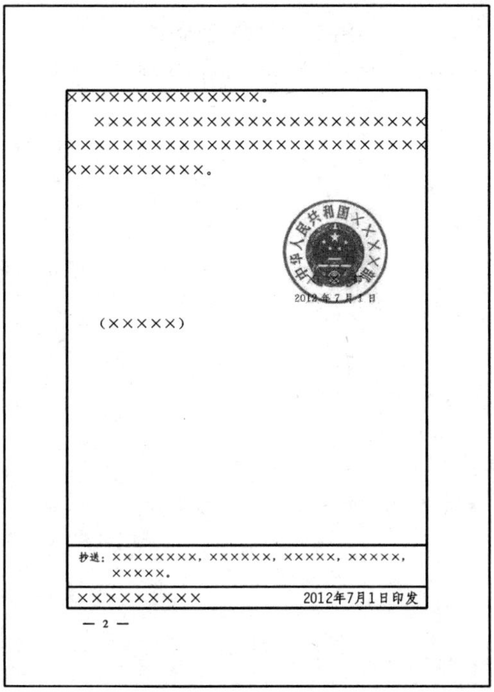

图 5　公文末页版式 1

注：版心实线框仅为示意，在印制公文时并不印出。

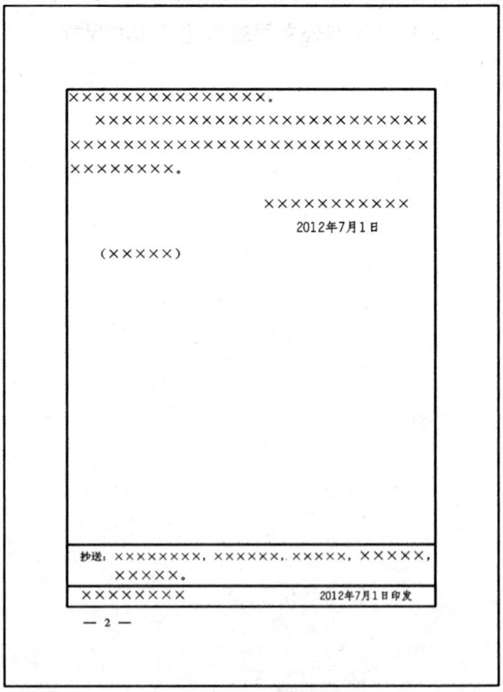

图 6　公文末页版式 2

注：版心实线框仅为示意，在印制公文时并不印出。

图 7　联合行文公文末页版式 1

注：版心实线框仅为示意，在印制公文时并不印出。

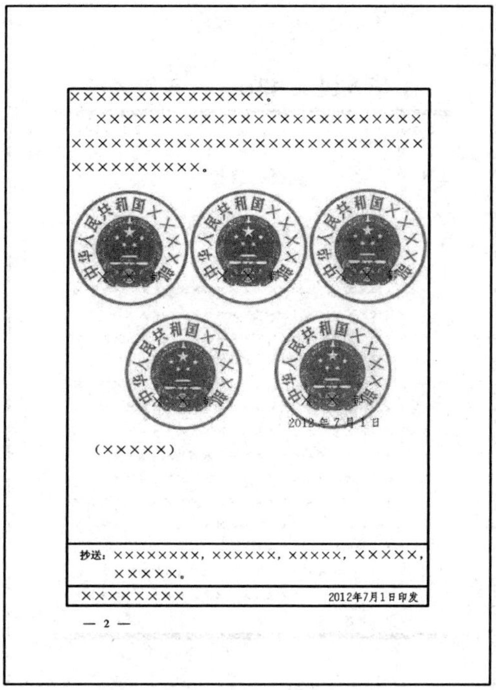

图 8　联合行文公文末页版式 2

注：版心实线框仅为示意，在印制公文时并不印出。

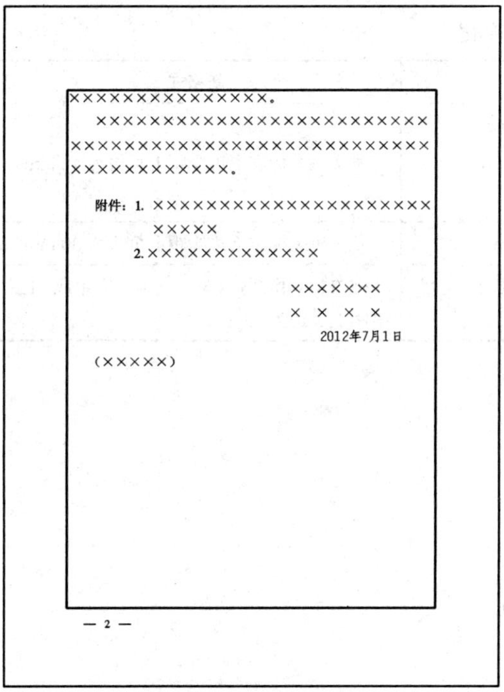

图 9　附件说明页版式

注：版心实线框仅为示意，在印制公文时并不印出。

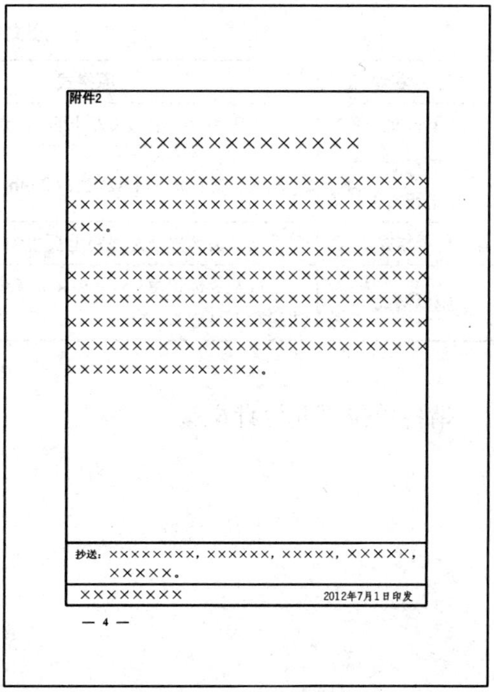

图 10　带附件公文末页版式

注：版心实线框仅为示意，在印制公文时并不印出。

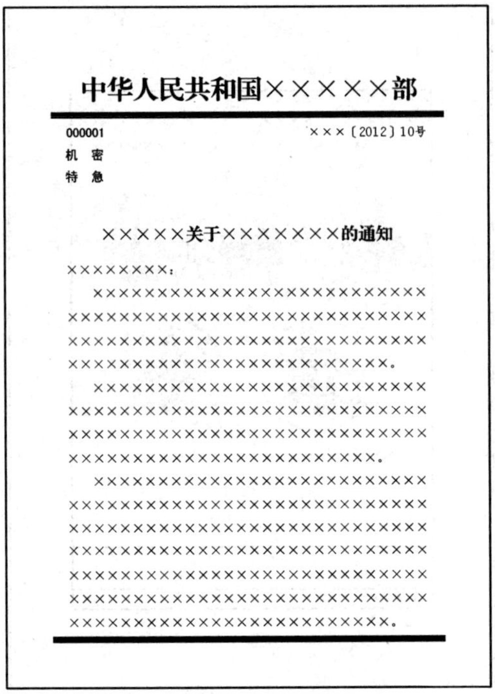

图 11 信函格式首页版式

注：版心实线框仅为示意，在印制公文时并不印出。

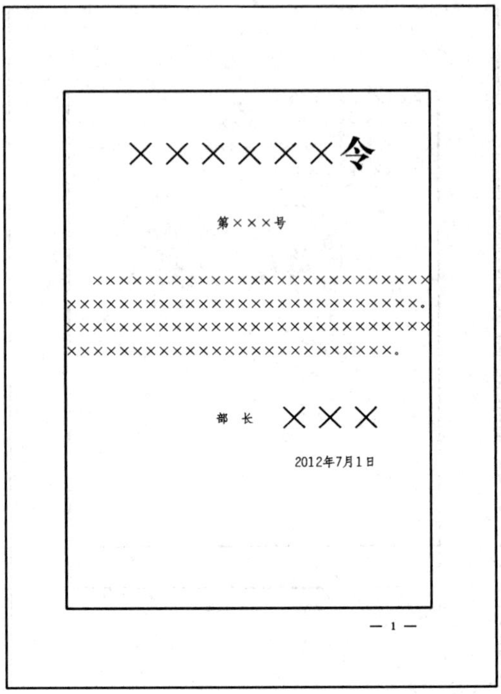

图 12 命令（令）格式首页版式

注：版心实线框仅为示意，在印制公文时并不印出。

公文格式变化

行文关系	原格式	新格式
上行文	发文机关标识上边缘距上页边为 117 mm	发文机关标志上边缘距上页边为 72 mm
下行文（平行文）	发文机关标识距上页边为 62 mm	
信函格式	发文机关名称上边缘距上页边为 30 mm	发文机关标志上边缘距上页边为 30 mm
纪要格式	会议纪要标识由“××××× 会议纪要”组成，上边缘距上页边为 62 mm	纪要标志由“××××× 纪要”组成，上边缘距上页边为 72 mm

请各单位据此设计文头。

主要参考文献

[1] 戴夏燕. 应用文写作 [M]. 西安:西北大学出版社,2004.

[2] 侯玉珍. 秘书常用文书写作 [M]. 北京:首都经济贸易大学出版社,2004.

[3] 刘春生. 公务文书写作教程 [M]. 上海:复旦大学出版社,1998.

[4] 张元忠,杨珺碧,张东风,等. 实用公务应用文写作 [M]. 长沙:中南大学出版社,2005.

[5] 路德庆. 应用写作学教程 [M]. 北京:教育科学出版社,1993.

[6] 教育部高等教育司. 应用写作 [M]. 北京:高等教育出版社,1999.

[7] 于成鲲. 现代应用文 [M]. 上海:复旦大学出版社, 1996.

[8] 徐中玉. 应用文写作 [M]. 北京:高等教育出版社,2000.

[9] 孙荣利. 大学生常用应用文写作教程 [M]. 北京:世界知识出版社,2010.

[10] 李佩英. 应用写作实训教程 [M]. 北京:高等教育出版社,2009.

[11] 陈家生. 写作 [M]. 北京:高等教育出版社,1999.

[12] 余国瑞,彭光芒. 实用写作 [M]. 北京:高等教育出版社,2002.

[13] 陈庆元,高兰. 应用文写作 [M]. 北京:北京师范大学出版社,2011.

[14] 陈桂良. 新编实用写作 [M]. 天津:南开大学出版社,2010.

[15] 张文英. 新编应用文写作教程 [M]. 天津:南开大学出版社,2010.

[16] 董小玉. 现代实用写作训练教程 [M]. 北京:高等教育出版社,2006.

[17] 袁智忠. 当代文秘写作 [M]. 重庆:西南师范大学出版社,2009.

[18] 郝学华. 秘书写作实训 [M]. 北京:北京师范大学出版社,2018.

[19] 裴显生. 应用写作:第三版 [M]. 北京:高等教育出版社,2010.

[20] 杨文丰. 秘书应用写作 [M]. 北京:高等教育出版社,2015.

[21] 岳海翔. 公文写作教程:第二版 [M]. 北京:高等教育出版社,2013.

[22] 冯光. 现代公文写作原理与实践 [M]. 北京:高等教育出版社,2015.